工程项目管理与成本核算系列丛书

电力工程项目管理与成本核算

主　编　盖卫东

哈尔滨工业大学出版社

内 容 提 要

本书紧密结合新版《建设工程项目管理规范》(GB/T 50326—2006),根据项目管理的特点进行编写,全书共分为五章,内容主要包括:电力工程项目管理概述、电力工程项目管理规划与管理组织、电力工程项目管理、电力工程项目费用管理与成本核算、电力工程项目收尾管理。

本书内容丰富,通俗易懂,可供广大电力工程项目管理人员使用,也可供大、中专院校相关专业的师生学习和参考。

图书在版编目(CIP)数据

电力工程项目管理与成本核算/盖卫东主编. —哈尔滨:哈尔滨工业大学出版社,2015.1
ISBN 978-7-5603-5076-9

Ⅰ.①电… Ⅱ.①盖… Ⅲ.①电力工程-项目管理-高等学校-教材 ②电力工程-成本计算-高等学校-教材 Ⅳ.①F407.616.2

中国版本图书馆 CIP 数据核字(2014)第 296681 号

策划编辑　郝庆多　段余男
责任编辑　王桂芝　段余男
封面设计　刘长友
出版发行　哈尔滨工业大学出版社
社　　址　哈尔滨市南岗区复华四道街10号　邮编150006
传　　真　0451-86414749
网　　址　http://hitpress.hit.edu.cn
印　　刷　黑龙江省委党校印刷厂
开　　本　787mm×1092mm　1/16　印张15　字数380千字
版　　次　2015年1月第1版　2015年1月第1次印刷
书　　号　ISBN 978-7-5603-5076-9
定　　价　33.00元

(如因印装质量问题影响阅读,我社负责调换)

编委会

主　编　盖卫东
参　编　黄莉莉　李　飞　杨珊珊　何　影
　　　　王　慧　任　艳　张　超　赵春娟
　　　　朱　琳　杨　杰　高记华　成育芳
　　　　张　健　白雅君

前 言

工程项目管理在我国工程建设领域的应用已相当广泛,随着我国工程建设体制的不断完善,国家建设方针、政策、法规的不断健全,工程项目建设各方能否对项目建设全过程实现现代化的管理越来越重要,其体现在工程项目管理理论、管理方法和管理手段的科学化,管理人员的社会化与专业化,并呈国际化的趋势。作为对我国多年来工程项目管理经验的总结,新版《建设工程项目管理规范》(GB/T 50326—2006)的实施与应用,对提高我国的工程项目管理水平起到了很好的推动作用。

本书以新版《建设工程项目管理规范》(GB/T 50326—2006)为依据,以电力工程项目为对象,以工程管理为主线,对电力工程项目管理的基本理论与管理方法进行了系统而全面的论述,并对项目的成本核算与控制进行详细说明与分析,突出其应用性与重要性。

由于编者的经验与学识有限,加之当今我国建设工程处于不断改革和发展之中,尽管编者尽心尽力,但内容难免有疏漏或未尽之处,敬请专家和广大读者批评指正。

编 者

2014 年 10 月

目 录

1 电力工程项目管理概述 ·· 1
   1.1 电力工程项目及其管理 ··· 1
   1.2 电力工程项目建设程序 ··· 7
   1.3 电力工程项目范围 ·· 11
2 电力工程项目管理规划与管理组织 ··· 22
   2.1 电力工程项目管理规划 ··· 22
   2.2 电力工程项目管理组织 ··· 28
3 电力工程项目管理 ··· 47
   3.1 电力工程项目招投标管理 ·· 47
   3.2 电力工程项目施工合同管理 ··· 60
   3.3 电力工程项目索赔管理 ··· 66
   3.4 电力工程项目采购管理 ··· 74
   3.5 电力工程项目进度管理 ··· 93
   3.6 电力工程项目质量管理 ··· 112
   3.7 电力工程项目人力资源管理 ··· 126
   3.8 电力工程项目沟通管理 ··· 134
   3.9 电力工程项目信息管理 ··· 140
   3.10 电力工程项目风险管理 ·· 151
4 电力工程项目费用管理与成本核算 ··· 160
   4.1 电力工程项目费用的组成 ·· 160
   4.2 电力工程项目费用的确定 ·· 172
   4.3 电力工程项目费用计划与控制 ·· 179
   4.4 电力工程项目成本计划与控制 ·· 184
   4.5 电力工程项目成本核算与分析 ·· 193
   4.6 电力工程项目成本考核 ··· 210
5 电力工程项目收尾管理 ··· 213
   5.1 电力工程项目竣工收尾与验收 ·· 213
   5.2 电力工程项目竣工结算与决算 ·· 219
   5.3 电力工程项目回访保修 ··· 228
   5.4 电力工程项目管理考核评价 ··· 230
参考文献 ··· 232

1 电力工程项目管理概述

1.1 电力工程项目及其管理

1.1.1 电力工程项目的概念

电力工程项目是指通过基本建设和更新改造以形成能将其他能转换成电力行业固定资产的项目,其中基本建设是实现电力行业扩大再生产的主要途径。电力工程项目包括发电建设项目和电网建设项目,它们均属于建设工程项目。建设工程项目指通过基本建设和更新改造已形成固定资产的项目,基本建设及更新改造都是进行固定资产再生产的方式。

基本建设项目一般是指在一个总体设计或初步设计范围内,由一个或几个单项工程组成,在经济上进行统一核算、行政上有独立组织形式,实行统一管理的建设单位。凡是属于一个总体设计范围内分期分批进行建设的主体工程和附属配套工程、综合利用工程、供水供电工程等,均应作为一个工程建设项目,不能将其按地区或施工承包单位划分为若干个工程建设项目。同时,需要注意的是,不能将不属于一个总体设计范围内的工程,按各种方式归集为一个建设项目。更新改造项目是指对企业、事业单位原有设施进行技术改造或固定资产更新的辅助性生产项目和生活福利设施项目。

1.1.2 电力工程项目的分类

电力工程项目种类繁多,为了适应对建设项目进行管理的需要,正确反映建设工程项目的性质、内容和规模,应从不同角度对建设工程项目进行分类。

1. 按建设性质分类

(1)新建项目。新建项目是指按照国民经济和社会发展的近远期规划,根据规定的程序立项,从无到有的项目。

(2)扩建项目。扩建项目是指现有电力企业在原有场地内或其他地点,为扩大电力产品的生产能力在原有的基础上扩充规模而进行的新增固定资产投资项目。

当扩建项目的规模超过原有固定资产价值(原值)3倍以上时,则该项目应视作新建项目。

(3)迁建项目。迁建项目是指原有电力企业,按照自身生产经营和事业发展的要求或根据国家调整生产力布局的经济发展战略的需要或出于环境保护等其他特殊要求,搬迁到异地建设的项目。

(4)恢复项目。恢复项目是指原有电力企业因在自然灾害、战争中,使原有固定资产遭受全部或部分报废,需要进行投资重建以恢复生产能力的建设项目。

此类项目,无论是按原有规模恢复建设,还是在恢复过程中同时进行扩建,均属于恢复项目。但对于尚未建成投产或交付使用的项目,若仍按原设计重建的,原建设性质不变;若按新的设计重建,则按照新设计内容来确定其性质。

基本建设项目按其性质分为上述四类,一个基本建设项目只能有一种性质,在项目按总体设计全部完成前,其建设性质始终是不变的。

2. 按投资作用分类

(1)恢复项目。恢复项目是指直接用于电力产品生产或直接为电力产品生产服务的工程项目。

(2)非生产性建设项目。非生产性建设项目是指用于教育、文化、福利、居住、办公等需要的建设。

3. 按项目建设规模分类

为了适应对工程建设分级管理的需要,国家规定基本建设项目分为大型、中型和小型三类;更新改造项目分为限额以上和限额以下两类。不同等级的建设工程项目,国家规定的审批机关和报建程序也不尽相同。电力建设项目的规模可按照以下方式进行划分。

(1)电力建设项目按投资额划分。投资额在 5 000 万元及以上的为大中型项目,投资额在 5 000 万元以下的为小型项目。

(2)发电厂按装机容量划分。装机容量在 25 万 kW 以上的为大型项目,装机容量在 2.5 万～25 万 kW 之间的为中型项目,装机容量小于 2.5 万 kW 的为小型项目。

(3)电网按电压等级划分。

①电压在 330 kV 以上为大型项目;

②电压为 220 kV 或 110 kV,且线路较长在 250 km 以上的为中型项目;

③电压在 110 kV 以下的为小型项目。

随着国家电力工业的迅速发展,大电网的逐渐形成,电力的传输距离越来越长,现在已出现很多电压等级达到 500 kV,甚至于达到 750 kV 超高压的电力线路。

4. 按电网工程建设预算项目分类

(1)输电线路工程,可分为架空线路工程、电缆线路工程。

(2)变电站、换流站及串联补偿站,均可分为建筑工程项目和安装工程项目。

(3)系统通信工程,可分为通信站建筑工程和通信站安装工程。

1.1.3 电力工程项目的特点

电力工程项目除具有项目的一般特征外,还具有一些明显特点,见表1.1。

表1.1 电力工程项目的特点

序号	特点	具体内容
1	建设周期长,投资额巨大	由于建设工程项目相对于其他一般项目而言,往往规模大、技术复杂、涉及的专业面宽,因而从项目设想到设计、施工、投入使用,少则需要几年,多则需要十几年,更多的甚至需要数十年。项目在实施时的投资额也很大,稍具规模的项目,其投资额就数以亿计

续表 1.1

序号	特点	具体内容
2	整体性强	建设项目是按照一个总体设计建设的,它是可以形成生产能力或使用价值的若干单项工程的总体。各个单项工程各自独立地发挥其作用,来满足人们对项目的综合需要
3	受环境制约性强	工程项目一般露天作业,受水文、气象等因素的影响较大;建设地点的选择受地形、地质、基础设施、市场、原材料供应等多种因素的影响;建设过程中所使用的建筑材料、施工机具等的价格会受到物价的影响等
4	与国民经济发展水平关系密切	电力企业由于产品的特殊性,其生产与消费必须同步,而且在量上必须平衡,从而要求电力产品的供应既要满足经济发展和人民生活水平提高的需要并留有一定余地,但生产能力又不能出现太多的过剩

1.1.4 电力工程项目管理

1. 电力工程项目管理概述

(1)电力工程项目管理的概念。电力工程项目管理是指项目组织运用系统工程的观点、理论和方法对建设工程项目生命周期内的所有工作(其中包括:项目建议书、可行性研究、项目决策、设计、采购、施工、验收、后评价等)进行计划、组织、指挥、协调及控制的过程。电力工程项目管理的核心任务是控制项目目标(主要包括:质量目标、造价目标和进度目标),最终实现项目的功能,以满足使用者的要求。电力工程项目的质量、造价和进度三大目标是一个相互关联的整体,它们之间存在着既矛盾又统一的关系。进行项目管理,必须充分考虑建设工程项目三大目标之间的对立统一关系,注意统筹兼顾,合理确定这些目标,防止产生过分追求某一目标而忽略其他目标的现象发生。

①三大目标之间的对立关系。一般情况下:

a. 如果对工程质量有较高的要求,就需要投入较多的资金和花费较长的时间。

b. 如果要抢时间、争速度,以极短的时间完成工程项目,势必会增加投资或使工程质量下降。

c. 如果要减少投资、节约费用,必然要考虑降低工程项目的功能要求及质量标准。

②三大目标之间的统一关系。一般情况下:

a. 适当增加投资数量,为采取加快进度的措施提供一定的经济条件,既可以加快进度、缩短工期,使项目尽早动用,又促使投资尽早收回,使项目全寿命期经济效益得到提高。

b. 适当提高项目功能要求和质量标准,虽然会使前期一次性的投资增加和建设工期的延长,但是这些成本的增加会随着项目动用后经常维修费的节约而得到补偿,会使项目获得更好的投资经济效益。

c. 如果项目进度计划定得既科学又合理,使工程进展具有连续性和均衡性,不但可以缩短建设工期,而且有可能获得较好的工程质量并降低工程费用。

(2)电力工程项目管理的内容。在电力工程项目的决策和实施过程中,因为各阶段的任务与实施主体的不同,所以构成了不同类型的项目管理,由于管理类型的不同,其管理的内容也不尽相同。

①业主的项目管理。业主的项目管理是全过程的项目管理,它包括项目决策与实施阶段各个环节的管理,即从项目建议书开始,经过可行性研究、设计和施工,直至项目竣工验收、投产使用的全过程管理。由于项目实施的一次性,使得业主方自行项目管理通常存在着很大的局限性。首先,在技术和管理方面缺乏相应的配套力量;其次,即使是配备健全的管理机构,若没有持续不断的管理任务也是不经济的。为此项目业主需要专业化、社会化的项目管理单位为其提供项目管理服务。项目管理单位既可为业主提供全过程的项目管理服务,也可根据业主需要提供分阶段的项目管理服务。对于需要实施监理的建设工程项目,具有工程监理资质的项目管理单位可为业主提供项目监理服务,这一般需要业主在委托项目管理任务时一并考虑。当然工程项目管理单位也可协助业主将工程项目的监理任务委托给其他具有工程监理资质的单位。

②工程总承包方项目管理。在项目设计、施工综合承包或设计、采购及施工综合承包的情况下,业主在项目决策之后,通过招标择优选定总承包单位全面负责工程项目的实施过程,直到最终交付使用功能和质量标准符合合同文件规定的工程项目。由此可见,工程总承包方的项目管理是贯穿于项目实施全过程的全面管理,它既包括项目设计阶段,也包括项目施工安装阶段。工程总承包方为了实现其经营方针和目标,必须在合同条件的约束下,依靠自身的技术和管理优势或实力,通过优化设计及施工方案,在规定期限内,按质、按量全面完成工程项目的承建任务。

③设计方项目管理。勘察设计单位承揽到项目勘察设计任务后,需要按照勘察设计合同所界定的工作任务及责任义务,引进先进技术和科研成果,在技术和经济上对项目的实施进行全面而详尽的安排,最终形成设计图纸和说明书,并在项目施工安装的过程中参与监督和验收。因此,设计方的项目管理并不仅仅局限于项目的勘察设计阶段,而且要延伸到项目的施工阶段和竣工验收阶段。

④施工方项目管理。施工承包单位通过投标承揽到项目施工任务后,无论是施工总承包方还是分包方,都需要按照施工承包合同所界定的工程范围组织项目管理。施工方项目管理的目标体系包括项目施工质量(quality)、成本(cost)、工期(delivery)、安全和现场标准化(safety)、环境保护(environment),简称 QCDSE 目标系统。显然,这一目标系统既与建设工程项目的目标相联系,又具有施工方项目管理的鲜明特征。

(3)电力工程项目管理的任务。电力工程项目管理的主要任务就是在项目可行性研究、投资决策的基础上,对勘察设计、建设准备、物资设备供应、施工及竣工验收等全过程的一系列活动进行规划、监督、协调、控制和总结评价,通过合同管理、组织协调、目标控制、风险管理及信息管理等措施,确保工程项目质量、进度、造价目标得到有效控制。

①合同管理。建设工程合同是业主和参与项目实施各主体之间明确责任、权利关系的具有法律效力的协议文件,也是运用市场机制、组织项目实施的基本手段。从某种程度上讲,项目的实施过程就是合同订立与履行的过程。一切合同所赋予的义务、权利履行到位之日,也就是建设工程项目实施完成之时。建设工程合同管理主要是指对各类合同的依法订立过程和履行过程的管理,其内容具体包括:合同文本的选择,合同条件的协商、谈判,合同书的签署,合同履行、检查、变更和违约、纠纷的处理,总结评价等。

②组织协调。这是管理技能和艺术,也是实现项目目标必不可少的方法和手段,在项目

实施的过程中,各个项目参与单位需处理和调整众多复杂的业务组织关系。其主要内容包括外部环境协调,项目参与单位之间的协调,项目参与单位内部的协调。

③目标控制。目标控制是项目管理的重要职能,是指项目管理人员在不断变化的动态环境中确保既定计划目标的实现而进行的一系列检查和调整活动。工程项目目标控制的主要任务就是在项目前期策划、勘察设计、物资设备采购、施工、竣工交付等各个阶段采取计划、组织、协调控制等手段,从组织、技术、经济、合同等方面采取措施,保证项目总目标的顺利实现。

④风险管理。制约建设工程项目目标实现的因素包括很多,这些因素的变化存在着不确定性,有许多影响因素相对于工程项目的参与方来说是不可抗拒的,随着建设工程项目的大型化和技术的复杂化,业主及其他项目参与方所面临的风险也越来越多。为了确保建设工程项目的投资效益,降低风险对建设工程项目的影响程度,必须对项目风险进行识别,并在定量分析和系统评价的基础上提出风险对策组合。

⑤信息管理。这是项目目标控制的基础,其主要任务就是准确地向各层级领导、各参加单位及各类人员提供所需的综合程度不同的信息,以便在项目进展的全过程中,动态地进行项目规划,迅速正确地进行各种决策,并及时检查决策执行结果。为做好信息管理工作,要求建立完善的信息采集制度以收集信息;做好信息编目分类和流程设计工作,实现信息的科学检索和传递;充分利用现有信息资源。

⑥环境保护。工程建设可以改善环境、造福人类,设计优秀的工程还可以增添社会景观,给人们带来美的享受。但建设工程项目的实施过程和结果,同时也产生了影响甚至恶化环境的因素。因此,应在工程建设中强化环保意识,切实有效地将环境保护和克服损害自然环境、破坏生态平衡、污染空气和水质、扰动周围建筑物和地下管网等现象的发生,作为项目管理的重要任务之一。项目管理者必须充分研究和掌握国家及地区的有关环保法规和规定,对于环保方面有要求的工程项目在可行性研究和决策阶段,必须提出环境影响评价报告,严格按照建设程序向环保行政主管部门报批。在项目实施阶段,做到"三同时",即主体工程与环保措施工程同时设计、同时施工、同时投入运行。

2. 电力工程目标管理

(1)电力工程目标控制原理。

①控制的基本概念。控制一般是指管理人员根据事先制定的计划与标准,检查和衡量被控对象在实施过程中的状况和所取得的成果,及时发现偏差并采取有的效措施纠正所发生的不良偏差,以确保计划目标得以实现的管理活动。实施控制的前提是确定合理的目标和制订科学的计划,继而进行组织设置和人员配备,并实施有效的领导。计划一旦开始执行,就必须进行控制。当发现实施过程有偏离时,应分析其原因,若需要应确定将采取的纠正措施,并采取行动。控制是一种动态的管理活动,在采取纠偏措施后,应继续进行实施情况的检查。如此循环,直至建设工程项目目标实现为止。

②控制的类型。由于控制方式和方法的不同,控制可分为多种类型,归纳起来包括主动控制和被动控制两大类。

a. 主动控制。就是预先分析目标偏离的可能性,并拟定和采取各项预防性措施,以使计划目标得以实现。在实施主动控制时,可采取下列措施:

· 详细调查并分析研究外部环境条件,确定影响目标实现和计划实施的各有利和不利因素,并将这些因素考虑到计划和其他管理职能之中。

・识别风险,努力将各种影响目标实现和计划实施的潜在因素揭示出来,为风险分析及管理提供依据,并在计划实施的过程中做好风险管理工作。

・用科学的方法制订计划。做好计划可行性分析,消除那些造成资源不可行、经济不可行、财力不可行的各种错误和缺陷,保障工程项目的实施可以有足够的时间、空间、人力、物力和财力,并在此基础上力求使计划得到优化。

・高质量做好组织工作,使组织、目标和计划高度一致,将目标控制的任务与管理职能落实到适当机构的人员,做到职责与职权分明,使全体成员能够通力协作,为共同实现目标而努力。

・制定必要的备用方案,应付可能出现的影响目标或计划实现的情况。一旦发生这些情况,因为有应急措施做保障,从而可以减少偏离量,若理想的话,则能够避免发生偏离的现象。

・计划应有适当的松弛度,即"计划应留有余地"。这样,可避免那些经常发生但又不可避免的干扰因素对计划产生的影响,减少"例外"情况产生的数量,从而使管理人员处于主动地位。

・沟通信息流通渠道,加强信息的收集、整理和研究工作,为预测工程未来发展状况提供全面、及时、可靠的信息。

b. 被动控制。被动控制是指当系统按计划运行时,管理人员对计划的实施进行跟踪,将系统输出的信息进行加工、整理,再传递给控制部门,使控制人员从中发现问题,找出偏差,寻求并确定解决问题和纠正偏差的方案,然后再回送给计划实施系统付诸实施,使得计划目标一旦出现偏离就能够得以纠正。被动控制是一种十分重要的控制方式,而且是经常采用的控制方式。被动控制可以采取下列措施:

・应用现代化管理方法和手段跟踪、测试、检查工程实施过程,当发现异常情况时,及时采取纠偏措施。

・明确项目管理组织过程控制人员的职责,发现情况及时采取措施进行处理。

・建立有效的信息反馈系统,及时、准确地反馈偏离计划目标值的情况,以便及时采取措施予以纠正。

(2)电力工程目标控制措施。电力工程目标控制措施一般可以概括分为组织措施、技术措施、经济措施和合同措施。

①组织措施。组织措施是指从建设工程项目管理的组织方面采取的措施,如实行项目经理责任制,落实工程项目管理的组织机构和人员,明确各级管理人员的任务和职能分工、权利和责任,编制本阶段工程项目实施控制工作计划及详细的工作流程图。组织措施是其他各类措施的前提和保障,而且一般不需要增加什么费用,运用得当可以收到良好的效果。

②技术措施。控制在很大程度上要通过技术来解决问题。实施有效的控制,应对多个可能主要技术方案进行技术可行性分析,对各种技术数据进行审核、比较,事先确定设计方案的评选原则,通过科学试验确定新材料、新工艺、新设备、新结构的适用性,对各投标文件中的主要技术方案进行必要的论证,对施工组织设计进行审查,想方设法在整个项目实施阶段寻求节约投资、保障工期和质量的技术措施。使计划能够输出期望的目标需要依靠掌握特定技术的人,需要采取一系列有效的技术措施实现项目目标的有效控制。

③经济措施。从项目的提出到项目的实施,始终伴随着资金的筹集和使用。无论是对工程造价实施控制,还是对工程质量、进度实施控制,均离不开经济措施。为了能够实现工程项目目标,项目管理人员要收集、加工、整理工程经济信息和数据,要对各种实现目标的计划进行资源、经济、财务等方面的可行性分析,要针对经常出现的各种设计变更和其他工程变更方案进行技术经济分析(以力求减少对计划目标实现的影响),要对工程概、预算进行审核,要编制资金使用计划,要对工程付款进行审查等。若项目管理人员在项目管理中忽略了或不重视经济措施,不但使工程造价目标难以得到实现,而且会影响到工程质量和进度目标的实现。

④合同措施。工程项目建设需要咨询机构、设计单位、施工单位和设备材料供应等单位共同参与。在市场经济的大环境下,这些单位要按照与项目业主签署的合同来参与建设工程项目的管理与建设,他们与业主单位形成了合同关系。确定对目标控制有利的承发包模式及合同结构,拟定合同条款,参加合同谈判,处理合同执行中的问题,以及做好防止和处理索赔的工作等,是建设工程目标控制的重要手段。

1.2 电力工程项目建设程序

1.2.1 电力工程项目建设程序的概念

电力工程建设是指电力工程建设项目从立项、论证、决策、设计、施工到竣工验收交付使用为止,电力建设全过程中各项工作完成应遵循的先后次序。

电力工程项目建设程序,又称之为电力基本建设程序,是电力建设过程及其经济活动规律的反映,是电力工程价值形成过程。我国建设行政主管部门颁布了一系列有关的电力工程建设程序的法规及建设程序的执行制度,同时将是否执行电力基本建设程序作为电力建设执法监督的重要内容。

电力工程项目建设程序如图1.1所示。

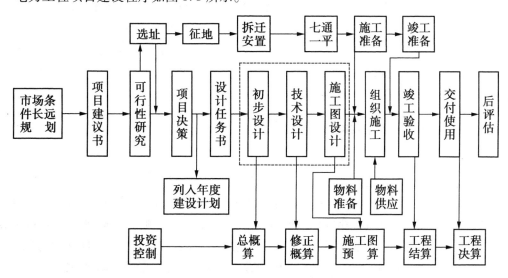

图1.1 电力工程项目建设程序示意图

1.2.2　电力工程项目建设程序的内容

一个电力建设项目从计划建设到建成投产,一般要经过建设决策、建设实施和交付使用三个阶段。如下:

1. 项目建议书

项目法人按国民经济和社会发展长远规划、行业规划和建设单位所在的城镇规划的要求,按照本单位的发展需要,经过调查、预测、分析,编报项目建议书。

2. 可行性研究报告

项目建议书批准之后,项目法人委托有相应资质的设计、咨询单位,对拟建项目在技术、工程、经济和外部协作条件等方面的可行性,进行全面分析、论证和方案比较,推荐最佳的方案;可行性研究报告是项目决策的依据,应按照国家规定达到一定的深度和准确性,其投资估算和初步设计概算的出入不得大于10%,否则将对项目进行重新决策。

3. 初步设计

可行性研究报告批准之后,项目法人委托有相应资质的设计单位,根据批准的可行性研究报告的要求,编制初步设计。初步设计批准之后,设计概算即为工程投资的最高限额,未经批准,不得随意突破。确因不可抗拒因素造成投资突破设计概算时,应上报原批准部门审批。

4. 施工图设计

初步设计批准之后,项目法人委托有相应资质的设计单位,根据批准的初步设计,组织施工图设计。

5. 年度投资计划

项目建议书、可行性研究报告、初步设计批准之后,向主管部门(业主)申请列入投资计划。

6. 开工报告

电力建设项目完成各项准备工作,具备开工条件,建设单位应及时向主管部门(业主)和有关单位提出开工报告,开工报告批准之后即可进行项目施工。

7. 竣工验收

按照国家有关规定,电力建设项目批准的内容完成之后,符合验收标准,须及时组织验收、办理交付使用资产移交手续。

1.2.3　电力工程项目建设的主要工作

1. 可行性研究

可行性研究是在工程项目投资决策之前,对与项目有关的社会、经济和技术等各方面的情况进行深入细致的调查研究;对于各种可能拟定的建设方案和技术方案进行认真的技术经济分析、比较和论证;对项目建成后的经济效益进行科学的预测及评价,并在此基础上,综合研究建设项目的技术先进性和适用性、经济合理性以及建设的可能性和可行性。由此确定该项目是否应该投资和如何投资等结论性的意见,为决策部门最终决策提供科学、可靠的依据,并作为开展下一步工作的基础。在对电力工程项目进行可行性研究时,要对该项目做出投资估算,同时还要对该项目投资进行经济性评价。

可行性研究是进行工程建设的首要环节,是决定投资项目命运的关键。可行性研究一般应回答的问题概括起来有三个范畴:

(1)工艺技术。工艺技术是手段。

(2)市场需求。市场需求是前提。

(3)财务经济状况。财务经济状况是核心。

2. 勘察设计

勘察设计是为了查明工程建设场地的地形地貌、地质构造、水文地质和各种自然现象所进行的调查、测量、观察及试验工作。设计是工程建设的灵魂和龙头,是对建设项目在技术和经济上进行的详细规划和全面安排。按照批准的设计任务书编制设计文件,一般按照初步设计、施工图设计两个阶段进行,技术复杂的项目,可增加技术设计阶段。施工图设计按照批准的初步设计编制,其深度应能够满足建设材料的采购、非标准设备的加工、建筑安装工程施工的需要和施工预算的编制。设计应采用和推广标准化。勘察设计工作完成之后,施工单位可按照勘察设计结果等因素编制施工方案,各相关方可按照初步设计或施工图设计编制设计概算、施工图预算或投资控制指标。

3. 招投标

招投标是发展市场经济,适应竞争需要的一种经济行为。招投标必须贯彻公平、公正、公开和诚实信用的原则,可适用于电力建设工程项目中的设计、设备材料供应、施工等任何阶段的工作。

招投标在现阶段是进行工程发、承包的主要方式,是签订各类工程合同的重要环节。通过招投标方式形成的合同,是工程建设各相关方履行自己的义务、保障自己权利的基本依据。

4. 建设监理

建设监理是指专职监理单位受业主委托对建设工程项目进行以控制投资、进度和确保质量为核心的监督与管理的一种方式。建设监理是深化电力基建改革,建立和发展社会主义市场经济并与国际接轨的需要,是电力基本建设迅速发展的需要。建设监理的依据是国家和电力行业主管部门相关的方针、政策、法规、标准、规定、定额和经过批准的建设计划、设计文件和经济合同。

监理单位是自主经营、独立核算、自负盈亏的企业,必须具备法人资格,经有关主管部门资质认证、审批、核定监理业务范围,发给资质证书后方可承担监理业务。委托方必须和监理单位签订监理委托合同。发电工程项目的建设监理实行总监理工程师负责制,总监理工程师和专业监理工程师应当经有关主管部门资质认证、审批资格、注册颁证,持证上岗。

建设监理业务,可以分阶段监理,也可全过程监理,或按照工程项目分类监理。

5. 投融资

电力工程项目都是投资项目,在其进行投资之前必须先进行融资。在融资时,应当考虑选择经济的资金渠道和合理的资金结构,使得投资项目的资金成本能够控制在一个令人满意的水平下,从而确保项目的经济性。我国基本建设投资来源主要有四条渠道,即国家预算拨款,建设银行贷款,各地区、各部门、各企业单位的自筹资金,利用外资。改革开放之后,我国投资体制实施了一系列改革,在投资领域形成了投资主体多元化、投资资金多渠道、项目决策分层次、投资方式多样化和建设实施引入市场竞争机制的新格局。

电力工业是资金密集型行业，20世纪80年代以来，我国改变了独家办电的形式，实行集资办电厂，电网由国家统一建设、统一管理的原则，采取多家办电、集资办电、征收电力建设基金、利用外资办电等政策，为建立新的投融资体系奠定了基础。单一由中央政府投资的主体格局已完全改变，各级地方政府及国有企业、集体企业已逐步成为直接投资的重要主体部分，逐步建立"谁投资、谁决策、谁受益、谁承担投资风险"的机制。目前，中央与地方、地方与地方、政府与企业、企业与企业之间的联合投资以及中外合资、合作建设项目已十分普遍。电力投融资体制可充分调动各方办电积极性，以最大限度多方筹集电力建设资金，增加电力投入。因此各电力集团公司要加强和充实投融资中心功能，充分发挥财务公司在投融资方面的作用。

6. 施工准备

施工准备是基本建设程序中的一项重要内容，既是建筑施工管理的一个重要组成部分，又是组织施工的前提，也是顺利完成建筑工程任务的关键。施工准备按工程项目施工准备工作的范围可分为全场性、单位工程和分部（项）工程作业条件准备等三种。全场性施工准备指的是大中型工业建设项目、大型公共建筑或民用建筑群等带有全局性的部署，包括：技术、组织、物资、劳力和现场准备，是各项准备工作的基础。单位工程施工准备是全场性施工准备的继续和具体化，要求做得细致，预见到施工过程中可能出现的各种问题，能确保单位工程均衡、连续和科学合理地施工。

施工准备按照拟建工程所处的施工阶段可分为开工前的施工准备和各施工阶段前的施工准备等两种。开工前的施工准备工作是在拟建工程正式开工之前所进行的一切施工准备工作，其目的是为拟建工程正式开工创造必要的施工条件。它既可能是全场性的施工准备，又可能是单位工程施工条件的准备。各施工阶段前的施工准备是在拟建工程开工之后，每个施工阶段在正式开工之前所进行的一切施工准备工作，其目的是为施工阶段正式开工创造必要的施工条件。

施工准备工作的基本任务就是调查研究各种有关工程施工的原始资料、施工条件及业主要求，全面合理地部署施工力量，从计划、技术物资、资金、设备、劳力、组织、现场及外部施工环境等方面为拟建工程的顺利施工建立一切必要的条件，并对施工中可能发生的各种变化做好充分准备。

7. 施工、建筑安装

施工是基本建设的主要阶段，是将计划文件和设计图纸付诸实施的过程，是建筑安装施工合同的履行过程。在该阶段，一方面承包商应根据合同的要求全面完成施工任务；另一方面，发包人也应当根据合同约定向承包人支付工程款。工程价款的结算方式与结算时间，对于工程的发包与承包方的经济利益存在一定的影响。在施工阶段应尽可能避免出现大的工程变更，也不要频繁地出现一般的工程变更，因为那样会对工程造价的控制带来极大的困难。

对施工的基本要求是确保安全、质量，文明施工，确保建设工期，并不断降低成本，提高经济效益。施工是工程优化的核心，起着承前启后的作用。设计、设备的缺陷，要通过施工来纠正和处理，而调试启动能否顺利进行，要看施工质量是否切实确保。施工质量是重中之重，必须坚决贯彻相关标准。

8. 启动调试

启动调试是电力建设工程的关键阶段和重要环节。启动调试是一个独立的阶段,由各方代表组成的启动验收委员会负责领导,由业主指定启动调试总指挥,从分部试运行开始工作,直至试生产结束。由调试单位负责人具体负责试运指挥。

9. 竣工验收

工程竣工验收是工程施工(建设)的最后一个环节,是全面考核施工(建设)质量,确认是否能够投入使用的重要步骤。工程竣工验收将从整体观念出发,对每一分部分项工程的质量、性能、功能、安全各方面进行认真、全面、可靠的检查,尽量不给今后的使用留下任何质量或安全的隐患。由于电力建设工程涉及的各种电气设备众多,在正式竣工验收之前,还要经历试运行阶段。在竣工验收阶段,涉及工程发、承包方之间的工程价款竣工结算和发包人的工程竣工决算。

10. 项目后评价阶段

项目后评价是工程项目竣工投产、生产运营一段时间(一般为一年)后,再对项目的立项决策、设计施工、竣工投产、生产运营等全过程进行系统评价的一种技术经济基础活动,是固定资产投资管理的一项重要内容,也是固定资产投资管理的最后一个环节。通过项目后评价,可达到肯定成绩、总结经验、研究问题、吸取教训、提出建议、改进工作、不断提高项目投资决策水平和投资经济效果的目的。项目后评价的内容包括:立项决策评价、设计施工评价、生产运营评价和建设效益评价。

1.3 电力工程项目范围

1.3.1 电力工程项目范围确定

1.3.1.1 项目范围确定的含义与依据

1. 项目范围确定的定义

项目范围确定是指明确项目的目标和可交付成果的内容,确定项目的总体系统范围并形成文件,以作为项目设计、计划、实施和评价项目成果的依据。

2. 项目范围确定的依据

项目范围确定的依据主要有:
(1)项目目标的定义或范围说明文件。
(2)环境条件调查资料。
(3)项目的限制条件与制约因素。
(4)同类项目的相关资料。

1.3.1.2 项目范围确定的过程

通常来说,项目范围确定应经过以下过程:
(1)项目目标的分析。
(2)项目环境的调查与限制条件分析。

(3) 项目可交付成果的范围和项目范围确定。

(4) 对项目进行结构分解(WBS)工作。

(5) 项目单元的定义。将项目目标与任务分解落实到具体的项目单元上,从各个方面(质量、技术要求、项目实施活动的责任人、费用限制、项目工期、前提条件等)对它们作详细的说明和定义。这个工作应与相应的技术设计、计划、组织安排等工作同步进行。

(6) 项目单元之间界面的分析。一般包括界限的划分与定义、逻辑关系的分析、实施顺序的安排,将全部项目单元还原成一个有机的项目整体。这是进行网络分析、项目组织设计的基础工作。

1.3.1.3 项目范围确定的工作内容与方法

1. 项目范围确定的工作内容

(1) 项目的界定。项目的界定,首先要将一项任务界定为项目,然后再将项目业主的需求转化为详细的工作描述,而描述的这些工作是实现项目目标所不可缺少的。

(2) 项目目标的确定。

①项目目标的特点。项目目标一般是指实施项目所要达到的期望结果。项目目标的主要特点见表1.2。

表1.2 项目目标的特点

序号	特点	具体内容
1	多目标性	一个项目的目标往往不是单一的,而是由多个目标构成的一个系统,不同的目标之间有可能彼此相互冲突
2	优先性	因为项目是一个多目标的系统,因此,不同层次的目标,其重要性也不相同,往往被赋予不同的权重。不同的目标在项目生命周期的不同阶段,其权重也不相同
3	层次性	目标的描述需要由抽象到具体,要有一定的层次性。一般将目标系统表示为一个层次结构。其最高层是总体目标,指明要解决问题的总的期望结果;最下层是具体目标,指出解决问题的具体措施。上层目标通常表现为模糊的、不可控的,下层目标则表现为具体的、明确的、可测的。层次越低,目标越具体而可控

②项目目标确定程序。

a. 明确制定项目目标的主体。不同层次的目标,其制定目标的主体也是不同的。如项目总体目标通常由项目发起人或项目提议人来确定;而项目实施中的某项工序的目标,由相应的实施组织或个人来确定。

b. 描述项目目标。项目目标必须明确、具体,尽可能定量描述,确保项目目标容易理解,并使每个项目管理组织成员结合项目目标确定个人的具体目标。

c. 形成项目目标文件。项目目标文件是一种详细描述项目目标的文件,也可用层次结构图进行表示。项目目标文件通过对项目目标的详细描述,预先设定了项目成功的标准。

(3) 项目范围的界定。项目范围的界定就是确定成功实现项目目标所必须完成的工作。

项目范围的界定应着重考虑以下三个方面内容：

①项目的基本目标。

②必须做的工作内容。

③可以省略的工作内容。

经过项目范围的界定，就可以将有限的资源用在完成项目所必不可少的工作上，确保项目目标的实现。

(4)项目范围说明书的形成。

项目范围说明书说明了为什么要进行这个项目(或某项具体工作)，明确了项目(或某项具体工作)的目标和主要可交付的成果，是将来项目实施管理的重要基础。

在编写项目范围说明书时，必须了解以下情况：

①成果说明书。所谓的成果，即任务的委托者在项目结束或者项目阶段结束时，要求项目班子交出的成果。显然对于这些要求交付的成果必须有明确的要求及说明。

②项目目标文件。

③制约因素。制约因素是限制项目承担者行动的因素。如项目预算将会限制项目管理组织对项目范围、人员配置以及日程安排的选择。项目管理组织必须考虑有哪些因素会限制自己的行动。

④假设前提。假设前提是指为了制订计划，假定某些因素是真实、符合现实和肯定的。如决定项目开工时间的某一前期准备工作的完成时间不确定，项目管理组织将假设某一特别的日期作为该项工作完成的时间。假设一般包含一定程度的风险。

项目范围说明书应当包括以下几个方面内容：

a. 项目合理性说明。即解释为何要进行这一项目，为以后权衡各种利弊关系提供主要依据。

b. 项目成果的简要描述。

c. 可交付成果清单。

④项目目标。当项目成功完成时，必须向项目业主表明，项目事先设立的目标均已达到。设立的目标要能够量化。目标无法量化或未量化，就要承担很大风险。

2. 项目范围确定的方法

进行项目范围确定，经常使用的方法如下：

(1)成果分析。通过成果分析可加深对项目成果的理解，确定其是否必要、是否多余以及是否有价值。其中包括：系统工程、价值工程和价值分析等技术。

(2)成本效益分析。

(3)项目方案识别技术。项目方案识别技术泛指提出实现项目目标方案的所有技术。在这方面，管理学已提出了许多现成的技术，可供识别项目方案。

(4)领域专家法。可以请领域专家对各种方案进行评价。任何经过专门训练或具备专门知识的集体或个人均可视为领域专家。

(5)项目分解结构。

1.3.2 电力工程项目结构分析

项目结构分析是对项目系统范围进行结构分解(工作结构分解),用可测量的指标定义项目的工作任务,并形成文件,以此作为分解项目目标、落实组织责任、安排工作计划及实施控制的依据。

1.3.2.1 项目结构分解

1. 项目结构分解的含义

项目结构分解就是将主要的项目可交付成果分成较小的、更易管理的组成部分,直到可交付成果定义得足够详细,足以支持项目将来的活动,如计划、实施、控制,并便于制订项目各具体领域和整体的实施计划。也可以说,是将项目划分为可管理的工作单元,以便这些工作单元的费用、时间和其他方面较项目整体更容易确定。

2. 项目结构分解的要求

项目结构分解应符合以下要求:
(1)内容完整,不重复,不遗漏。
(2)一个工作单元只能从属于一个上层单元。
(3)每个工作单元应有明确的工作内容和责任者,工作单元之间的界面应清晰。
(4)项目分解应利于项目实施和管理,便于考核评价。

3. 项目结构分解的方法

项目结构分解的基本思路为:以项目目标体系为主导,以工程技术系统范围和项目的实施过程为依据,根据一定的规则由上而下、由粗到细地进行。

(1)树形结构图。常见的电力工程项目树形结构如图1.2所示。

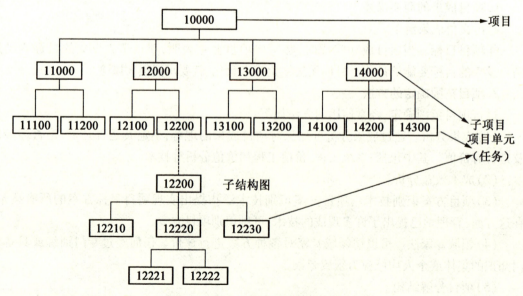

图1.2 电力工程项目树形结构图

项目结构图中的每一个单元(不分层次)统一被称为项目单元。项目结构图表达了项目总体的结构框架。

(2)项目结构分解表。将项目结构图以表的形式来表示则为项目结构分解表,它就是项目的工作任务分配表,又是项目范围说明书。其结构类似于计算机中文件的目录路径。例如上面的电力工程项目结构图可以用一个简单的表来表示,见表1.3。

表1.3　电力工程项目结构分解表

编码	活动名称	负责人(单位)	预算成本	计划工期	……
10 000					
11 000					
11 100					
11 200					
12 000					
12 100					
12 200					
12 210					
12 220					
12 221					
12 222					
12 223					
12 230					
13 000					
14 000					

对上述分解成果应进行全面审查包括,范围的完备性、分解的科学性、定义的准确性,经过项目业主批准后作为项目实施的执行文件。

1.3.2.2　工作分解结构

1. 概述

工作分解结构是指根据项目的发展规律,依据一定的原则和规定,对项目进行系统化、相互关联和协调的层次分解。结构层次越往下层则项目组成部分的定义越详细。工作分解结构将建设项目依次分解成较小的项目单元,直至满足项目控制需要的最低层次,这就形成了一种层次化的"树"状结构。这一树状结构将项目合同中所规定的全部工作分解为便于管理的独立单元,并将完成这些单元工作的责任分配给相应的具体部门和人员,从而在项目资源与项目工作之间建立了一种明确的目标责任关系,这就形成了一种职能责任矩阵,如图1.3所示。

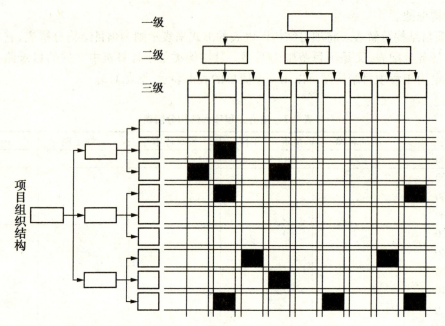

图1.3 矩阵管理方法示意图

2. 工作分解结构的目的

工作分解结构的主要目的包括:

(1)明确和准确说明项目的范围。

(2)为各独立单元分派人员,确定这些人员的相应职责。

(3)针对各独立单元,进行时间、费用和资源需要量的估算,提高费用、时间及资源估算的准确性。

(4)为计划、预算、进度安排和费用控制奠定共同的基础,确定项目进度测量和控制的基准。

(5)将项目工作与项目的费用预算及考核联系起来。

(6)便于划分和分派责任,自上而下地将项目目标落实到具体的工作上,并将这些工作交付给项目内外的个人或组织去完成。

(7)确定工作内容和工作顺序。

(8)估算项目整体和全过程的费用。

3. 工作分解结构的步骤

工作分解结构的建立应按照以下步骤进行。

(1)确定项目总目标。按照项目技术规范和项目合同的具体要求,确定最终完成项目需要达到的项目总目标。

(2)确定项目目标层次。确定项目目标层次即确定工作分解结构的详细程度(即WBS的分层数)。

(3)划分项目建设阶段。将项目建设的全过程划分为不同的、相对独立的阶段。如设计阶段、施工阶段等。

(4)建立项目组织结构。项目组织结构中应当包括参与项目的所有组织或人员,以及项目环境中的各个关键人物。

(5)确定项目的组成结构。按照项目的总目标和阶段性目标,将项目的最终成果和阶段性成果进行分解,列出达到这些目标所需要的硬件(如设备、各种设施或结构)和软件(如信息资料或服务),它实际上是对子项目或项目的组成部分进一步分解形成的结构图表,其主要技术是按照工程内容进行项目分解。

(6)建立编码体系。以公司现有财务图表作为基础,建立项目工作分解结构的编码体系。

(7)建立工作分解结构。将上述(3)至(6)项结合在一起,即形成了工作分解结构。

(8)编制总网络计划。按照工作分解结构的第二层或第三层,编制项目总体网络计划。总体网络计划可以再利用网络计划的通常技术进行细致划分。总体网络计划确定了项目的总进度目标和关键子目标。在项目的实施过程中,项目总体网络计划用于向项目的高级管理层报告项目的进展状况,即完成进度目标的情况。

(9)建立职能矩阵。分析工作分解结构中各个子系统或单元与组织机构之间的关系,用以明确组织机构内各部门应负责完成的项目子系统或项目单元,并建立项目系统的责任矩阵。

(10)建立项目财务图表。将工作分解结构中的每个项目单元进行编码,形成项目结构的编码系统。此编码系统与项目的财务编码系统相结合,即可对项目实施财务管理,制作各种财务图表,建立费用目标。

(11)编制关键线路网络计划。前述的十项步骤完成之后,形成了一个完整的工作分解结构,它是制订详细网络计划的基础。工作分解结构本身不涉及项目的具体工作、工作的时间估计、资源使用以及各项工作之间的逻辑关系,因此,项目的进度控制还需使用详细网络计划。详细网络计划通常采用关键线路法(CPM)编制,它是对工作分解结构中的项目单元作进一步细分后产生的,可用于直接控制生产或施工活动。详细网络计划确定了各项工作的进度目标。

(12)建立工作顺序系统。按照工作分解结构和职能矩阵,建立项目的工作顺序系统,明确各职能部门所负责的项目子系统或项目单元何时开始、何时结束,同时也明确项目子系统或项目单元间的前后衔接关系。

(13)建立报告和控制系统。按照项目的整体要求、工作分解结构以及总体和详细网络计划,即可以建立项目的报告体系和控制系统,以核实项目的执行情况。

4. 工作分解结构的注意事项

工作分解结构,尤其是较大项目,应该注意以下几点内容:

(1)确定项目工作分解结构就是将项目的可交付成果、组织和过程这三种不同结构综合为项目工作分解结构的过程。项目管理组织要善于巧妙地将项目按照可交付成果的结构划分、按照项目的阶段划分以及按照项目组织的责任划分有机地结合起来。

(2)最底层的工作包应当便于完整无缺地分派给项目内外的不同个人或组织,因此要求明确各工作包之间的界面。界面清楚有利于减少项目进展过程中的协调工作量。

(3)最底层的工作包应当非常具体,以便于各工作包的承担者能明确自己的任务、努力的目标和承担的责任。工作包划分得具体,也便于监督和业绩考核。

(4)逐层分解项目或其主要可交付成果的过程实际上也是分解角色和职责的过程。

(5)项目工作分解完成以后必须交出的成果就是项目工作分解结构。工作分解结构中的每一项工作,或者称为单元均要编上号码。这些号码的全体,叫作编码系统。编码系统同项目工作分解结构本身一样重要。在项目规划和以后的各阶段,项目各基本单元的查找、变更、费用计算、时间安排、资源安排、质量要求等各个方面均要参照这个编码系统。

(6)在项目工作分解结构中,无论是哪一个层次,每一个单元都要有相应的依据(投入、输入、资源)和成果(产出、输出、产品)。某一层次单元的成果是上一层次单元的依据。

(7)依据和成果之间的具体关系是在逐层分解项目或其主要可交付成果,以及分派角色和职责时确定的。注意事项包括,某一层次工作所需的依据在许多情况下来自于同一层次的其他工作。由此可以看出,项目管理的协调工作要沿着项目工作分解结构的竖直和水平两个方向展开。

(8)对于最底层的工作包,要有全面、详细和明确的文字说明。由于项目,特别是较大的项目有许多工作包,因此,往往将所有工作包文字说明汇集在一起,编成一个项目工作分解结构词典,便于需要时查阅。

1.3.2.3 工程项目工作单元定义

工作单元是项目分解结果的最小单位,便于落实职责、实施、核算和信息收集等工作。工作单元的定义一般包括:工作范围、质量要求、费用预算、时间安排、资源要求和组织责任等内容。工作包是最低层次的项目单元,是计划和控制的最小单位(特别是在成本方面),是项目目标管理的具体体现。其相应的说明被称为工作包说明,它是以任务(活动)说明为主的。

工作包通常具有预先的定义,有相应的目标、可评价其结果的自我封闭的可交付成果(工作量),有一个负责人(或单位)。它是设计(计划)、说明、控制和验收的对象。但它内涵的大小(工作范围)没有具体的规定。常见的工作包说明表的格式见表1.4。

表1.4 工作包说明表

项目名:_____	工作包编码:_____	日期:_____
子项目名:_____		版次:_____
工作包名称:		
结果:		
前提条件:		
工程活动(或事件):		
负责人:		
费用: 计划: 实际:	其他参加者:	工期: 计划: 实际:

工作包说明是项目的目标分解和责任落实文件。它包括:项目的计划、控制、组织、合同等各方面的基本信息,另外还可能包括:工作包的实施方案、各种消耗标准等信息。因此定义工作包的内容是一项非常复杂的工作,需要各部门的配合。

1.3.2.4 工程项目工作界面分析

1. 工作界面分析的概念

工作界面是指工作单元之间的结合部,或叫接口部位,即工作单元之间相互作用、相互联系、相互影响的复杂关系。工作界面分析是指对界面中的复杂关系进行分析。

在项目管理中,大量的矛盾、争执、损失都发生在界面上。界面的类型很多,有目标系统的界面、技术系统的界面、行为系统的界面、组织系统的界面以及环境系统的界面等。对于大型复杂的项目,界面必须经过精心的组织和设计。

2. 工作界面分析的要求

工作界面分析应符合如下要求:

(1)工作单元之间的接口合理,必要时应对工作界面进行书面说明。

(2)在项目的设计、计划和实施的过程中,注意界面之间的联系和制约。

(3)在项目的实施中,应注意变更对界面的影响。

3. 工作界面分析的原则

随着项目管理集成化和综合化,工作界面分析越来越重要。工作界面的分析应遵循如下原则:

(1)确保系统界面之间的相容性,使项目系统单元之间有良好的接口,有相同的规格。这种良好的接口是确保项目经济、安全、稳定、高效率运行的基础。

(2)确保系统的完备性,不失掉任何工作、设备、信息等,防止发生工作内容、成本和质量责任归属的争执。

(3)对界面进行定义,并形成文件,在项目的实施过程中保持界面清楚,当工程发生变更时特别应注意变更对界面的影响。

(4)在界面处设置检查验收点、里程碑、决策点和控制点,应采用系统方法从组织、管理、技术、经济、合同各方面主动地进行界面分析。

(5)注意界面之间的联系和制约,解决界面之间不协调、障碍和争执,主动地、积极地管理系统界面的关系,对相互影响的因素进行协调。

4. 工作界面的定义文件

在项目管理中,对重要的工作界面应进行书面定义,并形成文件。项目工作界面的定义文件应能够综合表达界面的信息,例如界面的位置、组织责任的划分、技术界限、界面工作的界限和归宿、工期界限、活动关系、资源、信息的交换时间安排、成本界限等,见表1.5。

表1.5 工作界面说明

项目:			
子项目:			
界面号:			
部门:	部门:		
技术界限		已清楚	尚未清楚
工期界限		已清楚	尚未清楚
成本界限		已清楚	尚未清楚
签字:		签字:	

1.3.3 电力工程项目范围控制

1.3.3.1 项目范围控制的要求

电力工程项目范围控制应符合如下要求：

(1)组织要确保严格根据项目范围文件实施(包括设计、施工和采购等)，对项目范围的变更进行有效的控制，确保项目系统的完备性。

(2)在项目实施过程中应经常检查和记录项目实施状况，对项目任务的范围(如数量)、标准(如质量)和工作内容等的变化情况进行有效控制。

(3)项目范围变更涉及目标变更、设计变更、实施过程变更等。范围变更会导致费用、工期和组织责任的变化以及实施计划的调整、索赔和合同争执等问题发生。

(4)范围管理应具备一定的审查和批准程序以及授权。特别要注重项目范围变更责任的落实和影响的处理程序。

(5)在工程项目的结束阶段，或整个工程在竣工时，将项目最终交付成果(竣工工程)移交之前，应对项目的可交付成果进行审查，核实项目范围内规定的各项工作或活动是否已经完成，可交付成果是否完备或令人满意。

1.3.3.2 项目范围变更管理

1. 项目范围变更管理的概念

电力工程项目范围变更是指在实施合同期间项目工作范围发生的改变，例如增加或删除某些工作等。项目范围变更管理是指对造成范围变更的因素施加影响，保证这些变化给项目带来益处，并确定范围变更已经发生，以及当变更发生时对实际变更进行管理。

电力工程项目范围变更管理必须完全与其他的控制过程(如进度控制、费用控制、质量控制等)相结合才能够收到更好的控制效果。

2. 项目范围变更管理的要求

电力工程项目范围变更管理应符合如下要求：

(1)项目范围变更要有严格的审批程序和手续。

(2)项目范围变更之后应调整相关的计划。

(3)组织对重大的项目范围变更，应提出影响报告。

3. 项目范围变更管理的依据

电力工程项目范围变更管理的依据，见表1.6。

表1.6 项目范围变更管理的依据

序号	特点	具体内容
1	工作范围描述	工作范围描述是项目合同的主要内容之一，它详细描述了完成工程项目需要实施的全部工作
2	技术规范和图纸	技术规范规定了提供服务方在履行合同义务期间必须遵守的国家和行业标准以及项目业主的其他技术要求。技术规范优先于图纸，即当两者发生矛盾时，以技术规范规定的内容为准

续表 1.6

序号	特点	具体内容
3	变更令	形成正式变更令的第一步是提出变更申请,变更申请可能以多种形式发生——口头或书面的,直接或间接的,以及合法的命令或业主的自主决定。变更令可能要求扩大或缩小项目的工作范围
4	工程项目进度计划	工程项目进度计划既定义了工程项目的范围基准,同时又定义了各项工作的逻辑关系和起止时间(即进度目标)。当工程项目范围发生变更时,必然会对进度计划产生影响
5	进度报告	进度报告提供了项目范围执行状态的信息。例如,项目的哪些中间成果已经完成,哪些还未完成。进度报告还可以对可能在未来引起不利影响的潜在问题向项目管理班子发出警示信息

4. 项目范围变更控制系统

电力工程项目范围变更控制系统规定了项目范围变更应遵循的程序,包括:书面工作、跟踪系统以及批准变更所必需的批准层次。范围变更控制系统应融入整个项目的变更控制系统。当在某一合同下实施项目时,范围变更控制系统还必须遵守该项目合同中的全部规定。

2 电力工程项目管理规划与管理组织

2.1 电力工程项目管理规划

2.1.1 电力工程项目管理规划大纲

1. 电力工程项目管理规划大纲的特点

电力工程项目管理规划大纲的特点,见表2.1。

表2.1 电力工程项目管理规划大纲的特点

序号	特点	具体内容
1	为投标签约提供依据	电力工程施工企业为了取得施工项目,在进行投标之前,应根据施工项目管理规划大纲认真设计、规划投标方案。根据施工项目管理规划大纲编制投标文件,既可使投标文件具有竞争力,又可满足招标文件对施工组织设计的要求,还可为签订合同、进行谈判提前做出筹划和提供资料
2	内容具有纲领性	电力工程项目管理规划大纲,实际上是投标之前对项目管理的全过程所进行的规划。这既是准备中标后实现对发包人承诺的管理纲领,又是预期未来项目管理可实现的计划目标,影响电力工程项目管理的全寿命。因为是中标之前规划的,只能是纲领性的
3	追求经济效益	电力工程项目管理规划大纲首先有利于中标,其次有利于全过程的项目管理,所以它是一份经营性文件,追求的是经济效益。主导这份文件的主线是投标报价和工程成本,是企业通过承揽该项目所期望的经济成果

2. 电力工程项目管理规划大纲的编制依据

电力工程项目管理规划大纲的编制依据包括:
(1)可行性研究报告。
(2)招标文件以及发包人对招标文件的分析研究结果。
(3)企业管理层对招标文件的分析研究结果。
(4)发包人提供的工程信息和资料。
(5)工程现场环境情况的调查结果。编制施工项目管理规划大纲前,主要应调查对施工方案、合同执行、实施合同成本有重大影响的因素。
(6)有关本工程投标的竞争信息。如参加投标竞争的承包人的数量及其投标人的情况,本企业与这些投标人在本项目上的竞争力分析与比较等。

(7)企业法定代表人的投标决策意见。由于施工项目管理规划大纲必须体现承包人的发展战略和总的经营方针及策略,因此企业法定代表人应按下列因素考虑决策:企业在项目所在地所涉及的领域的发展战略;项目在企业经营中的地位,项目的成败对未来经营的影响(例如牌子工程、形象工程等);发包人的基本情况(例如信用程度、管理水平、发包人的后续工程的可能性)。

3. 电力工程项目管理规划大纲的编制程序

电力工程项目管理规划大纲的编制程序如下:
(1)明确项目目标。
(2)分析项目环境和条件。
(3)收集项目有关资料及信息。
(4)确定项目管理组织模式、结构及职责。
(5)明确项目管理内容。
(6)编制项目目标计划和资源计划。
(7)汇总整理,报送审批。

4. 电力工程项目管理规划大纲的内容

(1)项目概况。
①施工项目基本情况描述。项目的规模可用一些数据指标描述。
②施工项目的承包范围描述。包括承包工程范围的主要数据指标、承包人的主要合同责任、主要工程量等。

在电力工程项目管理规划大纲的编制阶段,可以作一个粗略的施工项目工作分解结构图,并进行相应说明。

(2)项目范围管理规划。项目范围管理规划应以确定并完成项目目标作为根本目的,通过明确项目有关各方的职责界限,以确保项目管理工作的充分性和有效性。
①项目范围管理的对象应当包括完成项目所必需的专业工作和管理工作。
②项目范围管理的过程应当包括项目范围的确定、项目结构分析、项目范围控制等。
③项目范围管理应作为项目管理的基础工作,并贯穿于项目的全过程。组织应确定项目范围管理的工作职责和程序,并对范围的变更进行检查、分析及处置。

(3)项目管理目标规划。项目管理目标包括两个部分,即:
①施工合同要求的目标。如合同规定的使用功能要求、合同工期、合同价格、合同规定的质量标准、合同或法律规定的环境保护标准和安全标准等。施工合同规定的项目目标通常是必须实现的,否则投标人就无法中标,或者必须接受合同或法律规定的处罚。
②企业对施工项目的要求。如工程成本或费用目标、企业的形象及从企业经营的角度出发对施工合同要求的目标的调整要求(如投标人有信心将工期缩短并提出承诺)。

电力工程项目管理的目标应尽量定量描述,使其可执行、可分解。在项目实施过程中可以对目标进行控制,在项目结束后可根据目标的完成情况对施工项目经理部进行考核。施工项目的目标水平应使施工项目经理部通过努力能够实现,过高会使项目经理部失去努力的信心,过低则会使项目失去优化的可能,使企业经营效益降低,导致施工项目之间的不平衡。

(4)项目管理组织规划。项目管理组织规划应当符合施工项目的组织方案,此方案分为两类。

①针对专业性施工任务的组织方案,例如是采用分包方式,还是自行承包方式等。

②针对施工项目管理组织(施工项目经理部)的方案,在施工项目管理规划大纲中,无需详细描述施工项目经理部的组成状况,但必须原则性地确定项目经理、总工程师等的人选。

一般根据项目业主招标的要求,项目经理或技术负责人在项目业主的澄清会议上进行答辩,所以项目经理或技术负责人必须尽早任命,并尽早介入施工项目的投标过程。这不仅是为了中标的要求,而且能够确保电力工程项目管理的连续性。

(5)项目成本管理规划。项目成本管理规划应体现施工预算和成本计划的总体原则。

成本目标规划应包括项目的总成本目标、根据主要成本项目进行成本目标分解(如施工工人、主要材料、设备用量以及相关的费用)、现场管理费额度、确保成本目标实现的技术组织措施等。成本目标规划应留有一定的余地,并有一定的浮动空间。

成本目标的确定应反映如下因素:施工工程的范围、特点、性质,招标文件规定的承包人责任,工程的现场条件,承包人对施工工程确定的实施方案。

成本目标是承包人投标报价的基础,将来又会作为对施工项目经理部的成本目标责任和考核奖励的依据,它应反映承包人的实际开支,因此在确定成本目标时不应考虑承包人的经营战略。

大型电力工程应建立项目的施工工程成本数据库。

(6)项目进度管理规划。项目进度管理规划应说明招标文件(或招标人要求)的总工期目标、总工期目标的分解、主要的里程碑事件及主要工程活动的进度计划安排、施工进度计划表、确保进度目标实现的措施等。

电力工程项目管理规划大纲中的工期目标与总进度计划不仅应符合招标人在招标文件中提出的总工期要求,而且应考虑到环境(特别是气候)条件的制约、工程的规模和复杂程度、承包人可能有的资源投入强度,要有可行性。在制定总计划时,应当参考已完成的当地同类工程的实际进度状况。

进度计划应采用横道图的形式,并注明主要的里程碑事件。

(7)项目质量管理规划。

①招标文件(或项目业主)要求的总体质量目标规划。质量目标的指标既应符合招标文件规定的质量标准,又应当符合国家和地方的法律、法规、规范的要求。施工项目管理工作、施工方案和组织措施等都要确保该质量目标的实现,这是承包人对项目业主的最重要承诺。应重点说明质量目标的分解和确保质量目标实现的主要技术组织措施。

②主要的施工方案描述包括:工程施工次序的总体安排、重点单位工程或重点分部工程的施工方案、主要的技术措施、拟采用的新技术和新工艺、拟选用的主要施工机械设备方案。

(8)项目职业健康安全与环境管理规划。

①电力工程项目职业健康安全规划应提出总体的安全目标责任、施工过程中的主要不安全因素、确保安全的主要措施等。对危险性较大或专业性较强的建设工程施工项目,应当编制施工安全组织计划(或施工安全管理体系),并提出详细的安全组织、技术和管理措施,确保安全管理过程是一个持续改进的过程。

②电力工程项目环境管理规划应按照施工工程范围、工程特点、性质、环境、项目业主要求等的不同,根据需要增加一些其他内容。例如对一些大型的、特殊的工程,项目业主要求

承包人提出保护环境的管理体系时,应有较详细的重点规划。

(9)项目采购与资源管理规划。

①电力工程项目采购规划要识别与采购有关的资源及过程,包括采购什么、何时采购、询价、评价并确定参加投标的分包人、分包合同结构策划、采购文件的内容和编写等。

②电力工程项目资源管理规划包括:识别、估算、分配相关资源,安排资源使用进度,进行资源控制的策划等。

(10)项目风险管理规划。项目风险管理规划应按照工程的实际情况对施工项目的主要风险因素做出预测,并提出相应的对策措施,提出风险管理的主要原则。

在电力工程项目管理规划大纲阶段对风险考虑得较为宏观,要着眼于市场、宏观经济、政治、竞争对手、合同、业主资信等。施工风险的对策措施包括:回避风险大的项目,选择风险小或适中的项目。对于风险超过自己的承受能力、成功把握不大的项目,不参与投标。

①技术措施。例如选择有弹性的、抗风险能力强的技术方案,而不用新的、未经过工程使用的、不成熟的施工方案;对地理、地质情况进行详细勘察或鉴定,预先进行技术试验、模拟,准备多套备选方案,采用各种保护措施和安全保障措施。

②组织措施。对风险较大的项目加强计划工作,选派最得力的技术和管理人员,特别是项目经理;在同期施工项目中提高它的优先级别,在实施过程中严密控制。

③购买保险。常见的工程损坏、第三方责任、人身伤亡、机械设备的损坏等可通过购买保险的办法规避。要求对方提供担保(或反担保)。要求项目业主出具资信证明。

④风险准备金。例如,在投标报价中,按照风险的大小以及发生的可能性(概率),在报价中加上一笔不可预见风险费。

⑤采取合作方式共同承担风险。例如,通过分包、联营承包,与分包人或其他承包人共同承担风险。

⑥通过合同分配风险。例如通过修改承包合同中对承包人不利的条款或单方面约束性条款,平衡项目业主和承包人之间的风险,保护自己;通过分包合同转移总承包合同中的相关风险等。

(11)项目信息管理规划。项目信息管理规划应包括以下内容:

①与项目组织相适应的信息流通系统。

②信息中心的建立规划。

③项目管理软件的选择与使用规划。

④信息管理实施规划。

(12)项目沟通管理规划。项目沟通管理规划主要指项目管理组织就项目所涉及的各有关组织及个人相互之间的信息沟通、关系协调等工作的规划。

(13)项目收尾管理规划。项目收尾管理规划包括工程收尾、管理收尾、行政收尾等方面的规划。

2.1.2 电力工程项目管理实施规划

1.电力工程项目管理实施规划的特点

电力工程项目管理实施规划的特点,见表2.2。

表2.2 电力工程项目管理实施规划的特点

序号	特点	具体内容
1	项目实施过程的管理依据	施工项目管理实施规划在签订合同之后编制,是指导从施工准备到竣工验收全过程的项目管理。它既为这个过程提出管理目标,又为实现目标做出管理规划,故是项目实施过程的管理依据,对项目管理取得成功具有决定意义
2	其内容具有实施性	实施性是指它可以作为实施阶段项目管理实际操作的依据和工作目标。因为它是项目经理组织或参与编制的,是依据项目情况、现实具体情况编制而成的,所以它具有实施性
3	追求管理效率和良好效果	施工项目管理实施规划可以起到提高管理效率的作用。因为管理过程中,事先有策划,过程中有办法及制度,目标明确,安排得当,措施得力,必然会提高效率,取得理想的效果

2. 电力工程项目管理实施规划的编制依据

电力工程项目管理实施规划的编制依据包括：
(1)项目管理规划大纲。
(2)项目条件和环境分析资料。
(3)项目管理责任书。
(4)施工合同等。

3. 电力工程项目管理实施规划的编制程序

电力工程项目管理实施规划应当按下列程序进行编制。
(1)对施工合同和施工条件进行分析。
(2)对项目管理目标责任书进行分析。
(3)编写目录及框架。
(4)分工编写。
(5)汇总、协调。
(6)统一审稿。
(7)修改定稿。
(8)报批。

4. 电力工程项目管理实施规划的内容

(1)工程概况。工程概况内容一般包括:工程特点、建设地点及环境特征、施工条件、工程管理特点、工程管理总体要求以及施工项目工作目录等。

(2)总体工作计划。总体工作计划应包括如下内容:
①项目的质量、进度、成本及安全目标。
②拟投入的劳动力人数(高峰人数、平均人数)。
③资源计划(劳动力使用计划、材料设备供应计划、机械设备供应计划)。
④分包计划。
⑤区段划分与施工程序。
⑥项目管理总体安排(包括施工项目经理部组织机构、施工项目经理部主要管理人员、施工项目经理部工作总流程、施工项目经理部工作分解和责任矩阵,以及施工项目管理过程

中的控制、协调、总结、考核工作过程的规定)。项目管理总体安排可列表进行说明。

（3）组织方案。组织方案应当编制出项目的项目结构图、组织结构图、合同结构图、编码结构图、重点工作流程图、任务分工表、职能分工表，并进行必要的说明。

（4）技术方案。技术方案主要是技术性或专业性的实施方案，应辅以构造图、流程图和各种表格。

（5）各种管理计划。进度计划应当编制出能反映工艺关系和组织关系的计划，可反映时间计划、相应进程的资源(人力、材料、机械设备和大型工具等)需用量计划以及相应的说明。

质量计划、职业健康安全与环境管理计划、成本计划、资源需求计划、风险管理计划、信息管理计划、项目沟通管理计划和项目收尾管理计划，均应按《建设工程项目管理规范》(GB/T 50326—2006)相应章节的条文及说明编制。为了满足项目实施的需求，应尽可能细化，尽量利用图表表示。

各种管理计划(规划)应当保存编制的依据和基础数据，以备查询和满足持续改进的需要。在资源需求计划编制前应与供应单位协商，编制后应将计划提交供应单位。

（6）项目现场平面布置图。

①应说明施工现场情况、施工现场平面的特点、施工现场平面布置的原则。

②确定现场管理目标、现场管理的原则、现场管理的主要措施、施工平面图及其说明。

③在施工现场平面布置和施工现场管理规划中必须符合环境保护法、劳动保护法、城市管理规定、工程施工规范、文明现场标准等。

（7）项目目标控制措施。项目目标控制措施应针对目标需要进行制定，具体包括：确保进度目标的措施、确保质量目标的措施、确保安全目标的措施、确保成本目标的措施、确保季节施工的措施、保护环境的措施、文明施工的措施。上述各项措施均应包括技术措施、组织措施、经济措施和合同措施。

（8）技术经济指标。技术经济指标应按照项目的特点选定有代表性的指标，且应突出实施难点和对策，以满足分析评价和持续改进的需要。

技术经济指标的计算与分析应包括下列内容。

①规划所达到的技术经济指标。技术经济指标至少应包括以下五点内容。

a. 进度方面的指标：总工期。

b. 质量方面的指标：工程整体质量标准、分部分项工程质量标准。

c. 成本方面的指标：工程总造价或总成本、单位工程量成本、成本降低率。

d. 资源消耗方面的指标：总用工量、单位工程用工量、平均劳动力投入量、高峰人数、劳动力不均衡系数、主要材料消耗量及节约量、主要大型机械使用数量及台班量。

e. 其他指标：施工机械化水平等。

②规划指标水平高低的分析与评价。按照施工项目管理实施规划列出的规划指标(如上述指标)，对各项指标的水平高低做出分析与评价。

③实施难点的对策。

2.2 电力工程项目管理组织

2.2.1 电力工程项目管理组织原理

2.2.1.1 电力工程项目组织的特点

电力工程项目组织不同于一般的企业组织、社团组织和军队组织,它具有自身的特殊性,这个特殊性是由电力工程项目的特点所决定的,其特点见表2.3。

表2.3 电力工程项目组织的特点

序号	特点	具体内容
1	目的性	电力工程项目组织是为了完成电力工程项目的总目标和总任务而设置的,项目的总目标和总任务是决定电力工程项目组织结构和组织运行的最重要的因素。电力工程项目建设的各参与方来自不同的企业或部门,它们各自有独立的经济利益和权力,各自有不同的目标,它们都是为了完成自己的目标而承担一定范围的电力工程项目任务,从而保证项目总目标的实现
2	一次性	电力工程项目建设是一次性任务,为了完成电力工程项目特定的目标和任务而建立起来的电力工程项目组织也具有一次性。电力工程项目结束或相应项目任务完成后,电力工程项目组织就解散或重新组成其他项目组织
3	项目组织具有柔性	项目组织是柔性组织,具有高度的弹性、可变性。项目组织中的成员随着项目任务的承接和完成,以及项目的实施过程进入或退出项目组织,或承担不同的角色,因此,项目的组织随着项目的不同实施阶段而变化
4	电力工程项目组织与企业组织之间存在复杂的关系	电力工程项目的组织成员是由各参与企业委托授权的机构组成,项目组织成员既是本项目组织成员,又是原所属企业中的成员,所以无论是企业内的项目,还是由多企业合作进行的电力工程项目,企业与电力工程项目组织之间都存在复杂的关系 企业组织是现存的,是长期稳定的组织,电力工程项目组织依附于企业组织。企业组织对电力工程项目组织影响很大,企业的战略、运行方式、企业文化、责任体系、运行和管理机制、承包方式、分配方式会直接影响到电力工程项目组织效率。从管理方面看,企业是电力工程项目组织的外部环境,电力工程项目管理人员来自企业;电力工程项目组织解体后,其人员返回企业。对于多企业合作进行的电力工程项目,虽然电力工程项目组织不是由一个企业组建,但是它依附于企业,受到企业的影响
5	电力工程项目分解结构制约电力项目的组织结构	通过电力工程项目分解结构得到的所有单元,都必须落实到具体的承担者,所以,电力工程项目的组织结构受到电力工程项目分解结构的制约,后者决定了项目组织成员在组织中所应承担的工作任务,决定了组织结构的基本形态。项目组织成员在项目组织中的地位,不是由它的企业规模、级别或所属关系决定的,而是由它从电力工程项目分解结构中分解得到的工作任务所决定的

2.2.1.2 电力工程项目组织设计

电力工程项目组织设计是一项复杂的工作,由于影响电力工程项目的因素多、变化快,导致项目组织设计的难度大,因此在进行电力工程项目组织设计工作的过程中,应从多方面进行考虑。

首先,从项目环境的层次来分析,电力工程项目组织设计必须考虑有一些与项目利益相关者的关系是项目经理所无法改变的,如贷款协议、合资协议等。其次,从项目管理组织的层次来分析,对于成功的项目管理来说,以下三点是至关重要的:项目经理的授权和定位问题,即项目经理在企业组织中的地位和被授予的权力如何;项目经理和其他控制项目资源的职能经理之间良好的工作关系;一些职能部门的人员,若也为项目服务时,既要竖向地向职能经理汇报,同时也能横向地向各项目经理汇报。然后,从项目管理协调的层次来分析,在电力工程项目组织设计中,对于电力工程项目实施组织的设计主要立足于项目的目标和项目实施的特点。

1. 电力工程项目组织设计依据

(1)电力工程项目组织的目标。电力工程项目组织是为达到电力工程项目目标而有意设计的系统,电力工程项目组织的目标实际上就是要实现电力工程项目的目标,即投资、进度和质量目标。为了形成一个科学合理的电力工程项目组织设计,应尽可能使电力工程项目组织目标贴和项目目标。

(2)电力工程项目分解结构。电力工程项目分解结构是为了将电力工程项目分解成可以管理和控制的工作单元,从而能够更为容易也更为准确地确定这些单元的成本和进度,同时明确定义其质量的要求。更进一步讲,每一个工作单元都是项目的具体目标"任务",它包括五个方面的要素:

① 工作任务的过程或内容。
② 工作任务的承担者。
③ 工作的对象。
④ 完成工作任务所需要的时间。
⑤ 完成工作任务所需要的资源。

2. 电力工程项目组织设计原则

在进行电力工程项目组织设计时,要参照传统的组织设计的原则,并结合电力工程项目组织自身的特点。通过对每个组织的使命、目标、资源条件和所处环境的特点进行分析,结合一个组织的工作部门、工作部门的等级,以及管理层次和管理幅度设计,按照各个工作部门之间内在的关系的不同,构建适合该电力工程项目组织。具体应遵循以下原则。

(1)目的性原则。建设电力工程项目组织机构设置的根本目的是为了产生高效的组织功能,实现电力工程项目管理总目标。从这一根本目标出发,就要求因目标而设定工作任务,因工作任务设定工作岗位,按编制设定岗位人员,以职责定制度和授予权力。

(2)专业化分工与协作统一的原则。分工就是为了提高电力工程项目管理的工作效率,把为实现电力工程项目目标所必须做的工作,根据专业化的要求分派给各个部门以及部门中的每个人,明确他们的工作目标、任务及工作方法。分工要严密,每项工作都要有人负责,每个人负责他所熟悉的工作,这样才能提高效率。

(3)管理跨度和分层统一的原则。进行电力工程项目组织结构设置时,必须要考虑适中的管理跨度,要在管理跨度与管理层次之间进行权衡。管理跨度是指一个主管直接管理下属人员的数量,受单位主管直接有效地指挥、监督部署的能力限制。跨度大,管理人员的接触关系增多,处理人与人之间关系的数量随之增大。最适当的管理跨度设计并无一定的法则,一般为3~15人;高阶层管理跨距为3~6人,中阶层管理跨距为5~9人,低阶层管理跨距为7~15人。

在设定管理跨度时,主要考虑的要素有人员素质、沟通渠道、职务内容、幕僚运用、追踪控制、组织文化、所辖地域等。跨度N与工作接触关系数C的邱格纳斯关系是:

$$C = N(2^{N-1} + N - 1) \tag{2.1}$$

这是著名的邱格纳斯公式,当$N=2$时,$C=6$;$N=8$时,$C=1080$。显然跨度太大时,领导者所涉及的关系数太多,所承担的工作量过大,而无法进行有效的管理。因此,在电力组织机构设计时,必须强调跨度适当。跨度的大小又和分层多少有关。一般来说,管理层次增多,跨度会小;反之,层次少,跨度会大。这就要按照领导者的能力和建设项目规模大小、复杂程度、组织群体的凝聚力等因素去综合考虑。

(4)弹性和流动的原则。电力工程项目的单一性、流动性、阶段性是其生产活动的主要特点,这些特点必然会导致生产对象在数量、质量和地点上有所不同,带来资源配置上品种和数量的变化。这就强烈需要管理工作人员及其工作和管理组织机构随之进行相应调整,以使组织机构适应生产的变化,即要求按弹性和流动的原则进行电力工程项目组织设计。

(5)统一指挥原则。电力工程项目是一个开放的系统,由许多子系统组成,各子系统间存在着大量的结合部。这就要求电力工程项目组织也必须是一个完整的组织机构系统,科学合理地分层和设置部门,便于形成互相制约、互相联系的有机整体,防止结合部位上职能分工、权限划分和信息沟通等方面的相互矛盾或重叠,避免多头领导、多头指挥以及无人负责的现象发生。

3.电力工程项目组织设计的内容

在电力工程项目系统中,最为重要的就是所有电力工程项目有关方和他们为实现项目目标所进行的活动。因此,电力工程项目组织设计的内容包括:电力工程项目系统内的组织结构和工作流程的设计。

(1)组织结构设计。电力工程项目的组织结构主要是指电力工程项目是如何组成的,电力工程项目各组成部分之间由于其内在的技术或组织联系而构成一个项目系统。影响组织结构的因素包括很多,其内部和外部的各种变化因素发生变化,会引起组织结构形式的变化,但是主要还取决于生产力水平及技术的进步。组织结构的设置还受组织规模的影响,组织规模越大、专业化程度越高,分权程度也越高。组织所采取的战略不同,组织结构的模式也会不同,组织战略的改变必然会导致组织结构模式的改变;组织结构还会受到组织环境等因素的影响。

(2)组织分工设计。组织分工是指按照电力项目的目标和任务,先进行工作分解得到工作分解结构(Work Breakdown Structure,WBS),然后按照分解出来的工作确定相应的组织分解结构(Organizational Breakdown Structure,OBS)。POBS是高层分解结构,是业主或总承包AE的组织分解结构,是为项目专设的。COBS是项目任务承担单位的常设或专设组织的分解结构。OBS内部单元间存在隶属关系或并列关系。OBS也是一个完整的树状结构,它与项目的工作分解结构 WBS 相对应。项目中的每一项任务都有相应的组织来负责完成。通过项目的组织分解结构明确任务的执行者,明确各级的责任分工。

组织分工一般包括:对工作管理任务分工和管理职能分工。管理职能分工是通过对管理者管理任务的划分,明确其管理过程中的责权意识,利于形成高效精干的组织机构。管理任务分工是项目组织设计文件的一个重要组成部分,在进行管理任务分工之前,应当结合项目的特点,对项目实施的各阶段费用控制、进度控制、质量控制、信息管理和组织协调等管理任务进行分解,以充分掌握项目各部分细节信息,同时利于在项目进展过程中的结构调整。

(3)组织流程设计。组织流程主要包括管理工作流程、信息流程和物质流程。管理工作流程,主要是指对一些具体的工作如设计工作、施工作业等的管理流程。信息流程是指组织信息在组织内部传递的过程。信息流程的设计,就是将项目系统内各工作单元和组织单元的信息渠道,其内部流动着的各种业务信息、目标信息和逻辑关系等作为对象,确定在项目组织内的信息流动的方向,交流渠道的组成和信息流动的层次。在进行组织流程设计的过程中,应明确设计重点,并且要附有流程图。流程图应按需要逐层细化,如投资控制流程可按建设程序细化为初步设计阶段投资控制流程图和施工阶段投资控制流程图等。根据不同的参建方,他们各自的组织流程也不同。

4. 电力工程项目管理组织部门划分的基本方法

电力工程项目管理组织部门划分的实质是按照不同的标准,对电力项目管理活动或任务进行专业化分工,从而将整个项目组织分解成若干个相互依存的基本管理单位——部门。不同的管理人员安排在不同的管理岗位和部门中,通过他们在特定环境、特定相互关系中的管理作业使整个项目管理系统有机地运转起来。

分工的标准不同,所形成的管理部门以及各部门之间的相互关系也不同。组织设计中通常运用的部门划分标准或基本方法包括按职能划分和按项目结构划分部门。

(1)按管理职能划分部门。按职能划分部门是一种传统的、为许多组织所广泛采用的划分方法。这种方法是按照生产专业化的原则,以工作或任务的相似性来划分部门的。这些部门可以被分为基本的职能部门和派生的职能部门。对于企业组织而言,一般认为那些直接创造价值的专业活动所形成的部门为基本的职能部门,如开发、生产、销售和财务等部门,其他的一些确保生产经营顺利进行的辅助或派生部门有人事、公共关系、法律事务等部门。对项目组织而言,按照项目管理任务的性质,根据职能一般可划分为征地拆迁部门、土建工程部门、机电工程部门、物质采购部门、合同管理部门、财务部门等基本职能部门和行政后勤、人力资源管理等辅助职能部门。

按照职能划分部门的优点在于:遵循分工和专业化的原则,利于人力资源的有效利用和充分发挥专业职能,使主管人员的精力集中在组织的基本任务上,从而有利于目标的实现;简化了培训工作。其缺点在于:各部门负责人长期只从事某种专门业务的管理,缺乏整体和全局观念,就不可避免地会从部门本位主义的角度考虑问题,从而增加了部门间协调配合的难度。如图 2.1 所示,为一个按职能划分部门的项目管理现场组织结构图。

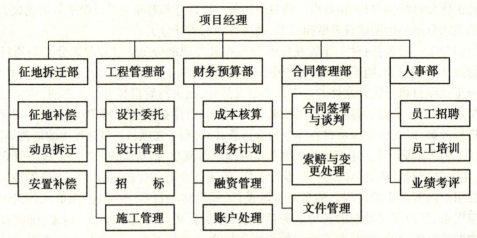

图2.1 按职能划分部门的项目管理现场组织结构图

（2）按项目结构划分部门。对于某些大型工程枢纽或项目群而言，各个单项工程（单位工程），或由于地理位置分散，或由于施工工艺差异较大，或由于工程量太大，以及工程进度又比较紧张，常常要分成若干个标段分别进行招标，此时为便于项目管理，组织部门可能会根据项目结构划分，如图2.2所示。

①按照项目结构划分部门的优点在于：

a. 有利于各个标段合同工程目标的实现；

b. 有利于管理人才的培养。

②按照项目结构划分部门的缺点在于：

a. 可能需要较多的具有像总经理或项目经理那样能力的人去管理各个部门；

b. 各部门主管也可能从部门本位主义考虑问题，从而影响项目的统一指挥。

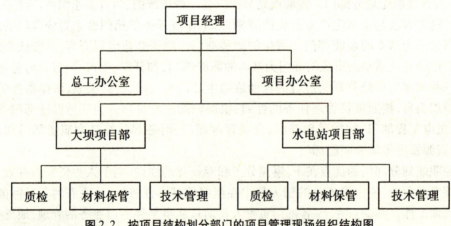

图2.2 按项目结构划分部门的项目管理现场组织结构图

2.2.1.3 电力工程项目组织结构形式

1. 直线式组织结构

直线式组织（Line Organization）结构是一种线性组织机构，它的本质就是使命令线性化，即每一个工作部门，每一个工作人员都只有一个上级，如图2.3所示。直线式组织结构具有结构简单、职责分明、指挥灵活等优点；缺点是项目负责人的责任重大，往往要求他是全能式的人物。如图2.3所示,有项目最高领导层、第一级工作部门及第二级工作部门。为了加快命令传递的过程,直线式组织系统就要求组织结构的层次不要过多,否则会妨碍信息的有效沟通。因此合理地减少层次是直线式组织系统的一个前提。同时,在直线式组织系统中,按照理论和实践,一般不宜设副职,或少设副职,这有利于线性系统有效地运行。

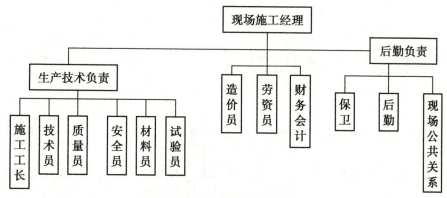

图2.3　直线式组织结构图示例

2. 职能式组织结构

职能式组织(Functional Organization)结构的特点是强调管理职能的专业化,即将管理职能授权于不同的专门部门,这利于发挥专业人才的作用,利于专业人才的培养和技术水平的提高,这也是管理专业化分工的结果。然而职能型组织系统存在着命令系统多元化,各个工作部门界限也不易分清,发生矛盾时协调工作量较大的缺点。

采用职能式组织结构的企业在进行项目工作时,各职能部门按照项目的需要承担本职能范围内的工作。或者说企业主管按照项目任务需要从各职能部门抽调人员及其他资源组成项目实施组织,如要开发新产品就可能从设计、营销及生产部门各抽一定数量人员组成开发小组。这样的项目实施组织界限并不十分明确,小组成员需完成项目中本职能任务,他们并不脱离原来的职能部门,项目实施工作多属于兼职工作性质。这种项目实施组织的另一特点是没有明确的项目主管或项目经理,项目中各种协调职能只能由职能部门的部门主管或经理来协调。职能式组织结构,如图2.4所示。

职能式组织结构的主要优点包括:利于企业技术水平提升,资源利用的灵活性与低成本,利于从整体协调企业活动;主要缺点包括:协调的难度大,项目组成员责任淡化。

3. 直线—职能式组织结构

直线—职能式组织结构(Line - Functional Organization)吸收了直线式和职能式的优点,并形成了其自身具有的优点。它把管理机构和管理人员分为两类:

(1)直线主管,即直线式的指挥结构和主管人员,他们只接受一个上级主管的命令和指挥,并对下级组织发布命令和进行指挥,而且对该单位的工作全面负责。

(2)职能参谋,即职能式的职能结构和参谋人员。他们只能给同级主管充当参谋、助手,提出建议或提供咨询。

这种结构的优点包括:既能够保持指挥统一,命令一致,又能够发挥专业人员的作用;管理组织系统比较完整,隶属关系分明;重大方案的设计等有专人负责;能够在一定程度上发挥专长,提高管理效率。其缺点包括:管理人员多,管理费用大。如图2.5所示,为直线—职能式组织结构示意图。图中 A、B、C 为不同层次的领导机构，B 是同层的参谋机构。

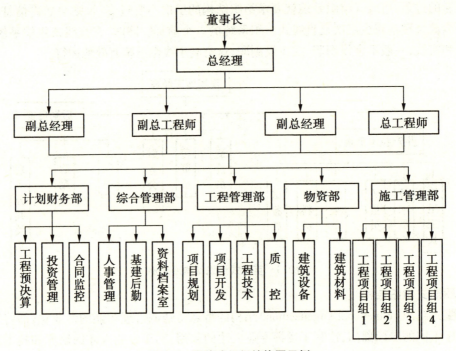

图 2.4 职能式组织结构图示例

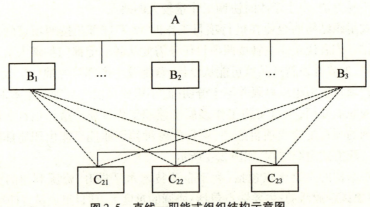

图 2.5 直线—职能式组织结构示意图

4. 项目式组织结构

项目式组织结构是按照项目来划归所有资源，即每个项目有完成项目任务所必需的所有资源。项目实施组织有明确的项目经理（即项目负责人），对上直接接受企业主管或大项目经理领导，对下负责本项目资源运作以完成项目任务。每个项目组之间相对独立。项目式组织结构示意图，如图 2.6 所示。

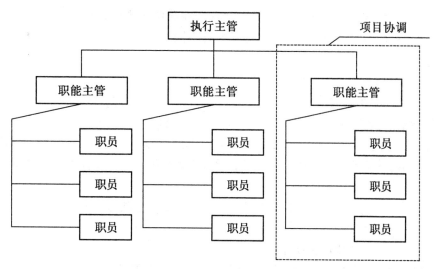

图 2.6 项目式组织结构示意图

项目式组织结构的优点包括:目标明确,统一指挥;有利于项目控制;有利于全面型人才的成长。其缺点包括:易造成结构重复及资源的闲置;不利于企业专业技术水平提高;具有不稳定性。

5. 矩阵式组织结构

矩阵式组织结构和项目式组织结构各有其优缺点,而职能式组织结构的优点与缺点正好与项目式组织结构的缺点与优点相对应。矩阵式组织结构就能较好地弥补这两种组织结构的不足。其特点是将根据职能划分的纵向部门与根据项目划分的横向部门结合起来,以构成类似矩阵的管理系统。

在矩阵式组织当中,项目经理在项目活动的内容和时间上对职能部门行使权力,各职能部门负责人决定"如何"支持,项目经理直接向高层管理负责,并由高层管理授权。职能部门只能对各种资源做出合理的分配及有效的控制调度,如图 2.7 所示。

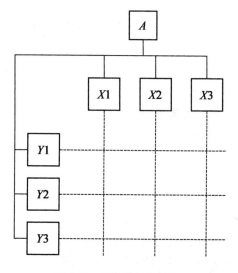

图 2.7 矩阵式组织结构

矩阵式组织结构是第二次世界大战之后首先在美国出现的,它是为适应在一个组织内同时有几个项目需要完成,而每个项目又需要有不同专长的人在一起工作才能够完成这一特殊的要求而产生的。

矩阵式组织结构的优点表现在:

(1)沟通良好。它解决了传统模式中企业组织和项目组织相互矛盾的状况,将职能原则与对象原则融为一体,求得了企业长期例行性管理和项目一次性管理的统一。

(2)能实现高效管理。能以尽量少的人力,实现多个项目(或多项任务)的高效管理。因为通过职能部门的协调,可按照项目的需求配置人才,防止人才短缺或无所事事,项目组织因此就有较好的弹性和应变能力。

(3)利于人才的全面培养。不同知识背景的人员在一个项目上合作,可使他们在知识结构上取长补短,拓宽知识面,提高解决问题的能力。

矩阵式组织结构的缺点表现在:

(1)双重领导削弱项目的组织作用。因为人员来自职能部门,且仍受职能部门控制,这样就影响了他们在项目上积极性的发挥,项目的组织作用大为削弱。

(2)双重领导造成矛盾。项目上的工作人员既要接受项目上的指挥,又要受到原职能部门的领导,当项目和职能部门发生矛盾时,当事人就难以适从。要防止这一问题的发生,必须加强项目和职能部门的沟通,还要有严格的规章制度和详细的计划,使工作人员尽量明确干什么和如何干。

(3)管理人员若管理多个项目,往往难以确定管理项目的先后顺序,有时难免会顾此失彼。

2.2.1.4 电力工程项目组织结构的选择

在进行电力工程项目管理时,电力工程项目组织结构形式没有固定的模式,一般是视项目规模的大小、技术复杂程度、环境情况而定。大修、定检、小型技改,工作负责人就可以兼职项目协调员,可不单独设项目经理。较大的大修、技改、扩建、新建项目就设立专门的组织机构,并配置相应的专职人员。

电力工程项目组织结构的选择就是要决定电力工程项目实现与企业日常工作的关系问题。即使对有经验的专业人士来说也并非是件容易的事,前面虽然介绍了五种可选择的电力项目组织结构形式,很难说哪一种最好、哪一种最优,因为难于确定衡量选择标准,影响项目成功的因素很多,采用同一组织结果可能截然不同。

1. 电力工程项目组织结构形式选择的影响因素

(1)工程项目影响因素的不确定性。

(2)技术的难易及复杂程度。

(3)工程的规模和建设工期的长短。

(4)工程建设的外部条件。

(5)工程内部的依赖性等。

2. 电力工程项目组织结构形式选择的基本方法

(1)当项目比较简单时,选择直线型组织结构形式可能比较合适。

(2)当项目的技术要求比较高时,采用职能型组织结构形式会有较好的适应性。

(3)当公司要管理数量比较多的类似项目,或复杂的大型项目分解为多个子项目进行管理时,采用矩阵式组织结构会有较好的效果。

在选择电力工程项目的组织结构时,首要问题是确定将要完成的工作的种类。这一要求最好按照项目的初步目标来完成;然后确定实现每个目标的主要任务;接着要将工作分解成一些"工作集合";最后可以考虑哪些个人和子系统应被包括在项目内,附带还应考虑每个人的工作内容、个性和技术要求,以及所要面对的客户。上级组织的内外环境是一个应受重视的因素。在了解了各种组织结构和它们的优缺点之后,公司便可选择能实现最有效工作的组织结构形式了。

3. 选择项目组织结构形式的程序

(1)定义项目:描述项目目标,即所要求的主要输出。
(2)确定实现目标的关键任务,并确定上级组织中负责这些任务的职能部门。
(3)安排关键任务的先后顺序,并将其分解为工作集合。
(4)确定为完成工作集合的项目子系统及子系统间的联系。
(5)列出项目的特点或假定,例如要求的技术水平、项目规模和工期的长短,项目人员可能出现的问题,涉及的不同职能部门之间可能出现的政策上的问题和其他任何有关事项,包括上级部门组织项目的经验。
(6)按照以上考虑,并结合对各种组织形式特点的认识,选择出一种组织形式。

4. 职能式、项目式和矩阵式的比较

正如人们所说的管理是科学也是艺术,而艺术性正体现在灵活恰当地将管理理论应用于管理实践中去。因为项目的内外环境复杂性及每种组织形式的优劣,使得几乎没有普遍接受、步骤明确的方法来告诉人们如何决定组织结构。具体采用何种组织结构只能说是项目管理者知识、经验及直觉等的综合结果。例如职能式、项目式和矩阵式,各有各的优点和缺点,三种组织形式的比较见表2.4。

表2.4 三种组织结构形式的比较

组织结构	优 点	缺 点
职能式	(1)没有重复活动 (2)职能优异	(1)狭隘、不全面 (2)反应缓慢 (3)不注重客户
项目式	(1)能控制资源 (2)向客户负责	(1)成本低效 (2)项目间缺乏知识信息交流
矩阵式	(1)有效利用资源 (2)职能专业知识可供所有项目使用 (3)促进学习、交流知识 (4)沟通良好 (5)注重客户	(1)双层汇报关系 (2)需要平衡权力

其实这三种组织形式之间有内在的联系,职能式在一端,项目式在另一端,矩阵式是介于职能式和项目式之间的结构形式,如图2.8所示。随着某种组织结构工作人员人数在项目

团队中所占比重的增加,该种组织结构的特点也渐趋明显;反之,则相反。

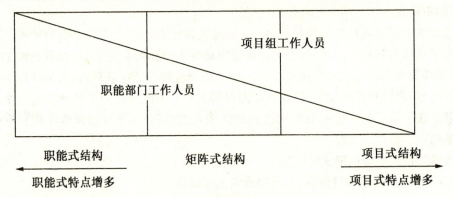

图 2.8　三种组织形式之间内在的联系

不同的项目组织结构形式对项目实施的影响不同,在表 2.5 中列出了主要的组织结构形式及其对项目实施的影响。

表 2.5　主要的组织形式及其对项目的影响

组织形式 特征	职能式	矩阵式			项目式
		弱矩阵式	平衡矩阵式	强矩阵式	
项目经理权限	很少或没有	有限	小到中等	中等到大	很高,甚至全权
全职工作人员比例	几乎没有	0～25%	15%～60%	50%～95%	85%～100%
项目经理投入时间	半职	半职	全职	全职	全职
项目经理的常用头衔	项目协调员	项目协调员	项目经理	项目经理	项目经理
项目管理人员	兼职	兼职	半职	全职	全职

在具体的项目实践当中,究竟选择何种项目组织结构形式没有一个可循的公式,一般在充分考虑各种组织结构的特点、企业特点、项目特点和项目所处的环境等因素的条件下,才能够做出较为适当的选择。在选择项目的组织形式时,需要了解哪些因素制约项目组织形式的选择。在表 2.6 中,列出了一些可能因素与组织形式之间的关系。

表 2.6　影响项目组织结构形式选择的关键因素

组织结构 影响因素	职能式	矩阵式	项目式
不确定性	低	高	高
所用技术	标准	复杂	新
复杂程度	低	中等	高
持续时间	短	中等	长
规模	小	中等	大
重要性	低	中等	高
客户类型	各种各样	中等	单一
对内部依赖性	弱	中等	强

续表 2.6

影响因素 \ 组织结构	职能式	矩阵式	项目式
对外部依赖性	强	中等	强
时间限制性	弱	中等	强

一般来说,职能式组织结构较适用于规模较小、偏重于技术的项目,不适用于环境变化较大的项目。因为环境的变化需要各职能部门间的紧密配合,而职能部门本身存在的权责界定成为部门间不可逾越的障碍。

当一个公司中包括许多相似的工程项目或项目的规模较大、技术复杂时,则应选择项目式的组织结构,与职能式相比,在对付不稳定的环境时,项目式组织显示出了其潜在的长处,这主要是项目团队的整体性和各类人才的紧密合作。与前两种组织形式相比,矩阵式组织形式在充分利用企业资源上显示出了巨大的优越性,融合了两种结构的优点,在进行技术复杂、规模巨大的项目管理时呈现出了明显的优势。

2.2.2 电力工程项目管理组织形式

2.2.2.1 设计—招标—建造方式

设计—招标—建造方式(Design-Bid-Build,DBB)这种工程项目管理方式是在国际上最广泛通用的,世界银行、亚洲开发银行(Asian Development Bank,ADB)贷款项目和采用国际咨询工程师联合会(Federation Internationale Des Ingenieurs Conseils,FIDIC)合同条件的国际工程项目均采用这种模式。在这种方式中,业主委托建筑师(Architect)/咨询工程师(The Engineer 或 Consultant)进行前期的各项工作,如投资机会研究、可行性研究等,待项目评估立项后再进行设计,业主分别与建筑师/咨询工程师签订专业的服务合同。在设计阶段的后期进行施工招标的准备工作,随后通过招标选择施工承包商,业主与承包商签订施工合同。在这种方式中,施工承包又可以分为总包和分项直接承包。

1. 施工总包

施工总包(General Contract,GC)是一种国际上最早出现,也是目前较为广泛采用的工程项目承包方式。它由项目业主、监理工程师(The Engineer 或 Supervision Engineer)、总承包商(General Contractor)三个经济上独立的单位共同来完成工程的建设任务。

在这种项目管理方式下,业主首先委托咨询、设计单位进行可行性研究和工程设计,并交付整个项目的施工详图,然后业主组织施工招标,最终选定一个施工总承包商,与其签订施工总包合同。在施工招标前,业主要委托咨询单位编制招标文件,组织招标、评标,协助业主定标签约,在工程施工的过程中,监理工程师严格监督施工总承包商履行合同。业主与监理单位签订委托监理合同。

在施工总包中,业主只选择一个总承包商,要求总承包商用本身力量承担其中主体工程或其中一部分工程的施工任务。经过业主同意后,总承包商可以将一部分专业工程或子项工程分包给分包商(Sub-Contractor)。总承包商向业主承担整个工程的施工责任,并接受监理工程师的监督管理。分包商和总承包商签订分包合同,与业主没有直接的经济关系。总承包商除了组织好自身承担的施工任务外,还要负责协调各分包商的施工活动,起总协调和总监督的作用。

随着现代建设项目规模的扩大和技术复杂程度的提高,对施工组织、施工技术和施工管理的要求也越来越高。为了适应这种局面,一种管理型、智力密集型的施工总承包企业应运而生。这种总承包商在承包的施工项目中自己承担的任务越来越少,而将其中大部分甚至全部的施工任务分给专业化程度高、装备好、技术精的专业型或劳务型的承包商,他自己主要从事施工中的协调和管理。施工总包的示意图,如图2.9所示。

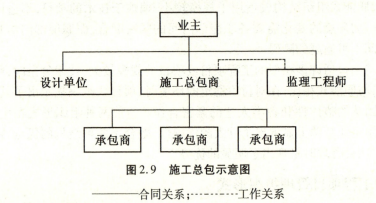

图2.9 施工总包示意图

———合同关系;--------工作关系

施工总包项目管理方式的特点见表2.7。

表2.7 施工总包项目管理方式的特点

序号	特点	具体内容
1	施工合同单一,业主的协调管理工作量小	业主只与施工总包商签订一个施工总包合同,施工总包商全面负责协调现场施工,业主的合同管理、协调工作量小
2	建设周期长	施工总包是一种传统的发包方式,按照设计—招标—施工循序渐进的方式组织工程建设,即业主在施工图设计全部完成后组织整个项目的施工发包,然后,中标的施工总包商组织进行施工。这种顺序作业的生产组织方式,工期较长,对工业工程项目,不利于新产品提前进入市场,易失去竞争优势
3	设计与施工互相脱节,设计变更多	工程项目的设计和施工先后由不同的单位负责实施,沟通困难,设计时很少考虑施工采用的技术、方法、工艺和降低成本的措施,工程施工阶段的设计变更多,不利于业主的投资控制和合同管理
4	对设计深度要求高	要求施工详图设计全部完成,能正确计算工程量和投标报价

2. 分项直接承包

分项直接承包是指业主把整个工程项目按子项工程或专业工程分期分批,以公开或邀请招标的方式,分别直接发包给承包商,每一子项工程或专业工程的发包均有发包合同。采用这种发包方式,业主在可行性研究决策的基础上,首先要委托设计单位进行工程设计,与设计单位签订委托设计合同。在初步设计完成并经批准立项之后,设计单位按业主提出的分项招标进度计划要求,分项组织招标设计或施工图设计,业主据此分期分批组织采购招标,各中标签约的承包商先后进点施工，每个直接承包的承包商对业主负责，并接受监理工程师的监督，经业主同意，直接承包的承包商也可进行分包。在这种模式下，业主按照工程规模的大小和专业的情况，可委托一家或几家监理单位对施工进行监督和管理。业主采用这种建设方式的优点在于可充分利用竞争机制，选择专业技术水平高的承包商承担相应专业项目的施工，从而取得降低造价、提高质量、缩短工期的效果。但和总承包制相比，业主的管理工作量会增大。

分项直接发包项目管理方式的特点见表2.8。

表2.8 分项直接发包项目管理方式的特点

序号	特点	具体内容
1	施工合同多，业主的协调管理工作量大	业主要与众多的项目建设参与者签约，特别是要与多个施工承包商（供应商）签约，施工合同多，界面管理复杂，沟通、协调工作量大，而且分标数量越多，协调工作量越大。因此，对业主的协调管理能力有较高的要求
2	利用竞争机制，降低合同价	采用分项发包，每一个招标项目的规模相对较小，有资格投标的单位多，能形成良好的竞争环境，降低合同价，有利于业主的投资控制。但是，分标项目过多时，项目实施中的协调工作量很大，合同管理成本较高
3	可以缩短建设周期	采用分项招标，往往在初步设计完成后就可以开始组织招标，按照"先设计、后施工"的原则，以招标项目为单元组织设计、招标、施工流水作业，使设计、招标和施工活动充分搭接，从而可以缩短工期
4	设计变更多	采用分项发包，设计和施工分别由不同的单位承担，设计施工互相脱节，设计者很少考虑施工采用的工艺、技术、方法和降低成本的措施，特别是在大型土木建筑工程中，往往在初步设计完成后，依据深度不足的招标设计进行招标，在施工中设计变更多，不利于业主的投资控制

分项直接承包是目前我国大中型工程建设中广泛使用的建设管理方式之一，其示意图如图2.10所示。

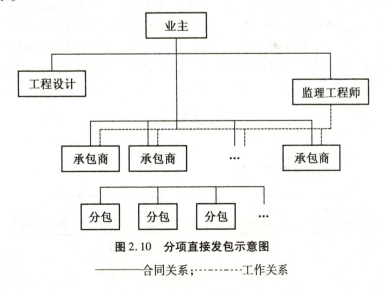

图2.10 分项直接发包示意图

———合同关系；--------工作关系

综上所述 DBB 模式是一种传统模式：

其显著特点是工程项目的实施是按顺序进行。一个阶段结束后，后一个阶段才开始，因此该模式的建设周期长，业主管理费用高，设计、施工之间的冲突多。

（1）DBB 模式的优点。

①解决了业主/承包商信息不对称问题；

②解决了分工问题，建筑师（Architect）/咨询工程师（The Engineer 或 Consultant）为职业项目管理专家，提高了效率；

③建筑师（Architect）/咨询工程师（The Engineer 或 Consultant）中立于业主与承包商之间，解决了社会公正问题。

（2）DBB 模式的缺点。

①业主与承包商利益对立，造成了交易费用高昂（启用 A/E、招标、索赔、纠纷、诉讼……）；

②分工过细造成效率下降——反分工理论。

2.2.2.2 设计—施工总包方式

在设计—施工总包（Design – Build,DB）中，总承包商既承担工程设计，又承担施工任务，一般都是智力密集型企业如科研设计单位或设计、施工单位联营体，具备很强的总承包能力，拥有大量的施工机械和经验丰富的技术、经济、管理人才。他可能将一部分或全部设计任务分包给其他专业设计单位，也可能将一部分或全部施工任务分包给其他承包商，但他与业主签订设计—施工总承包合同，向业主负责整个项目的设计和施工。DB 模式的基本出发点是促进设计与施工的早期结合，以便有可能充分发挥设计和施工双方的优势，提高项目的经济性，一般适用于建筑工程项目。

这种将设计和施工紧密地结合在一起的方式，能够起到加快工程建设进度和节省费用的作用，并使施工方面新技术结合到设计中去，也可加强设计施工的配合和设计施工的流水作业。但承包商既有设计职能，又有施工职能，使设计和施工无法相互制约和把关，这对监理工程师的监督和管理提出了更高的要求。

在国际工程承包中，设计施工总包是当前的发展趋势，其应用范围已从住宅工程项目延伸至石油化工、水电、炼钢和高新技术项目等，设计施工总包合同金额占国际工程承包合同总金额的比例稳步上升。根据统计，美国排名前 400 位的承包商的利税值的 1/3 以上均来自于设计施工合同。设计施工总包目前在我国尚处于初步实践阶段，已有少数工程采用了这种建设模式。设计—施工总包的示意图，如图 2.11 所示。

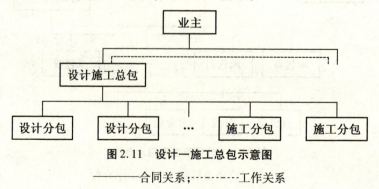

图 2.11　设计—施工总包示意图

——合同关系；--------工作关系

2.2.2.3 项目管理模式

项目管理(Project Management,PM)模式,是近年国际流行的建设管理模式,该模式是项目管理公司(一般为具备相当实力的工程公司或咨询公司)受项目业主委托,按照合同约定,代表业主对工程项目的组织实施进行全过程或若干阶段的管理及服务。项目管理公司作为业主的代表,帮助业主做项目前期策划、可行性研究、项目定义、项目计划,以及工程实施的设计、采购、施工、试运行等工作。

按照项目管理公司的服务内容、合同中规定的权限和承担的责任不同,项目管理模式一般可分为两种类型。

1. 项目管理承包型(PMC)

在此种类型中,项目管理公司与项目业主签订项目管理承包合同,代表业主管理项目,而把项目所有的设计、施工任务发包出去,承包商与项目管理公司签订承包合同。但在一些项目上,项目管理公司也可能会承担一些外界及公用设施的设计/采购/施工工作。这种项目管理模式中,项目管理公司要承担费用超支的风险,当然如果管理得好,利润回报也较高。

2. 项目管理咨询型(PM)

在此种类型中,项目管理公司根据合同约定,在工程项目决策阶段,为业主编制可行性研究报告,进行可行性分析和项目策划;在工程项目实施阶段,为业主提供招标代理、设计管理、采购管理、施工管理和试运行(竣工验收)等服务,代表业主对工程项目进行质量、安全、进度、费用等管理。这种项目管理模式风险较低,项目管理公司按照合同承担相应的管理责任,并得到相对固定的服务费。

从某种意义上说,CM模式与项目管理模式有许多相似之处。如CM单位也必须要由经验丰富的工程公司担当;业主与项目管理公司、CM单位之间的合同形式皆是一种成本加酬金的形式,若通过项目管理公司或CM单位的有效管理使投资节约,项目管理公司或CM单位将会得到节约部分的一定比例作为奖励。但CM模式与项目管理模式最大的不同之处在于:在CM模式中,CM单位虽然接受业主的委托,在设计阶段提前介入,给设计单位提供合理化建议,但其工作重点是在施工阶段的管理;而项目管理模式中的项目管理公司的工作任务可能会涉及整个项目的建设过程,从项目规划、立项决策、设计、施工到项目竣工。

2.2.2.4 一体化项目管理模式

随着项目规模的不断扩大和建设内容的日益复杂,目前国际上出现了一种一体化项目管理的模式。所谓一体化项目管理模式是指业主与项目管理公司在组织结构上、项目程序上,以及项目设计、采购、施工等各个环节上都实行一体化运作,以实现业主及项目管理公司的资源优化配置。在实际运作中,常常是项目业主和项目管理公司共同派出人员组成一体化项目联合管理组,负责整个项目的管理工作。一体化项目联合管理组成员只有职责之分,而不究其来自何方。这样项目业主既可利用项目管理公司的项目管理技术和人才优势,又不失去对项目的决策权,同时也利于业主把主要精力放在专有技术、资金筹措、市场开发等核心业务上,有利于项目竣工交付使用后业主的运营管理,例如维修、保养等。我国近年来在石油化工行业中开始探索一体化项目管理模式,并取得了初步的实践经验。

2.2.2.5 CM模式

1. CM模式的内涵

CM(Construction Management)模式是在采用快速路径法(Fast Track)进行施工时,从开始阶段就选择具备施工经验的CM单位参与到建设工程实施过程中来,以便为设计人员提供施工方面的建议且随后负责管理施工过程。其目的是考虑到协调设计、施工的关系,以在尽量短的时间内,高效、经济地完成工程建设的任务。

CM模式改变了过去那种设计完成之后才进行招标的传统模式,采取分阶段发包,由业主、CM单位和设计单位组成一个联合小组,共同负责组织和管理工程的规划、设计与施工。CM单位负责工程的监督、协调及管理工作,在施工阶段定期与承包商会晤,对成本、质量和进度进行监督,并预测和监控成本及进度的变化。CM模式在20世纪60年代发源于美国,进入80年代以来在国外广泛流行,它的最大优点是:可以缩短工程从规划、设计到竣工的周期,节省建设投资,减少投资风险,可以比较早地取得收益。

2. CM模式的类型

根据模式的合同结构,CM模式有两种形式,即代理型CM(CM/Agency)和非代理型CM(CM/No-Agency),也分别称为咨询型CM和承包型CM,业主可以按照项目的具体情况加以选用。不论哪一种情况,应用CM模式都需要有具备丰富施工经验的高水平的CM单位,这可以说是应用CM模式的关键和前提条件。

承包型CM模式和咨询型CM模式的组织形式分别如图2.12、图2.13所示。从图中可以看出,承包型CM单位不是"业主代理人",而是以承包商的身份工作,他可以直接进行分包发包,与分包商签订分包合同,但是需获得业主的确认;而咨询型CM单位仅以业主代理人的身份参与工作,他可以帮助业主进行分项施工招标,业主与各承包商签订施工合同,CM单位与承包商没有合同关系。无论是咨询型合同,还是承包型CM合同,一般既不采用单价合同,也不采用总价合同,而采用"成本加酬金合同"的形式。但是,后者的合同价中包括工程成本和CM风险费用。

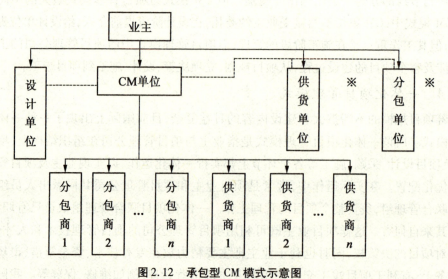

图2.12 承包型CM模式示意图

——→合同关系;┄┄┄┄协作关系;※——业主指定的供应商或承包商

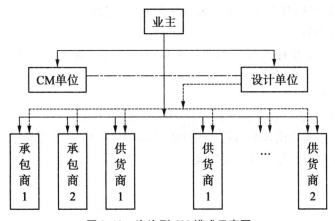

图 2.13 咨询型 CM 模式示意图

──→合同关系；┄┄┄┄协作关系；※──业主指定的供应商或承包商

3. CM 模式和传统的总承包方式的比较

CM 模式和传统的总承包方式相比不同之处在于，不是等全部设计完成后才开始施工招标，而是在初步设计完成之后，在工程详细设计进行过程中分阶段完成施工图纸。如基础土石方工程、上部结构工程、金属结构安装工程等均能单独成为一套分项设计文件，分批招标发包。

CM 模式的主要优点是：虽然设计和施工时间未变化，却缩短了完工所需要的时间。CM 模式可以适用于设计变更可能性较大的建设工程；时间因素最为重要的建设工程；因为总的范围和规模不确定而无法准确定价的建设工程。

2.2.2.6 工程项目总包模式

工程项目总包（Engineering，Procurement and Construction，EPC）又称一揽子承包，或叫"交钥匙"（Turn-key）承包。这种承包方式，业主对拟建项目的要求和条件，只概略地提出一般意向，而由承包商对工程项目进行可行性研究，并对工程项目建设的计划、设计、采购、施工及竣工等全部建设活动实行总承包。

2.2.2.7 Partnering 模式

Partnering 模式，常译为伙伴模式，它是在充分考虑建设各方利益的基础上确定建设工程共同目标的一种管理模式，在 20 世纪 80 年代中期首先出现在美国。一般要求业主与参建各方在相互信任、资源共享的基础上达成一种短期或长期的协议，通过建立工作小组相互合作，通过内部讨论会及时沟通，以免争议和诉讼的产生，共同解决建设工程实施过程中出现的问题，共同分担工程风险和有关费用，以确保参与各方目标和利益的实现。Partnering 协议，不是严格法律意义上的合同，一般均是围绕建设工程的费用、进度与质量三大目标以及工程变更、争议和索赔、施工安全、信息沟通和协调、公共关系等问题做出相应的规定，而这些规定都是有关合同中没有或无法详细规定的内容。

Partnering 模式在日本、美国和澳大利亚的运作均取得了成功。它除了具有效率高、官僚作风少，以及成本确定、施工速度快、质量好等优点外，还包括以下特点。

1. 合作各方的自愿性

项目各参与方在相互信任、尊重对方利益的基础上，建立了"以项目成败为己之成败"的理念,自愿为共同的目标努力,而不是依靠合同所规定条款的法律效力。

2. 高层管理的参与

项目参与各方建立伙伴关系,一般是项目参与各方的战略选择,因此在建立伙伴关系或选择战略伙伴时都需要高层管理的参与。

3. 信息的开放性

伙伴模式中,项目参与各方在实施过程中必须通过内部讨论会沟通、交流意见和信息,及时解决项目实施过程中出现的问题。因此本着问题解决和持续改进的原则,伙伴模式中,项目参与各方关于项目信息的开放度较高。

3 电力工程项目管理

3.1 电力工程项目招投标管理

3.1.1 电力工程项目施工招标程序

1. 招标活动的准备工作

(1)招标必须具备的基本条件。根据《工程建设项目施工招标投标办法》的规定,依法必须招标的工程建设项目,应当具备如下条件:

①招标人已经依法成立;
②初步设计及概算应当履行审批手续的,已经批准;
③招标范围、招标方式和招标组织形式等应当履行核准手续的,已经核准;
④有相应资金或资金来源已落实;
⑤有招标所需的设计图纸及技术资料。

(2)确定招标方式。对于公开招标和邀请招标两种方式,根据《工程建设项目施工招标投标办法》的规定,国务院发展计划部门确定的国家重点建设项目和各省、自治区、直辖市人民政府确定的地方重点项目,以及全部使用国有资金投资或国有资金投资占控股或主导地位的工程建设项目,应当公开招标;有下列情况之一的,经批准可以进行邀请招标:

①受自然地域环境限制的。
②涉及国家安全、国家秘密或者抢险救灾,适宜招标但不宜公开招标的。
③项目技术复杂或有特殊要求,只有少数几家潜在投标人可供选择的。
④拟公开招标的费用与项目的价值相比,不值得的。
⑤法律、法规规定不宜公开招标的。

(3)标段的划分。招标项目需要划分标段的,招标人应当合理划分标段。一般情况下,一个项目应当作为一个整体进行招标。但对于大型的项目,作为一个整体进行招标将大大降低招标的竞争性,由于符合招标条件的潜在投标人数量太少,这样就应当将招标项目划分成若干个标段分别进行招标。但也不能将标段划分得太小,太小的标段将失去对实力雄厚的潜在投标人的吸引力。如建设项目的施工招标,一般可将一个项目分解为单位工程及特殊专业工程分别招标,但不允许将单位工程肢解为分部、分项工程进行招标。

2. 资格预审公告或招标公告的编制与发布

按照《招标公告发布暂行办法》(国家发展计划委员会第4号令,2013年7月修订),招标公告是指采用公开招标方式的招标人(包括招标代理机构)向所有潜在的投标人发出的一种广泛的通告。招标公告的目的是使所有潜在的投标人都具有公平的投标竞争的机会。按照中华人民共和国《标准施工招标文件》的规定,如果在公开招标过程中采用资格预审程序,可用资格预审公告代替招标公告,资格预审后不再单独发布招标公告。

3. 资格审查

资格审查可分为资格预审和资格后审。资格预审是指在投标前对潜在投标人进行资质条件、业绩、信誉、技术、资金等多方面情况的资格审查,而资格后审是指在开标后对投标人进行的资格审查。采取资格预审的,招标人应在资格预审文件中载明资格预审的条件、标准和方法;采取资格后审的,招标人应在招标文件中载明对投标人资格要求的条件、标准和方法。招标人不得改变载明的资格条件,或者以没有载明的资格条件对潜在投标人或者投标人进行资格审查。除了招标文件另有规定外,进行资格预审的,一般不再进行资格后审。资格预审和后审的内容与标准是相同的。

4. 编制和发售招标文件

根据我国《招标投标法》的规定,招标文件应包括招标项目的技术要求、对投标人资格审查的标准、投标报价要求和评标标准等所有实质性要求和条件,以及拟签合同的主要条款。建设项目施工招标文件是由招标人(或其委托的咨询机构)编制、由招标人发布的,既是投标单位编制投标文件的依据,也是招标人与将来中标人签订工程承包合同的基础,招标文件中所提出的各项要求,对整个招标工作乃至承包发包双方都有约束力。

(1)施工招标文件的编制内容。

①招标公告(或投标邀请书)。当未进行资格预审时,招标文件中应包括招标公告。

②投标人须知。其主要包括对于项目概况的介绍和招标过程的各种具体要求,在正文中的未尽事宜可通过投标人须知前附表进行进一步明确,由招标人按照招标项目具体特点和实际需要编制和填写。

③评标办法。评标办法可选择经评审的最低投标价法和综合评估法。

④合同条款及格式。包括本工程拟采用的通用合同条款、专用合同条款及各种合同附件的格式。

⑤工程量清单(招标控制价)。工程量清单是招标人编制招标控制价和投标人编制投标价的重要依据。如根据规定应编制招标控制价的项目,其招标控制价也应在招标时一并公布。

⑥图纸。图纸是指应由招标人提供的用于计算招标控制价和投标人计算投标报价所必需的各种详细程度的图纸。

⑦技术标准和要求。招标文件规定的各项技术标准应符合国家强制性规定。

⑧投标文件格式。提供各种投标文件编制应依据的参考格式。

⑨规定的其他材料。

(2)招标文件的发售、澄清与修改。

①招标文件的发售。招标文件一般发售给通过资格预审、获得投标资格的投标人。投标人在收到投标文件之后,应认真核对,核对无误后应以书面形式予以确认。

②招标文件的澄清。投标人应仔细阅读和检查招标文件的全部内容。如果发现缺页或附件不全,应及时向招标人提出,以便补齐。如果有疑问,应在规定的时间前以书面形式要求招标人对招标文件予以澄清。

③招标文件的修改。招标人对已发出的招标文件进行必要的修改。在投标截止时间15 d前,招标人可以通过书面的形式修改招标文件,并通知所有已购买招标文件的投标人。

5. 踏勘现场与召开投标预备会

（1）踏勘现场。招标人按照招标项目的具体情况，可以组织投标人踏勘项目现场，向其介绍工程场地和相关环境的有关情况。招标人不得单独或者分别组织任何一个投标人进行现场踏勘。

①招标人组织投标人进行踏勘现场的目的在于了解工程场地及周围环境情况，以获取投标人认为有必要的信息。为便于投标人提出问题并得到解答，踏勘现场一般安排在投标预备会前的一到两天。

②投标人在踏勘现场中如有疑问，应在投标预备会前以书面形式向招标人提出，但应给招标人留有解答时间。

（2）召开投标预备会。投标人在领取招标文件、图纸和有关技术资料及踏勘现场后提出的疑问，招标人可通过以下方式进行解答：

①收到投标人提出的疑问之后，应以书面形式进行解答，并将解答同时送达所有获得招标文件的投标人。

②收到提出的疑问之后，通过投标预备会进行解答，并以书面形式同时送达所有获得招标文件的投标人。

6. 建设项目施工投标

（1）投标人的资格要求。投标人是响应招标、参加投标竞争的法人或其他组织。招标人的任何不具独立法人资格的附属机构（单位），或为招标项目的前期准备或监理工作提供设计、咨询服务的任何法人及其任何附属机构（单位），都无资格参加该招标项目的投标。

（2）投标文件的编制与递交。

①投标人应当根据招标文件的要求编制投标文件。投标文件应当包括下列内容：

a. 投标函及投标函附录。

b. 法定代表人身份证明或附有法定代表人身份证明的授权委托书。

c. 联合体协议书（如工程允许采用联合体投标）。

d. 投标确保金。

e. 已标价工程量清单。

f. 施工组织设计。

g. 项目管理机构。

h. 拟分包项目情况表。

i. 资格审查资料。

j. 规定的其他材料。

②投标文件编制时应遵循的规定。

a. 投标文件应按照"投标文件格式"进行编写，如有必要，可以增加附页，作为投标文件的组成部分。

b. 投标文件应当对招标文件有关工期、投标有效期、质量要求、技术标准和要求、招标范围等实质性内容做出响应。

c. 投标文件应由投标人的法定代表人或其委托代理人签字或盖单位章。委托代理人签字的，投标文件应附法定代表人签署的授权委托书。

③投标文件的递交。投标人应当在招标文件规定的提交投标文件的截止时间前，将投

标文件密封送至投标地点。招标人收到招标文件之后,应当向投标人出具标明签收人和签收时间的凭证,在开标之前任何单位和个人不得开启投标文件。在招标文件要求提交投标文件的截止时间后送达或未送达指定地点的投标文件,为无效的投标文件,招标人不予受理。有关投标文件的递交还应注意下列问题:

a. 投标人在递交投标文件的同时,应按规定的金额、担保形式和投标确保金格式递交投标确保金,并作为其投标文件的组成部分。投标确保金的数额不得超过投标总价的2%,且最高不超过80万元。

b. 投标有效期。投标有效期从投标截止时间起开始计算,主要用作组织评标委员会评标、招标人定标、发出中标通知书,以及签订合同等工作。一般项目投标有效期为60~90 d,大型项目为120 d左右。投标确保金的有效期应与投标有效期保持一致。

(3)联合体投标。两个以上法人或者其他组织可以组成一个联合体,以一个投标人的身份共同投标。联合体投标需遵循以下规定。

①联合体各方应按招标文件提供的格式签订联合体协议书,明确联合体牵头人和各方、权利义务,牵头人代表联合体成员负责投标和合同实施阶段的主办、协调工作,并应向招标人提交由所有联合体成员法定代表人签署的授权书。

②联合体各方签订共同投标协议后,不得再以自己名义单独投标,也不得组成新的联合体或参加其他联合体在同一项目中投标。

③联合体各方应具有承担本施工项目的资质条件、能力和信誉,通过资格预审的联合体,其各方组成结构或职责以及财务能力、信誉情况等资格条件不得改变。

④由同一专业的单位组成的联合体,根据资质等级较低的单位确定资质等级。

⑤联合体投标的,应当以联合体各方或者联合体中牵头人的名义提交投标确保金。以联合体中牵头人名义提交的投标确保金,对联合体各成员具有约束力。

7. 开标、评标、定标、签订合同

在建设项目施工招投标中,开标、评标和定标是招标程序中极为重要的环节。只有做出客观、公正的评标、定标,才能够最终选择最合适的承包人,从而顺利进入到建设项目施工的实施阶段。我国相关法规中,对于开标的时间和地点、出席开标会议的一系列规定、开标的顺序及废标等,对于评标原则和评标委员会的组建、评标程序和方法,对于定标的条件和做法,均做出了明确、清晰的规定。选定中标单位后,应当在规定的时限内与其完成合同的签订工作。

3.1.2 项目施工招标控制价的编制

1. 招标控制价的计价依据

(1)《建设工程工程量清单计价规范》(GB 50500—2013)。
(2)国家或省级、行业建设主管部门颁发的计价定额和计价办法。
(3)建设工程设计文件及相关资料。
(4)招标文件中的工程量清单及相关要求。
(5)与建设项目相关的标准、规范、技术资料。
(6)工程造价管理机构发布的工程造价信息,如工程造价信息没有发布的参照市场价。
(7)其他的相关资料。

2. 招标控制价的编制内容

招标控制价的编制内容包括：分部分项工程费、措施项目费、其他项目费、规费和税金，各个部分有不同的计划要求。

（1）分部分项工程费的编制要求。

①分部分项工程费应按照招标文件中的分部分项工程量清单及有关要求，按《建设工程工程量清单计价规范》（GB 50500—2013）有关规定确定综合单价计价。这里所说的综合单价，指的是完成一个规定计量单位的分部分项工程量清单项目（或措施清单项目）所需的人工费、材料费、施工机械使用费和企业管理费与利润，以及一定范围内的风险费用。

②工程量依据招标文件中提供的分部分项工程量清单确定。

③招标文件提供了暂估单价的材料，应按照暂估的单价计入综合单价。

④为使招标控制价与投标报价所包含的内容一致，综合单价中应当包括招标文件中要求投标人承担的风险内容及其范围（幅度）产生的风险费用。

（2）措施项目费的编制要求。

①措施项目费中的安全文明施工费应当根据国家或省级、行业建设主管部门的规定标准计价。

②措施项目应按招标文件中提供的措施项目清单确定，措施项目采用分部分项工程综合单价形式进行计价的工程量，应按照措施项目清单中的工程量，并按与分部分项工程量清单单价形同的方式确定综合单价；以"项"为单位的方式计价的，依有关规定按综合价格计算，包括除规费、税金以外的全部费用。

（3）其他项目费的编制要求。

①暂列金额。暂列金额可按照工程的复杂程度、设计深度、工程环境等条件（包括地质、水文、气候条件等）进行估算，一般可以分部分项工程费的10%～15%为参考。

②暂估价。暂估价中的材料单价应根据工程造价管理机构发布的工程造价信息中的材料单价计算，工程造价信息未发布的材料单价，其单价参考市场价格估算；暂估价中的专业工程暂估价应分不同专业，按照有关计价规定估算。

③计工日。在编制招标控制价时，对计工日中的人工单价和施工机械台班单价应按照省级、行业建设主管部门或其授权的工程造价管理机构公布的单价计算；材料应按照工程造价管理机构发布的工程造价信息中的材料单价计算，工程造价信息未发布材料单价的材料，其价格应按照市场调查确定的单价计算。

④总承包服务费。总承包服务费应根据省级或行业建设主管部门的规定计算，在计算时可参考以下标准。

a. 招标人仅要求对分包的专业工程进行总承包管理和协调时，按照分包的专业工程估算造价的1.5%计算。

b. 招标人要求对分包的专业工程进行总承包管理和协调，并同时要求提供配合服务时，按照招标文件中列出的配合服务内容和提出的要求，按分包的专业工程估算造价的3%～5%计算。

c. 招标人自行供应材料的，按招标人供应材料价值的1%计算。

（4）规费和税金的编制要求。规费和税金必须按照国家或省级、行业建设主管部门的规定计算。

3.1.3 项目施工投标程序及投标报价的编制

1. 投标报价的前期工作

(1) 通过资格预审,获取招标文件。为了能够顺利地通过资格预审,填表时应重点突出,除满足资格预审要求外,还应适当地反映出本企业的技术管理水平、财务能力、施工经验和良好业绩。若在资格预审准备时,发现本公司某些方面难以满足投标要求时,则应考虑组成联合体参加资格预审。

(2) 组织投标报价班子。组织一个专业水平高、经验丰富、精力充沛的投标报价班子是投标获得成功的基本保证。班子中应包括企业决策层人员、估价人员、工程计量人员、施工计划人员、采购人员、设备管理人员、工地管理人员等。

(3) 研究招标文件。投标人取得招标文件后,为确保工程量清单报价的合理性,应对投标人须知、合同条件、技术规范、图纸和工程量清单等重点内容进行分析,深刻而正确地理解招标文件和业主的意图。

(4) 工程现场调查。招标人在招标文件中一般会明确进行工程现场踏勘的时间和地点。投标人对一般区域调查重点注意自然条件调查、施工条件调查等。

2. 调查询价

询价是投标报价的基础,它为投标报价提供可靠的依据。

(1) 询价的渠道。

①直接与生产厂商联系。

②向生产厂商的代理人或从事该项业务的经纪人了解。

③向经营该项产品的销售商了解。

④向咨询公司进行询价。通过咨询公司所得到的询价资料比较可靠,但需要支付一定的咨询费用,也可以向同行了解。

⑤通过互联网查询。

⑥自行进行市场调查或信函询价。

(2) 生产要素询价。

①材料询价。材料询价的内容包括:调查对比材料价格、供应数量、运输方式、保险和有效期、不同买卖条件下的支付方式等。询价人员在施工方案初步确定之后,立即发出材料询价单,并催促材料供应商及时报价。

②施工机械设备询价。在外地施工需用的机械设备,有时在当地租赁或采购可能更为有利。因此,在投标前,有必要进行施工机械设备的询价。

③劳务询价。劳务询价主要包括两种情况:

a. 成建制的劳务公司,相当于劳务分包,一般费用较高,但素质较可靠,功效较高,承包商的管理工作较轻。

b. 劳务市场招募零散劳动力,按照需要进行选择,这种方式虽然劳务价格低廉,但有时素质达不到要求或工效降低,且承包商的管理工作较繁重。

(3) 分包询价。总承包商在确定了分包工作内容后,就将分包专业的工程施工图纸和技术说明送交预先选定的分包单位,请他们在约定的时间内报价,以便进行比较选择,最终确定合适的分包人。

(4)复核工程量。在实行工程量清单计价的施工工程中,工程量清单应作为招标文件的组成部分,由招标人提供。工程量的多少是投标报价最直接的依据。复核工程量的准确程度,将影响承包商的经营行为。

①按照复核后的工程量与招标文件提供的工程量之间的差距,而考虑相应的投标策略,决定报价尺度;

②按照工程量的大小采取合适的施工方法,选择适用、经济的施工机具设备,确定投入使用的劳动力数量等,从而影响到投标人的询价过程。

(5)制定项目管理计划。项目管理计划是工程投标报价的重要依据,项目管理规划应分为项目管理规划大纲和项目管理实施计划。

①项目管理规划大纲。项目管理规划大纲是由企业管理层在投标之前编制的,旨在作为投标依据、满足招标文件要求及签订合同要求的文件。应包括以下内容:项目概况、项目实施条件分析、项目投标活动及签订施工合同的策略、项目组织结构、项目管理目标、质量目标和施工方案、工期目标和施工总进度计划、成本目标、项目现场管理和施工平面图、项目风险预测和安全目标、投标和签订施工合同、文明施工及环境保护。

②项目管理实施计划。项目管理实施计划是指在开工之前由项目经理主持编制的、旨在指导施工项目实施阶段管理的文件。项目管理实施规划必须由项目经理组织项目经理部在工程开工之前编制完成。应包括以下内容:工程概括、施工部署、施工方案、资源供应计划、施工进度计划、施工准备工作计划、施工平面图、技术组织措施计划、信息管理、项目风险管理、技术经济指标分析。

3. 投标报价的编制

(1)投标报价的概念。投标报价的编制主要是投标人对承建工程所要发生的各种费用的计算。投标价是在工程招标发包过程中,由投标人根据招标文件的要求,按照工程特点,并结合自身的施工技术、装备和管理水平,根据有关计价规定自主确定的工程造价,是投标人希望达成工程承包交易的期望价格,它不能高于招标人设定的招标控制价。作为投标计算的必要条件,应预先确定施工方案和施工进度,此外,投标计算还必须与采用的合同形式相协调。报价是投标的关键性工作,报价是否合理直接关系到投标的成败。

(2)投标报价的编制依据。

①工程量清单计价规范。

②国家或省级、行业建设主管部门颁发的计价办法。

③企业定额,国家或省级、行业建设主管部门颁发的计价定额。

④招标文件、工程量清单及其补充通知、答疑纪要。

⑤建设工程设计文件和相关资料。

⑥施工现场情况、工程特点及拟定的投标施工组织设计或施工方案。

⑦与建设项目相关的标准、规范等技术资料。

⑧市场价格信息或工程造价管理机构发布的工程造价信息。

⑨其他的相关资料。

(3)投标报价的编制方法和内容。投标报价的编制过程,应首先按照招标人提供的工程量清单编制分部分项工程量清单计价表、措施项目清单计价表、其他项目清单计价表、规费、税金项目清单计价表,计算完毕之后,汇总而得到单位工程投标报价汇总表,再层层汇总,分别得出单项工程投标报价汇总表和工程项目投标总价汇总表。在编制的过程中,投标人应按照招标人提供的工程量清单填报价格。填写的项目编码、项目名称、项目特征、计量单位、工程量必须与招标人提供的一致。

4. 确定投标报价的策略

投标策略是指投标人在投标竞争中的系统工作部署及其参与投标竞争的方式和手段。投标策略作为投标取胜的方式、手段和艺术,贯穿于投标竞争的始终,内容十分丰富。常用的投标策略主要包括以下几种:

(1) 不平衡报价法。这一方法是指一个工程项目总报价基本确定后,通过调整内部各个项目的报价,以期既不提高总报价、不影响中标,又能在结算时得到更理想的经济效益。一般可以考虑在以下几个方面采用不平衡报价。

① 能够早日结算的项目可适当提高报价,以利资金周转,提高资金时间价值。后期工程项目如设备安装、装饰工程等的报价可适当降低。

② 经工程量复核,预计今后工程量会增加的项目,单价适当提高,这样在最终结算时可多盈利;而将来工程量有可能减少的项目单价降低,工程结算时损失不大。

③ 设计图纸不明确、估计修改后工程量要增加的,可提高单价;而工程内容说明不清楚的,则可以降低一些单价,在工程实施阶段通过索赔再寻求提高单价的机会。

④ 暂定项目又叫任意项目或选择项目,对这类项目要进行具体分析。若工程不分标,不会由另一家投标人施工,则其中肯定要施工的单价可高些,不一定要施工的则应该低些。

(2) 多方案报价法。对于一些招标文件,若发现工程范围不很明确,条款不清楚或不公正,或技术规范要求过于苛刻时,则要在充分估计投标风险的基础上,按多方案报价法处理,即按原招标文件报一个价,然后再提出如某某条款做某些变动,报价可降低多少,由此可报出一个较低的价。这样可以降低总价,吸引招标人。

(3) 增加建议方案。有时招标文件中规定,可以提交一个建议方案,即可以修改原设计方案,提出投标者的方案。投标人这时应抓住机会,组织一批有经验的设计和施工工程师,对原招标文件的设计和施工方案仔细研究,提出更为合理的方案以吸引招标人,促成自己的方案中标。

(4) 无利润报价。缺乏竞争优势的承包商,在不得已的情况下,只好在报价时根本不考虑利润而去夺标。这种办法一般是处于以下条件时采用:

① 有可能在得标之后,将大部分工程分包给索价较低的一些分包商。

② 对于分期建设的项目,先以低价获得首期工程,而后赢得机会创造第二期工程中的竞争优势,并在以后的实施中盈利。

③ 较长时间内,投标人没有在建的工程项目,若再不得标,就难以维持生存。

3.1.4 项目施工开标、评标与定标

3.1.4.1 开标

(1) 开标的时间和地点。我国《招标投标法》规定,开标应在招标文件确定的提交投标文件截止时间的同一时间公开进行。开标地点应当为招标文件中投标人须知前附表中预先确定的地点。

(2)出席开标会议的规定。开标由招标人主持,并邀请所有投标人的法定代表人或其委托代理人准时参加。招标人可以在投标人须知前附表中对此做进一步说明,同时明确投标人的法定代表人或其委托代理人不参加开标的法律后果,一般不应以投标人不参加开标为由将其投标作废标处理。

(3)开标程序。按照《标准施工招标文件》的规定,主持人按下列程序进行开标:

①宣布开标纪律。

②公布在投标截止日期前递交投标文件的投标人名称,并点名确认投标人是否派人到场。

③宣布开标人、唱标人、记录人、监标人等有关人员姓名。

④根据投标人须知前附表规定检查投标文件的密封情况。

⑤根据投标人须知前附表的规定确定并宣布投标文件开标顺序。

⑥设有标底的,公布标底。

⑦根据宣布的开标顺序当众开标,公布投标人名称、标段名称、投标确保金的递交情况、投标报价、质量目标、工期及其他内容,并记录在案。

⑧投标人代表、招标人代表、监标人、记录人等有关人员在开标记录上签字确认。

⑨开标结束。

(4)招标人不予受理的投标。投标文件有下列情形之一的,招标人不予受理:

①逾期送达的或者未送达指定地点的。

②未按招标文件要求密封的。

3.1.4.2 评标

评标是对各投标书优劣的比较,由评标委员会负责评标工作,其目的是确定最终中标人。

1. 评标原则

评标人员应当根据招标文件确定的评标标准和评标方法,对投标文件进行评审与比较,应当本着实事求是的原则,不得带有任何主观意愿和偏见,高质量、高效率完成评标工作,并且应当遵循以下原则:

(1)认真阅读招标文件,严格根据招标文件规定的要求和条件对投标文件进行评审。

(2)公正、公平、科学合理。

(3)质量好、信誉高、价格合理、工期适当、施工方案先进可行。

(4)规范性和灵活性相结合。

2. 评标要求

(1)组建的评标委员会的要求。评标委员会应当由招标人的代表及有关技术、经济等方面的专家组成,成员人数为5人以上单数。其中招标人、招标代理机构以外的技术、经济等方面专家不得少于成员总数的2/3。评标委员会的专家成员应当由招标人从建设行政主管部门及其他有关政府部门确定的专家名册或工程招标代理机构的专家库内相关专业的专家名单中确定。确定专家成员应当采取随机抽取的方式;与投标人有利害关系的人不得进入评标委员会,已经进入的应当更换,确保评标的公平与公正。评标委员会成员有下列情形之一的,应回避:

①招标或投标主要负责人的近亲属。

②与投标人有经济利益关系,可能影响对投标公正评审的。
③项目主管部门或者行政监督部门的人员。
④曾由于在招标、评标及其他与招标投标有关活动中从事违法行为而受过行政处罚或刑事处罚的。

评标委员会的所有成员不得收受他人的财物或其他好处,不得向他人透漏对投标文件的评审和比较、中标候选人的推荐情况及评标有关的其他情况。在评标活动当中,评标委员会成员不得擅离职守,影响评标程序正常进行,不得使用"评标办法"没有规定的评审因素与评审标准进行评标。

(2)评标中对相关各方的纪律要求。

①对招标人的纪律要求。招标人不得泄漏招标投标活动中应保密的情况与资料,不得与投标人串通损害国家利益、社会公共利益或者他人合法权益。

②对投标人的纪律要求。投标人不得相互串通投标或与招标人串通投标,不得向招标人或评标委员会成员行贿谋取中标,不得以他人的名义投标或者以其他方式弄虚作假骗取中标;投标人不得以任何方式干扰和影响评标工作。

③对与评标活动有关的工作人员的纪律要求。与评标活动有关的工作人员不得收受他人的财物或其他好处,不得向他人透漏对投标文件的评审和比较、中标候选人的推荐情况及评标有关的其他情况。在评标活动当中,与评标活动有关的工作人员不得擅离职守,影响评标程序正常进行。

3. 评标程序

(1)初步评审。初步评审是对投标书的响应性审查,这个阶段不是比较各投标书的优劣,而是以投标文件作为依据,检查各投标书是否为响应性投标,并确定投标书的有效性。初步评审从投标书中筛选出符合要求的合格投标书,剔除无效投标与严重违法的投标书,从而减少详细评审的工作量,确保评审工作的顺利进行。

①初步评审的内容。

a. 投标人的资格。

b. 投标确保书的有效性,即投标确保的格式、内容、金额、有效期,开具单位是否符合招标文件要求。

c. 报送资料的完整性,即投标文件是否提交了招标文件规定应当提交的全部文件,有无遗漏。

d. 投标文件的完整性、投标书与招标文件的要求有无实质性背离、报价计算的正确性。

②技术性评审。投标文件的技术性评审主要包括施工方案、工程进度与技术措施、质量管理体系与措施、安全确保措施、环境保护管理体系与措施、资源(劳务、材料、机械设备)、技术负责人等方面是否与国家相应规定及招标项目符合。

③商务性评审。投标文件的商务性评审是指投标报价的审核,审查全部报价数据计算的准确性。商务标中出现下列情况的,应当由评标委员会对投标书中的错误加以修正后请该标书的投标授权人予以签字确认,作为详评比较的依据。若投标人拒绝签字,则按投标人违约对待,不仅投标无效,而且没收其投标确保金。修正错误的原则如下:

a. 投标文件中的大写金额和小写金额不一致的,应当以大写金额为准。

b. 总价金额与单价金额不一致的,应当以单价金额为准,但单价金额小数点有明显错误的除外。

④对招标文件响应的偏差。投标文件对招标文件实质性要求和条件响应的偏差分为重大偏差和细微偏差。

a. 重大偏差。重大偏差包括：没有根据招标文件要求提供投标担保或者所提供的投标担保有瑕疵；投标文件没有投标人授权代表签字并加盖公章；投标文件记载的招标项目完成期限超过招标文件规定的完成期限的；投标文件附有招标人无法接受的条件；明显不符合技术规格、技术标准的要求；投标文件载明的货物包装方式、检验标准和方法等不符合招标文件的要求；不符合招标文件规定的其他实质性要求。所有存在重大偏差的投标文件都属于在初评阶段应淘汰的投标书。

b. 细微偏差。细微偏差的投标文件主要是指投标文件基本上符合招标文件的要求，但在个别地方存在漏项或提供了不完整的技术信息和数据等情况，并且补正这些遗漏或者不完整不会对其他投标人造成不公平的结果。对招标文件的响应存在细微偏差的投标文件仍然属于有效投标书。属于存在细微偏差的投标书，可书面要求投标人在评标结束前予以澄清、说明或者补正，但是不得超出投标文件的范围或者改变投标文件的实质内容。

⑤投标文件作废标处理的其他情况。投标文件有下列情形之一的，应由评标委员会初审后按废标处理：

a. 无单位盖章并无法定代表人或法定代表人授权的代理人签字或盖章的。

b. 未按照规定的格式填写，内容不全或关键字迹模糊、无法辨认的。

c. 投标人递交两份或多份内容不同的投标文件，或在一份投标文件中对同一招标报有两个或多个报价且未声明哪一个有效，按招标文件规定提交备选投标方案的除外。

d. 投标人名称或组织结构与资格预审中不一致的。

e. 未按照招标文件要求提交投标确保金的。

f. 联合体投标未附联合体各方共同投标协议的。

(2) 详细评审。评标委员应当对各投标书方案和计划实行实质性评价与比较。在评审时，不应再采用招标文件中要求投标人考虑因素以外的任何条件作为标准。对于设有标底的，在评标时，应参考标底。详细评审一般分为两个步骤进行：首先，对各投标书进行技术和商务方面的审查，评定其合理性，以及若将合同授予该投标人在履行过程中可能给招标人带来风险。评标委员会在认为必要时，可单独约请投标人对标书中含义不明确的内容作必要的澄清或说明，但澄清或说明不得超出投标文件的范围或改变投标文件的实质性内容。澄清内容应当整理成文字材料，作为投标书的组成部分。其次，在对标书审查的基础上，评标委员会依据评标规则量化比较各投标书的优劣，并编写评标报告。

(3) 评标报告。评标委员会在完成评标之后，应当向招标人提出书面评标结论性报告，作为定标的主要依据。评标报告一般包括：

①评标情况和数据表。

②评标委员会成员名单。

③开标记录。

④评标标准、评标方法或者评标因素一览表。

⑤符合要求的投标一览表。

⑥废标情况说明。

⑦经评审的价格或者评分比较一览表。
⑧经评审的投标人排序。
⑨推荐的中标候选人名单与签订合同前要处理的事项。
⑩澄清、说明、补正事项纪要。

4. 评标方法

由于电力工程规模不同、各类招标的标的不同,评审方法一般分为定性评审和定量评审两大类。对于标的额较小的中小型工程评标,可以采用定性比较的专家评议法,评标委员对各标书共同分项进行认真分析比较后,以协商和投票的方式,确定候选中标人。这种评标方法的评标过程简单,在较短时间内即可完成,但科学性较差。对大型工程应采用"综合评分法"或"评标价法"对各投标书进行科学量化比较。综合评分法主要是将评审内容分类后分别赋予不同权重,评标委员按照评分标准,对各类内容细分的小项进行相应的打分,再计算累计分值反映投标人的综合水平,以得分最高的投标书为最优。评标价法是指评审过程中以该标书的报价为基础,将报价之外需要评定的要素根据预先规定的折算办法,换算为货币价值,按照对招标人有利或不利的原则在投标价上增加或减少一定金额,最终构成评标价格。应当注意的是,"评标价"既不是投标价,也不是中标价,只是用价格指标作为评审标书优劣的衡量方法,评标价最低的投标书为最优。在定标签订合同时,仍以投标报价作为中标的合同价。

(1)综合评分法。施工招标需要评定比较的要素较多,并且各项内容的单位又不一致,例如工期是天、报价是元等,所以综合评分法可以较全面地反映投标人的素质。评标是对各承包人实施工程综合能力的比较,大型复杂工程的评分标准一般设置几级评分目标,从而利于评委控制打分标准,减少随意性。评分的指标体系与权重应当按照招标工程项目特点进行设定。报价部分的评分为用标底衡量、用复合标底衡量与无标底比较三大类。

①以标底为评分标准衡量报价的综合评分法。首先,评标委员会以预先确定的允许报价浮动范围确定入围的有效投标,然后评标委员根据评标规则计算各项得分,最后以累计得分比较投标书的优劣。应当注意的是,若某投标书的总分不低,但其中某一项得分低于该项及格分时,也应充分考虑授标给此投标人实施过程中可能的风险。

例如某电力工程施工采用综合单价合同的邀请招标,评标主要考察4个方面,每一方面再以百分制计分。

a. 投标单位的业绩、信誉,权重0.15。内容包括:企业资质等级(30分);企业信誉、银行信誉(20分);同样主体工程的施工经历(20分);近5年质量回访记录(15分);近三年重大质量、安全事故(15分)。

b. 施工管理能力,权重0.1。内容包括:主要施工机具及劳动力安排计划(50分);安全措施(30分);同期工程(20分)。

c. 施工组织设计,权重0.15。内容包括:施工方案(30分);现场组织机构(30分);网络进度计划(20分);质量确保体系(20分)。

d. 投标报价,权重0.6。内容包括:投标报价(60分);单价表中人工、材料、机械费组成的合理性(30分);三材用量的合理性(10分)。其中报价项的得分标准以(报价-标底)/标底来衡量,当偏差范围为:$-(3\sim5)\%$时得40分;$-(2\sim1)\%$时得60分;$+(2+(2\sim1))\%$时得50分;$+(5\sim3)\%$得30分。

②以复合标底值作为报价评分衡量标准的综合评分法。当以标底作为报价评定标准时,有可能因为编制的标底没有反映出较为先进的施工技术水平与管理水平,从而导致报价分的评定不合理。为了弥补这一缺陷,一般采用标底的修正值作为衡量标准,具体步骤为:

a. 计算各投标书报价的算数平均值。

b. 将标书平均值与标底再作算数平均。

c. 以 b 项算出的值为中心,按照预先确定的允许浮动范围,确定入围的有效标书。

d. 计算入围有效标书的报价算数平均值。

e. 将标底和 d. 项计算的值进行平均,作为确定报价得分的衡量标准。这一步计算可以是简单的算术平均,也可以采用加权平均(例如标底的权重为 0.4,报价的平均值权重为 0.6)。

f. 依据评标规则确定的计算方法,按照报价与标准的偏离度计算各投标书的该项得分。

③无标底的综合评分法。前两种方法在商务评标过程中,对报价部分的评审都以预先设定的标底作为衡量条件,若标底编制得不够合理,有可能对某些投标书的报价评分不公平。为了鼓励投标人的报价竞争,可以不预先制定标底,采用反映投标人报价平均水平某一值作为衡量基准评定各投标书的报价部分得分。这种方法在招标文件中应说明比较的标准值和报价与标准值偏差的计分方法,视报价与其偏离度的大小确定分值高低。采用较多的方法包括:

a. 以最低报价为标准。在所有投标书的报价中,以报价最低者为标准(该项满分),其他投标人的报价按预先确定的偏离百分比计算相应得分。但应当注意,最低的投标报价比次低投标人的报价若相差悬殊(如差 20% 以上),则应当首先考察最低报价是否有低于其企业成本的竞标,若报价的费用组成合理,则可以作为标准值。这种规则适用于工作内容简单,一般承包人采用常规方法都可以完成的施工内容,所以在评标时更重视报价的高低。

b. 以平均报价为标准。在开标之后,首先计算各主要报价项的标准值,可以采用简单的算术平均值或平均值下浮某一预先规定的百分比作为标准值。在标准值确定后,按预先确定的规则,视各投标书的报价与标准值的偏离程度,计算各投标书的该项得分。对于某些较为复杂的工作任务,不同的施工组织与施工方法也可能产生不同效果的情况,不应过分追求报价,因此采用投标人的报价平均水平作为衡量标准。

(2)评标价法。评标委员会首先通过对各标书的审查淘汰技术方案不满足基本要求的投标书,然后对基本合格的标书,根据预定的方法将某些评审要素按一定规则折算为评审价格,加到该标书的报价上形成评标价,以评标价最低的标书为最优(不是报价最低)。评标价作为衡量投标人能力高低的量化比较方法,与中标人签订合同时仍应以投标价为准。可以折算成价格的一般评审要素包括:

①投标书承诺的工期提前能够给项目可能带来的超前效益,以月为单位按预定计算规则折算为相应的货币值,从该投标人的报价内扣减此值。

②实施过程中必然发生而标书又属明显漏项部分,给予相应的补项增加到报价上去。

③技术建议可能带来的实际效益根据预定的比例折算后,在投标价内减去该值。

④投标书内提出的优惠条件可能给招标人带来好处,以开标日为准,按一定的方法折算后,作为评审价格因素之一。

⑤对其他可以折算为价格的要素,根据对招标人有利或者不利的原则,减少或者增加到

投标报价上去,即:在有利时,减少相应的价格;在不利时,增加相应价格。

3.1.4.3 定标

1. 中标候选人的确定

除招标文件中特别规定了授权评标委员会直接确定中标人外,招标人应当依据评标委员会推荐的中标候选人中确定中标人,评标委员会推荐中标候选人的人数应符合招标文件的要求,一般应限定在 1～3 人,并标明排列顺序。招标人可以授权评标委员会直接确定中标人。招标人不得向中标人提出压低报价、增加工作量、缩短工期或其他违背中标人意愿的要求,以此作为发出中标通知书和签订合同的条件。

2. 发出中标通知书并订立书面合同

(1)中标通知。中标人在确定后,招标人应当向中标人发出中标通知书,并同时将中标结果通知所有未中标的投标人,中标通知书对招标人和中标人都具有法律效力。

(2)履约担保。签订在合同前,中标人及联合体的中标人应按招标文件有关规定的金额、担保形式和招标文件规定的履约担保格式,向招标人提交履约担保。履约担保金额一般为中标价的 10%。

(3)签订合同。招标人和中标人应当自中标通知书发出之日起 30 d 内,按照招标文件和中标人的投标文件订立书面合同。

(4)履行合同。中标人应当根据合同约定履行义务,完成中标项目,中标人不得向他人转让中标项目,也不得将中标项目分解后分别向他人转让。

3.2 电力工程项目施工合同管理

3.2.1 电力工程项目施工合同类型及选择

1. 电力工程项目施工合同的类型

电力工程施工合同是发包人与承包人就完成特定工程项目的建筑施工、设备安装、工程保修等工作内容,确定双方权利、义务的协议。建设工程施工合同是建设工程的主要合同之一,是工程建设质量控制、进度控制、投资控制的主要依据。按照合同计价方式的不同,建设工程施工合同可以分为总价合同、单价合同和成本加酬金合同三种类型。

2. 电力工程施工合同类型的选择

各种不同类型的合同有着各自的应用条件,合同各方的权利和责任的划分是不同的,合同各方承担的风险也不同,在实践中应按照工程项目的具体情况进行选择。选择合同类型应考虑以下因素。

(1)项目规模和工期长短。若项目的规模较小,工期较短,则合同类型的选择余地较大,总价合同、单价合同及成本加酬金合同都可选择。由于选择总价合同发包人可以不承担风险,发包人较愿选用。若项目规模大、工期长,则项目的风险也大,合同履行中的不可预测因素也多,这类项目不宜采用总价合同。

(2)项目的竞争情况。若在某一时期和某一地点,愿意承包某一项目的承包人较多,则发包人拥有较多的主动权,可根据总价合同、单价合同、成本加酬金合同的顺序进行选择。

若愿意承包项目的承包人较少,则承包人拥有的主动权较多,可以尽可能选择承包人愿意采用的合同类型。

(3)项目的复杂程度。若项目的复杂程度较高,则意味着对承包人的技术水平要求高,项目的风险较大。因此,承包人对合同的选择有较大的主动权,总价合同被选用的可能性较小。若项目的复杂程度低,则发包人对合同类型的选择握有较大的主动权。

(4)项目的单项工程的明确程度。若单项工程的类别和工程量都已十分明确,则可选用的合同类型较多,总价合同、单价合同、成本加酬金合同都可以选择。若单项工程的分类已详细而明确,但实际工程量与预计的工程量可能有较大出入时,则应优先选择单价合同,此时单价合同为最合理的合同类型。若单项工程的分类和工程量都不甚明确,则无法采用单价合同。

(5)项目准备时间的长短。项目的准备包括发包人的准备工作和承包人的准备工作。不同的合同类型需要不同的准备时间和准备费用。总价合同需要的准备时间和准备费用最高,成本加酬金合同需要的准备时间和准备费用最低。对于一些非常紧急的项目,例如抢险救灾等项目,给予发包人和承包人的准备时间都非常短,因此,只能采用成本加酬金的合同形式;反之,则可采用单价或总价合同形式。

总之,在选择合同类型时,一般情况下是发包人占有主动权。但发包人无法单纯考虑己方利益,应当综合考虑项目的各种因素、考虑承包人的承受能力,确定双方都能认可的合同类型。

3.2.2 我国现行的电力工程施工合同文本种类

鉴于施工合同的内容复杂、涉及面宽,为避免施工合同的编制者遗漏某些方面的重要条款,或条款约定的责任权利不够公平合理,国家有关部门先后颁布了一些施工合同示范文本,作为规范性、指导性的合同文件,在全国或行业范围内推荐使用。目前在工程建设中比较典型的,施工合同文本主要有建设工程施工合同示范文本、水利水电土建工程施工合同条件及《标准施工招标文件》的合同条款。

1. 建设工程施工合同示范文本

按照有关工程建设的法律、法规,结合我国工程建设施工的实际情况,并借鉴国际土木工程施工合同条件,原建设部、国家工商行政管理局颁布的《建设工程施工合同(示范文本)》,适用于各类公用建筑、民用住宅、工业厂房、交通设施及线路管道的施工和设备安装。《建设工程施工合同(示范文本)》由协议书、通用条款、专用条款几部分组成,并附有两个附件,即承包人承揽工程项目一览表、发包人供应材料设备一览表和工程质量保修书。

2. 水利水电土建工程施工合同条件

水利部、国家电网公司和国家工商行政管理局联合颁布修改后的《水利水电土建工程施工合同条件》(GF 2000—0208)。《水利水电土建工程施工合同条件》(GF 2000—0208)分为通用合同条款和专用合同条款两部分。按照规定,凡列入国家或地方建设计划的大中型水利水电工程,应使用《水利水电土建工程施工合同条件》(GF 2000—0208),小型水利水电工程可参照使用。

3. 标准施工招标文件

为了规范施工招标文件编制活动,提高招标文件编制质量,促进招标投标活动的公开、公平和公正,国家发改委、财政部、建设部、铁道部、交通部、信息产业部、水利部、民用航空总局、广播电影电视总局联合发布了《标准施工招标文件》。与之前的行业标准施工招标文件相比,《标准施工招标文件》在指导思想、体例结构、主要内容及使用要求等方面都有较大的创新和变化。《标准施工招标文件》不再分行业而是按照施工合同的性质和特点编制招标文件,并且结合我国实际情况对通用合同条款作了较为系统的规定。

《标准施工招标文件》主要适用于具有一定规模的政府投资项目,且设计和施工不是由同一承包商承担的工程施工招标。国务院有关行业主管部门可按照《标准施工招标文件》并结合本行业施工招标特点和管理需要,编制行业标准施工招标文件。行业标准施工招标文件重点对"专用合同条款"、"工程量清单"、"图纸"、"技术标准和要求"作出具体的规定。

3.2.3 电力工程项目合同实施控制

3.2.3.1 电力工程项目合同交底

电力工程项目合同交底是指承包商合同管理人员在对合同的主要内容作出解释和说明的基础上,通过组织项目管理人员和各工程小组负责人学习合同条文与合同总体分析结果,使大家熟悉合同中的主要内容、各种规定、管理程序,了解承包商的合同责任与工程范围、各种行为的法律后果等,使大家树立全局观念,避免在执行中的违约行为,同时使大家的工作协调一致。电力工程项目合同交底主要包括以下几方面内容:

(1)工程的质量、技术要求和实施中的注意点。
(2)工期要求。
(3)消耗标准。
(4)各工程小组(分包商)责任界限的划分。
(5)相关事件之间的搭接关系。
(6)完不成责任的影响和法律后果等。

3.2.3.2 电力工程项目合同跟踪与诊断

1. 合同实施跟踪

在电力工程实施过程中,由于实际情况千变万化,导致合同实施与预定目标(计划与设计)的偏离。若不采取相应的措施,这种偏差往往由小到大,逐渐积累。这就需要对电力工程项目合同实施情况进行跟踪,以便及时发现偏离。

(1)项目合同实施情况进行跟踪时,主要有以下几个方面的依据:

①合同和合同分析的结果。合同和合同分析的结果,如各种计划、方案、合同变更文件等,它们是比较的基础,是合同实施的目标和方向。

②各种实际的工程文件。各种实际的工程文件,如原始记录、各种工程报表、报告、验收结果、量方结果等。

③对现场情况的直观了解。工程管理人员每天对现场情况的直观了解,如通过施工现场的巡视、与各种人谈话、召集小组会议、检查工程质量,通过报表、报告等。

(2)项目合同实施跟踪的对象主要包括:

①具体的合同事件。对照合同事件表的具体内容,分析该事件的实际完成情况。

②工程小组或分包商的工程和工作。一个工程小组或分包商可能承担许多专业相同、工艺相近的分项工程或许多合同事件,因此必须对其实施的总情况进行检查分析。在实际

工程中,常常因为某一工程小组或分包商的工作质量不高或进度拖延而影响到整个工程施工。合同管理人员在这方面应给他们提供帮助,例如协调他们之间的工作,对工程缺陷提出意见、建议或警告,责成他们在一定时间内提高质量、加快工程进度等。

③业主和工程师的工作。业主和工程师是承包商的主要工作伙伴,对他们的工作进行监督和跟踪是非常重要的。

④工程总的实施状况中所存在的问题。对工程总的实施状况的跟踪可以就以下几方面进行:

a. 工程整体施工秩序状况。若出现以下情况,合同实施必然存在问题:
- 现场混乱、拥挤不堪。
- 承包商与业主的其他承包商、供应商之间协调困难。
- 合同事件之间和工程小组之间协调困难。
- 出现事先未考虑到的情况和局面。
- 发生较为严重的工程事故等。

b. 已完工程未通过验收、出现大的工程质量问题、工程试生产不成功或达不到预定的生产能力等。

c. 施工进度未达到预定的计划,主要的工程活动出现拖期,在工程周报和月报上计划和实际进度出现大的偏差。

d. 计划和实际的成本曲线出现大的偏离。在工程项目管理中,工程累计成本曲线对合同实施的跟踪分析起很大作用。计划成本累计曲线一般在网络分析、各工程活动成本计划确定后得到。在国外,它又被称为工程项目的成本模型。而实际成本曲线由实际施工进度安排和实际成本累计得到,两者对比即可分析出实际和计划的差异。

2. 合同实施诊断

合同实施诊断是在合同实施跟踪的基础上进行的,是指对合同实施偏差情况的分析。

(1)合同实施诊断的内容。

①合同执行差异的原因分析。通过对不同监督和跟踪对象的计划和实际的对比分析,不仅可以得到差异,而且可以探索引起这个差异的原因。原因分析可采用鱼刺图,因果关系分析图(表),成本量差、价差分析等方法定性地或定量地进行。

②合同差异责任分析。即这些原因由谁所引起,该由谁承担责任,这常常是索赔的理由。通常只要原因分析详细,有根有据,则责任自然清楚。责任分析必须以合同作为依据,按合同规定落实双方的责任。

③合同实施趋向预测。分别考虑不采取调控措施和采取调控措施以及采取不同的调控措施情况下,合同的最终执行结果:

a. 最终的工程状况,包括总工期的延误,总成本的超支,质量标准,所能达到的生产能力(或是功能要求)等。

b. 承包商将承担什么样的后果,例如被罚款、被清算,甚至被起诉,对承包商资信、企业形象、经营战略造成的影响等。

c. 最终工程经济效益(利润)水平。

(2)合同实施偏差的处理措施。经合同诊断之后,按照合同实施偏差分析的结果,承包商应采取相应的调整措施。调整措施有以下四类:

①组织措施,如增加人员的投入,重新计划或调整计划,派遣得力的管理人员。

②技术措施,如变更技术方案,采用新的更高效率的施工方案。
③经济措施,如增加投入,对工作人员进行经济激励等。
④合同措施,如进行合同变更,签订新的附加协议、备忘录,通过索赔解决费用的超支问题等。

3.2.3.3 电力工程项目合同变更管理

1. 合同变更的起因及影响

电力工程项目合同变更通常主要有以下几方面的原因:
(1)发包人有新的意图,发包人修改项目总计划,削减预算,发包人要求变化。
(2)由于设计人员、工程师、承包商事先没能很好地理解发包人的意图,或设计的错误,导致的图纸修改。
(3)工程环境的变化,预定的工程条件不准确,必须改变原设计、实施方案或实施计划,或由于发包人指令及发包人责任的原因造所成承包商施工方案的变更。
(4)由于产生新的技术和知识,有必要改变原设计、实施方案或实施计划。
(5)政府部门对工程新的要求,例如国家计划变化、环境保护要求、城市规划变动等。
(6)由于合同实施出现问题,必须调整合同目标,或修改合同条款。
(7)合同双方当事人由于倒闭或其他原因转让合同,造成合同当事人的变化,这种情况一般不会发生。

合同的变更一般不能免除或改变承包商的合同责任,但对合同实施影响很大,主要表现在以下几方面:
(1)导致设计图纸、成本计划和支付计划、工期计划、施工方案、技术说明和适用的规范等定义工程目标和工程实施情况的各种文件作相应的修改和变更。
(2)引起合同双方、承包商的工程小组之间、总承包商与分包商之间合同责任的变化。
(3)有些工程变更还会引起已完工程的返工,现场工程施工的停滞,施工秩序打乱,已购材料的损失等。

2. 合同变更的范围

合同变更的范围很广,通常在合同签订之后所有工程范围、进度、工程质量要求、合同条款内容、合同双方责权利关系的变化等都可以被看作合同变更。电力工程最常见的变更包括以下两种:
(1)涉及合同条款的变更,合同条件和合同协议书所定义的双方责权利关系或一些重大问题的变更。这是狭义的合同变更,从前人们定义合同变更即为这一类。
(2)工程变更,即工程的质量、数量、性质、功能、施工次序及实施方案的变化。

3. 合同变更的程序

(1)合同变更的提出。
①承包商提出合同变更。承包商在提出合同变更时,通常情况是工程遇到无法预见的地质条件或地下障碍。
②发包人提出变更。发包人通常可通过工程师提出合同变更。但如发包方提出的合同变更内容超出合同限定的范围,则属于新增工程,只能另签合同进行处理,除非承包方同意作为变更。
③工程师提出合同变更。工程师往往按照工地现场工程进展的具体情况,认为确有必要时,可提出合同变更。工程承包合同施工中,因设计考虑不周,或是施工时环境发生变化,

工程师本着节约工程成本和加快工程与确保工程质量的原则,提出合同变更。只要提出的合同变更在原合同规定的范围内,通常是切实可行的。如果超出原合同,新增了很多工程内容和项目,则属于不合理的合同变更请求,工程师应和承包商协商后酌情处理。

(2) 合同变更的批准。由承包商所提出的合同变更,应交与工程师审查并批准。由发包人提出的合同变更,为了便于工程的统一管理,通常由工程师代为发出。

合同变更审批的通常原则应为:

①考虑合同变更对工程进展是否有利。

②考虑合同变更可否节约工程成本。

③考虑合同变更是否兼顾发包人、承包商或工程项目之外其他第三方的利益,不能因为合同变更而损害任何一方的正当权益。

④必须确保变更项目符合本工程的技术标准。

⑤最后一种情况是工程受阻,如遇到特殊风险、人为阻碍、合同一方当事人违约等不得不变更合同。

(3) 合同变更指令的发出及执行。为了避免耽误工作,工程师在和承包商就变更价格达成一致意见之前,有必要先行发布变更指示,即分两个阶段发布变更指示:

①第一阶段是在没有规定价格和费率的情况下直接指示承包商继续工作;

②第二阶段是在通过进一步的协商之后,发布确定变更工程费率和价格的指示。

合同变更指示的发出有两种形式:书面形式和口头形式。

电力工程合同变更的程序如图 3.1 所示。

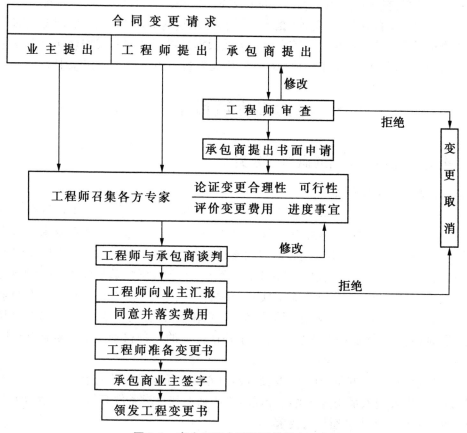

图 3.1 电力工程合同变更的程序示意图

4. 合同变更的责任分析

在合同变更中,量最大、最频繁的是工程变更。它在工程索赔中所占的份额也是最大的。工程变更的责任分析是工程变更起因与工程变更问题处理,是确定赔偿问题重要的直接依据。电力工程变更中有两大类变更,即设计变更和施工方案变更。

(1) 设计变更。设计变更会引起工程量的增加、减少,新增或删除工程分项,工程质量和进度的变化,实施方案的变化。通常工程施工合同赋予发包人(工程师)这方面的变更权力,可直接通过下达指令,重新发布图纸或规范实现变更。

(2) 施工方案变更。

① 在投标文件中,承包商就在施工组织设计中提出较为完备的施工方案,但施工组织设计不作为合同文件的一部分。

② 重大的设计变更常常会导致施工方案的变更。若设计变更由发包人承担责任,则相应的施工方案的变更也由发包人负责;反之,则由承包商负责。

③ 对不利的异常的地质条件所引起的施工方案的变更,通常作为发包人的责任。一方面这是一个有经验的承包商无法预料的现场气候条件除外的障碍或是条件,另一方面发包人负责地质勘察和提供地质报告,应对报告的正确性及完备性承担责任。

④ 施工进度的变更。施工进度的变更是十分频繁的:在招标文件当中,发包人给出工程的总工期目标;承包商在投标书中有一个总进度计划(通常以横道图形式表示);中标后承包商还要提出详细的进度计划,由工程师批准(或同意);在工程开工之后,每月都可能有进度的调整。一般只要工程师(或发包人)批准(或同意)承包商的进度计划(或调整后的进度计划),则新进度计划就产生约束力。若发包人无法根据新进度计划完成按合同应由发包人完成的责任,如及时提供图纸、施工场地、水电等,则属发包人的违约,应承担责任。

3.3 电力工程项目索赔管理

3.3.1 电力工程项目索赔的概念与分类

1. 电力工程项目索赔的概念

电力工程项目索赔是在工程承包合同履行中,当事人一方因另一方未履行合同所规定的义务或出现了应当由对方承担的风险而遭受损失时,向另一方提出赔偿要求的行为。我国《标准施工招标文件》中通用合同条款中的索赔就是双向的,既包括承包人向发包人的索赔,也包括发包人向承包人的索赔。但在工程实践中,发包人索赔数量较小,而且处理方便。可以通过冲账、扣拨工程款、扣确保金等实现对承包人的索赔;而承包人对发包人的索赔则比较困难一些。一般情况下,索赔是指承包人(施工单位)在合同实施过程中,对非自身原因造成的工程延期、费用增加而要求发包人给予补偿损失的一种权利要求。索赔有较广泛的含义,可以概括为以下三个方面:

(1) 一方违约使另一方蒙受损失,受损方向对方提出赔偿损失的要求。

(2) 发生应由发包人承担责任的特殊风险或遇到不利自然条件等情况,使承包人蒙受较大的损失而向发包人提出补偿损失要求。

(3)承包人本应当获得的正当利益,因为没能及时得到监理人的确认和发包人应给予的支付,而以正式函件向发包人索赔。

2. 工程索赔产生的原因

(1)当事人违约。当事人违约常常表现为没有根据合同约定履行自己的义务。发包人违约常表现为没有为承包人提供合同约定的施工条件、未根据合同约定的期限和数额付款等。监理人未能根据合同约定完成工作。承包人违约的情况则主要是没有根据合同约定的质量、期限完成施工,或者由于不当行为给发包人造成其他损害。

(2)不可抗力或不利的物质条件。不可抗力可以分为自然事件和社会事件。自然事件主要是工程施工过程中不可避免发生并无法克服的自然灾害,包括地震、海啸等;社会事件则包括国家政策、法律、法令的变更,战争、罢工等。不利的物质条件一般是指承包人在施工现场遇到的不可预见的自然物质条件、非自然物质障碍和污染物,包括地下和水文条件。

(3)合同缺陷。合同缺陷表现为合同文件规定不严谨甚至矛盾、合同中的遗漏或错误。在这种情况下,工程师应当给予解释,若这种解释将导致成本增加或工期延长,发包人应当给予补偿。

(4)合同变更。合同变更表现为设计变更、施工方法变更、追加或者取消某些工作、合同规定的其他变更等。

(5)监理人指令。监理人指令有时也会产生索赔,如监理人指令承包人加速施工、进行某项工作、更换某些材料、采取某些措施等,并且这些指令不是由于承包人的原因造成的。

(6)其他第三方原因。其他第三方原因常常表现为与工程有关的第三方的问题而引起的对本工程的不利影响。

3. 工程索赔的分类

工程索赔依据不同的标准可以进行不同的分类。

(1)按索赔的合同依据分类。

①合同中明示的索赔。合同中明示的索赔是指承包人所提出的索赔要求,在该工程项目的合同文件中有文字依据,承包人可据此提出索赔要求,并取得经济补偿。这些在合同文件中有文字规定的合同条款,称为明示条款。

②合同中默示的索赔。合同中默示的索赔,即承包人的该项索赔要求,虽然在工程项目的合同条款中没有专门的文字叙述,但可以按照该合同的某些条款的含义,推论出承包人有索赔权。

(2)按索赔目的分类。

①工期索赔。因为非承包人责任的原因而导致施工进程延误,要求批准顺延合同工期的索赔,称之为工期索赔。

②费用索赔。费用索赔的目的是要求经济补偿。当施工的客观条件改变导致承包人增加开支,要求对超出计划成本的附加开支给予补偿,以挽回不应由其承担的经济损失。

(3)按索赔事件的性质分类。

①工程延误索赔。因发包人未按照合同要求提供施工条件,如未及时交付设计图纸等,或因发包人指令工程暂停或不可抗力事件等原因造成工期拖延的,承包人对此提出索赔。这是工程中常见的一类索赔。

②工程变更索赔。因发包人或监理人指令增加或减少工程量或增加附加工程、修改设

计、变更工程顺序等,造成工期延长和费用增加,承包人对此提出索赔。

③合同被迫终止的索赔。由于发包人或承包人违约以及不可抗力事件等原因造成合同非正常终止,无责任的受害方因其蒙受经济损失而向对方提出索赔。

④工程加速索赔。因发包人或监理人指令承包人加快施工速度、缩短工期,引起承包人的人、财、物的额外开支而提出的索赔。

⑤意外风险和不可预见因素索赔。在工程实施过程中,因人力不可抗拒的自然灾害、特殊风险以及一个有经验的承包人一般不能合理预见的不利施工条件或外界障碍,如地下水、地质断层等引起的索赔。

⑥其他索赔。因货币贬值、汇率变化、物价上涨、政策法令变化等原因引起的索赔。

3.3.2 电力工程项目索赔的处理程序

1. 索赔程序

(1)《建设工程施工合同(示范文本)》(GF—2013—0201)规定的工程索赔程序。当合同当事人一方向另一方提出索赔时,要有正当的理由,且有索赔事件发生时的有效证据。

①向工程师发出索赔意向通知。索赔事件发生 28 d 内,向工程师发出索赔意向通知。

②承包人递交索赔申请报告。发出索赔意向通知后 28 d 内,向工程师提交索赔报告及有关资料。提交的索赔报告和有关资料的内容应包括事件的原因、事件对自己造成的损害程度、损失的计算依据、要求的索赔额及申请顺延工期天数、索赔的依据等。

③工程师审核承包人的索赔申请。工程师在收到承包人提交的索赔报告及有关资料后,于 28 d 内给予答复,或要求承包人进一步完善索赔理由和补充相关证据资料。

④在索赔事件持续发生时,承包人应阶段性地向工程师发出索赔意向,在索赔事件终了后 28 d 内,向工程师提供索赔的有关资料和最终索赔报告。

⑤工程师与承包人谈判。双方各自依据对这一事件的处理方案进行友好协商,如果能通过协商达成一致意见,则该事件较易解决。

⑥发包人审批工程师的索赔处理证明。发包人先按照事件发生的原因、责任、合同条款审核承包人的索赔申请和工程师的处理报告;再按照项目目的、投资控制、竣工验收要求,以及针对承包人在履行合同过程中的缺陷或不符合合同要求的地方提出反索赔方面的考虑,决定是否批准工程师的索赔报告。

⑦承包人是否接受最终的索赔决定。承包人接受了最终的索赔决定,这一索赔事件即可宣布结束。如果承包人不接受工程师单方面决定或业主删减后的索赔额及其顺延时间,就会出现合同纠纷。通过谈判和协调双方达成互谅的解决方案是处理纠纷的理想方式。

(2)FIDIC 合同条件规定的工程索赔程序。FIDIC 合同条件只对承包商的索赔做出了规定。

①承包商发出索赔通知。承包商说明索赔的事件或情况。该通知应当尽快在承包商察觉或者应当察觉该事件或情况后 28 d 内发出。

②承包商未及时发出索赔通知的后果。若承包商未能在上述 28 d 期限内发出索赔通知,则竣工时间不得延长,承包商无权获得追加付款,而业主应免除有关该索赔的全部责任。

③承包商递交详细的索赔报告。在承包商察觉或者应当察觉该事件或情况后 42 d 内,或在承包商可能建议并经工程师认可的其他期限内,承包商应当向工程师递交一份充分详

细的索赔报告,包括索赔的依据、要求延长的时间和(或)追加付款的全部详细资料。

④若引起索赔的事件或者情况具有连续影响,则:

a. 上述充分详细索赔报告应被视为中间的。

b. 承包商应当按照月递交进一步的中间索赔报告,说明累计索赔延误时间和(或)金额,以及能说明其合理要求的进一步详细资料。

c. 承包商应当在索赔的事件或者情况产生影响结束后 28 d 内,或在承包商可能建议并经工程师认可的其他期限内,递交一份最终索赔报告。

⑤工程师的答复。工程师在收到索赔报告或对过去索赔的任何进一步证明资料后 42 d 内,或在工程师可能建议并经承包商认可的其他期限内,作出回应,表示"批准"或"不批准",或"不批准并附具体意见"等处理意见。工程师应商定或确定应给予竣工时间的延长期及承包商有权得到的追加付款。

2. 索赔报告的内容

索赔报告的具体内容,随该索赔事件的性质和特点而有所不同。一般索赔报告应包括下面四个部分。

(1)总论部分。总论部分的内容一般包括序言,索赔事项概述,具体索赔要求,索赔报告编写及审核人员名单。文中先应概要地论述索赔事件的发生日期与过程;施工单位为索赔事件所付出的努力和附加开支;施工单位的具体索赔要求。

(2)按照部分。按照部分主要是说明自己具有的索赔权利,这是索赔能否成立的关键。按照部分的内容主要来自该工程项目的合同文件,并参照有关法律规定。该部分中施工单位应引用合同中的具体条款,说明自己理应获得经济补偿或工期的延长。一般按照部分应包括:索赔事件的发生情况;已递交索赔意向书的情况;索赔事件的处理过程;索赔要求的合同按照;所附的证据资料。

(3)计算部分。计算部分是以具体的计算方法和计算过程,说明自己应得经济补偿的款额或延长时间。若说按照部分的任务是解决索赔能否成立,则计算部分的任务就是决定应得到多少索赔款额和工期。前者是定性的,后者是定量的。

(4)证据部分。证据部分包括该索赔事件所涉及的一切证据资料,以及对这些证据的说明。证据是索赔报告的重要组成部分,没有翔实可靠的证据,索赔是无法成功的。在引用证据时,要注意该证据的效力或可信程度。

①索赔依据的要求。

a. 真实性。索赔依据必须是在实施合同过程中确定存在和发生的,必须完全反映实际情况。

b. 全面性。索赔依据应当能够说明事件的全过程。

c. 关联性。索赔依据应当能够相互说明,相互具有关联性,不能互相矛盾。

d. 及时性。索赔依据的取得及提出应当及时,符合合同约定。

e. 具有法律证明效力。

②索赔依据的种类。

a. 招标文件、工程合同、发包人认可的施工组织设计、工程图纸、技术规范等。

b. 工程各项往来信件、指令、信函、通知、答复等。

c. 工程各项经发包人或监理人签认的签证。

d. 工程各项有关的设计交底记录、变更图纸、变更施工指令等。
e. 工程各项会议纪要。
f. 工程现场气候记录,如有关现场的温度、风力、雨雪等。
g. 工程图纸、图纸变更、交底记录的送达份数及日期记录。
h. 施工计划及现场实施情况记录。
i. 国家和省级或行业建设主管部门有关影响工程造价、工期的文件、规定等。

3.3.3 电力工程项目索赔的处理原则及相关计算

1. 工程索赔的处理原则

(1)索赔必须以合同为依据。不论是风险事件的发生,还是当事人不完成合同工作,都必须在合同中找到相应的依据,当然,有些依据可能是合同中隐含的。工程师依据合同和事实对索赔进行处理是其公平性的重要体现。在不同的合同条件下,这些依据很可能是不同的。

(2)及时、合理地处理索赔。索赔事件发生后,索赔的提出应当及时,索赔的处理也应当及时。索赔处理不及时,对双方都会产生不利的影响,如承包人的索赔长期得不到合理解决,索赔积累的结果会导致其资金困难,同时会影响工程进度,给双方都带来不利影响。

(3)加强主动控制,减少工程索赔。对于工程索赔应当加强主动控制,尽可能减少索赔。这就要求在工程管理过程中,应当尽可能将工作做在前面,减少索赔事件的发生。

2. 索赔的计算

(1)可索赔的费用。费用内容一般可以包括以下几个方面。

①人工费。包括增加工作内容的人工费、停工损失费和工作效率降低的损失费等累计,其中增加工作内容的人工费应根据计日工费计算,而停工损失费和工作效率降低的损失费按窝工费计算,窝工费的标准双方应在合同中约定。

②设备费。可采用机械台班费、机械折旧费、设备租赁费等几种形式。当工作内容增加引起设备费索赔时,设备费的标准根据机械台班费计算。因窝工引起的设备费索赔,当施工机械属于施工企业自有时,根据机械折旧费计算索赔费用;当施工机械是施工企业从外部租赁时,索赔费用的标准根据设备租赁费计算。

③材料费。

④保函手续费。在工程延期时,保函手续费相应增加;反之,取消部分工程且发包人与承包人达成提前竣工协议时,承包人的保函金额相应折减,则计入合同价内的保函手续费也应扣减。

⑤迟延付款利息。发包人未按约定时间进行付款的,应按照银行同期贷款利率支付迟延付款的利息。

⑥保险费。

⑦管理费。此项又可分为现场管理费和公司管理费两部分,由于二者的计算方法不一样,因此在审核过程中应区别对待。

⑧利润。在不同的索赔事件中可以索赔的费用是不同的。

(2)费用索赔的计算。费用索赔的计算方法有实际费用法、修正总费用法等。

①实际费用法。该方法是根据各索赔事件所引起损失的费用项目分别分析计算索赔

值,然后将各费用项目的索赔值汇总,即可得到总索赔费用值。

②修正的总费用法。这种方法是对总费用法的改进,即在总费用计算的原则上,去掉一些不确定的可能因素,对总费用法进行相应修改及调整,使其更加合理。

(3)工期索赔中应当注意的问题。

①划清施工进度拖延的责任。因承包人的原因造成施工进度滞后,属于不可原谅的延期;只有承包人不应承担任何责任的延误,才是可原谅的延期。只有可原谅延期部分才能够批准顺延合同工期。

②被延误的工作应是处于施工进度计划关键线路上的施工内容。只有位于关键线路上工作内容的滞后,才会影响到竣工日期。

(4)工期索赔的计算。工期索赔的计算主要有网络图分析和比例计算法两种。

①网络图分析法,是利用进度计划的网络图,分析其关键线路。若延误的工作为关键工作,则总延误的时间为批准顺延的工期;若延误的工作为非关键工作,当该工作由于延误超过时差限制而成为关键工作时,可以批准延误时间与时差的差值;如果该工作延误后仍为非关键工作,则不存在工期索赔问题。

②比例计算法主要应用于工程量有增加时工期索赔的计算,其计算式为

$$工期索赔值 = \frac{额外增加的工程量价格}{原合同总价} \times 原合同总工期 \qquad (3.1)$$

3. 共同延误的处理

在实际施工过程中,工期拖期很少是只由一方造成的,往往是两三种原因同时发生而形成的,因此称为"共同延误"。此时应依据以下原则处理。

(1)首先判断造成拖期的哪一种原因是最先发生的,即确定"初始延误"者,它应对工程拖期负责。在初始延误发生作用期间,其他并发的延误者不承担拖期责任。

(2)若初始延误者是发包人原因,则在发包人原因造成的延误期内,承包人既可得到工期延长,又可得到经济补偿。

(3)若初始延误者是客观原因,则在客观因素发生影响的延误期内,承包人可以得到工期延长,但很难得到费用补偿。

(4)若初始延误者是承包人原因,则在承包人原因造成的延误期内,承包人既不能得到工期补偿,也不能得到费用补偿。

【例3.1】某电力工程项目施工合同约定,施工现场主导施工机械一台,由施工企业租得,台班单价为300元/台班,租赁费为100元/台班,人工工资为35元/工日,窝工补贴为10元/工日,以人工费为基数的综合费率为35%,在施工过程中,发生了如下事件:①出现异常恶劣天气导致工程停工2 d,人员窝工30个工日;②因恶劣天气导致场外道路中断,抢修道路用工20工日;③场外大面积停电,停工2 d,人员窝工10工日。问施工企业可向业主索赔多少费用?

【解】各事件处理结果如下:

(1)异常恶劣天气导致的停工一般不能进行费用索赔。

(2)抢修道路用工的索赔额 = $20 \times 35 \times (1 + 35\%) = 945$(元)。

(3)停电导致的索赔额 = $2 \times 100 + 10 \times 10 = 300$(元)。

由此可知:总索赔费用 = $945 + 300 = 1\ 245$(元)。

3.3.4 电力工程项目反索赔

1. 反索赔工作的内容

承包人对发包人、分包人、供应商之间的反索赔管理工作应包括以下内容：

（1）对收到的索赔报告进行审查分析，收集反驳理由及证据，复核索赔值，并提出反索赔报告。

（2）通过合同管理，防止反索赔事件的发生。

2. 反索赔的工作步骤

（1）合同总体分析。反索赔同样是以合同作为法律依据，作为反驳的理由和按照。合同分析的目的是分析、评价对方索赔要求的理由和依据。在合同中找出对对方不利，对己方有利的合同条文，以构成对对方索赔要求否定的理由。合同总体分析的重点包括：与对方索赔报告中提出的问题有关的合同条款，一般包括：

①合同的法律基础。

②合同的组成及合同变更情况。

③合同规定的工程范围和承包商责任。

④工程变更的补偿条件、范围和方法。

⑤合同价格，工期的调整条件、范围和方法，以及对方应承担的风险。

⑥违约责任。

⑦争执的解决方法等。

（2）事态调查与分析。反索赔仍然基于事实的基础之上，以事实为依据。这个事实必须有己方对合同的实施过程跟踪及监督结果，即各种实际工程资料作为证据，用以对照索赔报告所描述的事情经过及所附证据。通过调查可确定干扰事件的起因、事件经过、持续时间、影响范围等详细情况。

在此应收集整理所有与反索赔相关的工程资料。

（3）对索赔报告进行全面分析与评价。分析评价索赔报告，可通过索赔分析评价表进行。其中，分别列出对方索赔报告中的干扰事件、索赔理由、索赔要求，提出乙方的反驳理由、证据、处理意见或对策等。

（4）起草并向对方递交反索赔报告。反索赔报告也是正规的法律文件。在调解或仲裁中，对方的索赔报告和己方的反索赔报告应一同递交调解人或仲裁人。反索赔报告的基本要求与索赔报告相似。一般反索赔报告的主要内容包括：

①合同总体分析简述。

②合同实施情况简述和评价。这里重点针对对方索赔报告中的问题及干扰事件，叙述事实情况，应包括前述三种状态的分析结果，对双方合同责任完成情况和工程施工情况作评价。目标是推卸自己对对方索赔报告中提出的干扰事件的合同责任。

③反驳对方索赔要求。按照具体的干扰事件，逐条反驳对方的索赔要求，详细叙述自己的反索赔理由和证据，全部或部分地否定对方的索赔要求。

④提出索赔。对经合同分析和三种状态分析得出的对方违约责任，提出己方的索赔要求。对此，有不同的处理方法。一般可以在反索赔报告中提出索赔，也可另外出具己方的索赔报告。

⑤总结。对反索赔作全面总结。

3. 反驳索赔报告

对于索赔报告的反驳，一般可从以下几个方面着手：

(1)索赔事件的真实性。对于对方提出的索赔事件，应从两方面核实其真实性：

①对方的证据。如果对方提出的证据不充分，可要求其补充证据，或否定这一索赔事件。

②己方的记录。如果索赔报告中的论述与己方关于工程记录不符，可向其提出质疑，或否定索赔报告。

(2)索赔事件责任分析。认真分析索赔事件的起因，澄清责任。下列五种情况可构成对索赔报告的反驳：

①索赔事件发生以后，对方未采取积极有效的措施以降低损失。

②此事件应视作合同风险，且合同中未规定此风险由己方承担。

③此事件责任在第三方，不应由己方负责赔偿。

④双方均有责任，应按责任大小分摊损失。

⑤索赔事件是由索赔方责任造成的，如管理不善，疏忽大意，未正确理解合同文件内容等。

(3)索赔依据分析。对于合同内索赔，可以指出对方所引用的条款不适用于此索赔事件，或是找出可为己方开脱责任的条款，以驳倒对方的索赔依据。对于合同外索赔，可指出对方索赔依据不足，或者错解了合同文件的原意，或者按合同条件的某些内容，不应由己方负责此类事件的赔偿。

此外，可根据相关法律法规，利用其中对自己有利的条文，来反驳对方的索赔。

(4)索赔事件的影响分析。分析索赔事件对工期和费用是否产生影响及其影响的程度，这直接决定着索赔值的计算。对于工期的影响，可分析网络计划图，通过每一工作的时差分析来确定是否存在工期索赔。通过分析施工状态，可得出索赔事件对费用的影响。例如业主未按时交付图纸，造成工程拖期，而承包商并未按合同规定的时间安排人员和机械，因此工期应予顺延，但不存在相应的各种闲置费。

(5)索赔证据分析。索赔证据不足、不当或片面，均可导致索赔不成立。如索赔事件的证据不足，对索赔事件的成立可提出质疑。对索赔事件产生的影响证据不足，则不能计入相应部分的索赔值。仅出示对自己有利的片面证据，将构成对索赔的全部或部分的否定。

(6)索赔值审核。索赔值的审核工作量大，涉及的资料和证据多，需要花费的时间和精力多。审核的重点在于：

①数据的准确性。对索赔报告中的各种计算基础数据均须核对，如工程量增加的实际量方、人员出勤情况、机械台班使用量、各种价格指数等。

②计算方法的合理性。不同的计算方法得出的结果也会有所不同。应尽量选择最科学、最精确的计算方法。对某些重大索赔事件的计算，其方法往往需双方协商确定。

③是否有重复计算。索赔的重复计算可能存在于单项索赔与一揽子索赔之间，相关的索赔报告之间，以及各费用项目的计算中。索赔的重复计算包括工期和费用两方面，应认真进行比较核对，剔除重复索赔。

3.4 电力工程项目采购管理

3.4.1 电力工程项目采购计划

3.4.1.1 电力工程项目采购计划的内容

产品的采购应按照计划内容实施,在品种、规格、数量、交货时间、地点等方面应与项目计划相一致,以满足项目需要。电力工程项目采购计划应包括下列内容:

(1)项目采购工作范围、内容及管理要求。

(2)项目采购信息,包括产品或服务的数量、技术标准和质量要求。

(3)检验方式和标准。

(4)供应方资质审查要求。

(5)项目采购控制目标及措施。

3.4.1.2 电力工程项目采购计划细分程序

在编制项目采购计划前,首先要作自制或外购分析,决定是否要采购。在自制或外购分析中,主要对工程项目采购可能发生的直接成本、间接成本、自行制造能力、采购评标能力等进行分析比较,并决定是否从单一的供应商或从多个供应商采购所需的全部或部分物料,或者不从外部采购而自行制造。

在自制或外购分析确定所采用的合同类型后,工程项目采购部门就可以着手编制采购计划了。采购计划编制主要包括两部分内容:即采购认证计划的制订和采购订单计划的制订。具体又可以分为八个环节,即准备认证计划、评估认证需求、计算认证容量、制订认证计划、准备订单计划、评估订单需求、计算订单容量、制订订单计划,如图3.2所示。

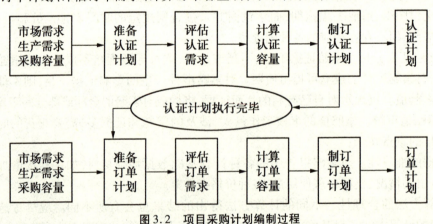

图 3.2 项目采购计划编制过程

1. 准备认证计划

准备认证计划是编制工程项目采购计划的第一步,也是非常重要的一步。准备认证计划可以从以下四个方面进行详细阐述:

(1)接收开发批量需求。开发批量需求是能够启动整个供应程序流动的牵引项,要想制订比较准确的认证计划,首先要做的就是熟悉开发需求计划。目前开发批量物料需求一般包括两种情形：

①在以前或者是目前的采购环境中就能够发掘到的物料供应，例如从前接触的供应商供应范围比较大，我们就可以从这些供应商的供应范围中找到企业需要的批量物料需求。

②企业需要采购的是新物料，在原来形成的采购环境中不能提供，需要建筑企业的工程项目采购部门寻找新物料的供应商。

(2) 接收余量需求。工程项目采购人员在进行采购操作时，可能会遇到以下两种情况：

①随着企业规模的扩大，市场需求也会变得越来越大，现有的采购环境容量不足以支持企业的物料需求。

②由于采购环境呈下降趋势，使物料的采购环境容量逐渐缩小，无法满足采购的需求。

在这两种情况下，就会产生余量需求，要求对采购环境进行扩容。采购环境容量的信息通常由认证人员和订单人员提供。

(3) 准备认证环境资料。一般采购环境的内容包括认证环境和订单环境两个部分。认证容量和订单容量是两个完全不同的概念，有些供应商的认证容量比较大，但是其订单容量较小，有些供应商的情况则恰恰相反。其原因在于认证过程本身是对供应商样件的小批量试制过程，需要强有力的技术力量支持，有时甚至需要与供应商一起开发；而订单过程是供应商的规模化的生产过程。订单容量的技术支持难度比起认证容量的技术支持难度要小得多。因此企业对认证环境进行分析时一定要分清认证环境和订单环境。

(4) 制订认证计划说明书。制订认证计划说明书也就是把认证计划所需要的材料准备好，主要内容包括认证计划说明书，例如物料项目名称、需求数量、认证周期等，同时附有开发需求计划、余量需求计划、认证环境资料等。

2. 评估认证需求

评估认证需求主要包括：分析开发批量需求、分析余量需求、确定认证需求三方面的内容。

(1) 分析开发批量需求。要做好开发批量需求分析不仅要分析量的需求，还要掌握物料的技术特征等信息。开发批量需求的样式是各种各样：

①按照需求的环节可分为研发物料开发认证需求和生产批量物料认证需求。

②按照采购环境可分为环境内物料需求和环境外物料需求。

③按照供应情况可分为直接供应物料和需要定做物料。

④按照国界可分为国内供应物料和国外供应物料等。

对于如此复杂的情况，编制工程项目采购计划人员必须对开发物料需求作详细的分析，必要时还应与开发人员、认证人员一起研究开发物料的技术特征，根据已有的采购环境及认证计划经验进行分析。

(2) 分析余量需求。分析余量需求首先要求对余量需求进行分类。余量认证的产生来源包括两种：一种是市场销售需求的扩大，另一种是采购环境订单容量的萎缩。这两种情况都导致了目前采购环境的订单容量难以满足建设单位的需求的现象，因此需要增加采购环境容量。对于因市场需求原因造成的，可通过市场及生产需求计划得到建筑物料的需求量及时间；对于因供应商萎缩造成的，可以通过分析现实采购环境的总体订单容量与原定容量之间的差别得到。这两种情况的余量相加即可得到总的需求容量。

(3) 确定认证需求。认证需求是指通过认证手段，获得具有一定订单容量的采购环境，它可以按照开发批量需求及余量需求的分析结果进行确定。

3. 计算认证容量

计算认证容量主要包括：分析项目认证资料、计算总体认证容量、计算承接认证容量、确定剩余认证容量四个方面的内容。

(1) 分析项目认证资料。这是编制工程项目采购计划人员的一项重要事务，不同的认证项目及周期也是不同的。作为建筑行业的实体来说，需要认证的物料项目可能是上千种物料中的某几种，熟练分析几种物料的认证资料是可能的。但对于规模比较大的建筑企业，分析上千种甚至上万种物料其难度则要大得多。

(2) 计算总体认证容量。通常在认证供应商时，工程项目采购部门会要求供应商提供一定的资源用于支持认证操作，或者一些供应商只作认证项目。在供应商认证合同中，应说明认证容量与订单容量的比例，防止供应商只做批量订单，不愿意做样件认证。计算采购环境的总体认证容量的方法是将采购环境中的所有供应商的认证容量叠加即可。采购人员对有些供应商的认证容量需要加以适当系数。

(3) 计算承接认证容量。供应商的承接认证容量等于当前供应商正在履行认证的合同量。通常认为认证容量的计算是一个相当复杂的过程，各种各样的物料项目的认证周期是不同的，通常是计算要求的某一时间段的承接认证量。最恰当、最及时的处理方法是借助电子信息系统，模拟显示供应商已承接认证量，以便认证计划决策使用。

(4) 确定剩余认证容量。某一物料所有供应商群体的剩余认证容量的总和，称之为该物料的"认证容量"，可以用下面的公式简单地进行说明：

$$物料认证容量 = 物料供应商群体总体认证容量 - 承接认证量 \qquad (3.2)$$

需要工程项目采购人员注意的是，认证容量是一近似值，仅作为参考，认证计划人员对此不可过高估计，但它能指导认证过程的操作。

工程项目采购环境中的认证容量不仅是采购环境的指标，而且是企业不断创新、持续发展的动力源。源源不断的新产品问世是认证容量价值的体现。

4. 制订认证计划

采购计划的第四步是制订认证计划，主要包括：对比需求与容量、综合平衡、确定余量认证计划、制订认证计划四方面内容。

(1) 对比需求与容量。认证需求与供应商对应的认证容量之间通常都会存在差异，若认证需求小于认证容量，则没有必要进行综合平衡，直接根据认证需求制订认证计划。若认证需求量大大超出供应商容量，就要进行认证综合平衡，对于剩余认证需求要制订采购环境之外的认证计划。

(2) 综合平衡。综合平衡就是指从全局出发，综合考虑生产、认证容量、物料生命周期等要素，判断认证需求的可行性。工程项目采购通过调节认证计划来尽量地满足认证需求，并计算认证容量无法满足的剩余认证需求，这部分剩余认证需求需要到企业采购环境之外的社会供应群体之中寻找容量。

(3) 确定余量认证计划。确定余量认证计划是指对于采购环境无法满足的剩余认证需求，应当提交工程项目采购认证人员分析并提出对策，与之一起确认采购环境之外的供应商认证计划。采购环境之外的社会供应群体如未与企业签订合同，工程项目采购部门在制订认证计划时要特别小心，并由具有丰富经验的认证计划人员和认证人员联合操作。

(4)制订认证计划。制订认证计划是确定认证物料数量及开始认证时间,其确定方法可用如下计算公式表示:

认证物料数量 = 开发样件需求数量 + 检验测试需求数量 + 样品数量 + 机动数量 (3.3)

开始认证时间 = 要求认证结束时间 − 认证周期 − 缓冲时间 (3.4)

5. 准备订单计划

准备订单计划包括:接收市场需求、接收生产需求、准备订单环境资料、编制订单计划说明书四方面的内容。

(1)接收市场需求。市场需求是启动生产供应程序的流动牵引项,建设单位要想制订较为准确的订单计划,首先必须熟知市场需求计划,或者市场销售计划。随着市场需求的进一步分解可以得到生产需求计划。企业的年度销售计划通常在上一年的年末制订,并报送至各个相关部门,同时下发到工程项目采购部门,便于指导全年的供应链运转;按照年度计划制订季度、月度的市场销售需求计划。

(2)接收生产需求。生产需求对采购来说可以称为生产物料需求。生产物料需求的时间是按照生产计划而产生的,一般生产物料需求计划是订单计划的主要来源。为了利用生产物料需求,采购计划人员需要深入熟知生产计划以及工艺常识。在 MRP 系统之中,物料需求计划是主生产计划的细化,主要来源于主生产计划、独立需求的预测、物料清单文件、库存文件。

(3)准备订单环境资料。准备订单环境资料是准备订单计划中的一个非常重要的内容。订单环境的资料主要包括:

①订单物料的供应商消息。

②最小包装信息。

③订单周期。订单周期是指从下单到交货的时间间隔,一般是以天为单位的。订单环境一般使用信息系统管理,订单人员根据生产需求的物料项目,从信息系统中查询、了解物料的采购环境参数及描述。

④订单比例信息。对多家供应商的物料来说,每一个供应商分摊的下单比例称之为订单比例,该比例由工程项目采购认证人员提出并给予维护。

(4)编制定单计划说明书。主要内容包括订单计划说明书,如物料名称、需求数量、到货日期等,并附有市场需求计划、生产需求计划、订单环境资料等。

6. 评估订单需求

评估订单需求主要包括:分析市场需求、分析生产需求、确定订单需求三个方面内容。

(1)分析市场需求。项目采购人员必须仔细分析市场签订合同的数量、还未签订合同的数量(包括没有及时交货的合同)的一系列数据,同时研究其变化趋势,全面考虑要货计划的规范性和严谨性,还要参照相关的历史要货数据,找出问题所在。

(2)分析生产需求。要分析生产需求,首先要研究生产需求的产生过程,其次分析生产需求量和要货时间。

(3)确定订单需求。按照对市场需求和对生产需求的分析结果,采购部门可确定订单需求。一般来讲,订单需求的内容是指通过订单操作手段,在未来指定的时间内,将指定数量的合格物料采购入库。

7. 计算订单容量

计算订单容量主要包括：分析项目供应资料、计算总体订单容量、计算承接订单容量、确定剩余订单容量四个方面的内容。

(1) 分析项目供应资料。对于工程项目采购工作来说，在实际采购环境中，所要采购物料的供应商的信息是非常重要的一项信息资料。若没有供应商供应物料，无论是生产需求，还是紧急的市场需求，都会出现"巧妇难为无米之炊"的现象。可见有供应商的物料供应是满足生产需求和满足紧急市场需求的必要条件。

(2) 计算总体订单容量。总体订单容量是多方面内容的组合，通常包括：可供给的物料数量和可供给物料的交货时间两方面内容。

(3) 计算承接订单容量。承接订单容量是指某供应商在指定的时间内已经签下的订单量。但是承接订单容量的计算过程较为复杂，有时在各种物料容量之间进行借用，并且存在多个供应商的情况下，其计算比较稳定。

(4) 确定剩余订单容量。剩余订单容量是指某物料所有供应商群体的剩余订单容量的总和。

8. 制订订单计划

制订订单计划主要包括：对比需求与容量、综合平衡、确定余量认证计划、制订订单计划四个方面的内容。

(1) 对比需求与容量。对比需求与容量是制订订单计划的首要环节，只有比较出需求与容量的关系才能有的放矢地制订订单计划。若经过对比发现需求小于容量，即无论需求多大，容量总能满足需求，则企业要按照物料需求来制订订单计划。若供应商的容量小于企业的物料需求，则要求企业按照容量制订合适的物料需求计划，这样就产生了剩余物料需求，需要对剩余物料需求重新制订认证计划。

(2) 综合平衡。计划人员要综合考虑市场、生产、订单容量等要素，分析物料订单需求的可行性，在必要时，调整订单计划，计算容量无法满足的剩余订单需求。

(3) 确定余量认证计划。在对比需求与容量的时候，若容量小于需求就会产生剩余需求，对于剩余需求，要提交认证计划制订者处理，并确定能否根据物料需求规定的时间及数量交货。为了确保物料及时供应，此时可简化认证程序，并由具有丰富经验的认证计划人员进行操作。

(4) 制订订单计划。制订订单计划是采购计划的最后一个环节，订单计划作好之后就可按照计划进行采购工作了。一份订单包含的内容有下单数量和下单时间两个方面：

① 下单数量。下单数量 = 生产需求量 − 计划入库量 − 现有库存量 + 安全库存量

② 下单时间。下单时间 = 要求到货时间 − 认证周期 − 订单周期 − 缓冲时间

3.4.1.3 项目采购计划编制方法

由于市场的瞬息万变、采购过程的繁杂，采购部门要制订一份合理、完善，有效指导采购管理工作的采购计划并不容易。因此采购部门应对采购计划工作给予高度的重视。

1. 广开言路，群策群力

许多采购单位在制订采购计划时，常常仅由采购经理来制订，没有相关部门和基层采购人员的智慧支持，而且缺乏采购人员的普遍共识，导致采购计划因不够完善而影响采购运作

的顺利进行。在编制采购计划时,不应把采购计划作为一家的事情,而是应当广泛听取各部门的意见,吸收采纳其合理、正确的意见和建议。在计划草拟成文之后,还需要反复征询各方意见,以使采购计划真正切入企业的实际,适应市场变化的脉搏。

2. 认真分析企业自身实际情况

在作采购计划之前,必须要充分分析企业自身实际情况,如企业在行业中的地位、现有供应商的情况、生产能力等,尤其要把握企业长远发展计划和发展战略。企业发展战略反映着企业的发展方向和宏观目标,采购计划若没有贯彻、落实企业的发展战略,就可能导致采购管理与企业的发展战略不相协调甚至发生冲突,造成企业发展中的"南辕北辙"。而且脱离企业发展战略的采购计划,就如同无根浮萍,既缺乏根据,又可能使采购部门丧失方向感。因此,只有充分了解了企业自身的情况,制订出的采购计划才是切实可行的。

3. 进行市场调查与收集信息

在制订采购计划时,应对企业所面临的市场进行认真的调研,调研的内容应包括:经济发展形势、行业发展状况、与采购有关的政策法规、竞争对手的采购策略以及供应商的情况等。否则,制订的计划不管理论上多合理,也可能经不起市场的考验,要么过于保守造成市场机会的丧失和企业可利用资源的巨大浪费,要么过于激进导致计划不切实际,无法实现而成为一纸空文。

3.4.2 电力工程项目采购控制

3.4.2.1 电力工程项目采购方式

1. 公开招标

公开招标采购是指招标机关或其委托的代理机构(招标人)以招标公告的方式邀请不特定的供应商(投标人)参加投标的采购方式。公开招标是项目采购的主要采购方式。招标人不得将应以公开招标方式采购的工程、货物或服务化整为零或以其他任何方式规避公开招标采购。

2. 邀请招标

邀请招标采购是指招标人以投标邀请书的方式邀请规定人数以上的供应商参加投标的采购方式。一般情况下,邀请招标需要具备下述条件。

(1)具有特殊性,只能从有限范围的供应商处采购的。

(2)采用公开招标方式的费用占政府采购项目总价值的比例过大的。

3. 竞争性谈判

竞争性谈判采购是指采购机关直接邀请规定人数(政府采购法规定3人)以上的供应商就采购事宜进行谈判的采购方式。例如《中华人民共和国政府采购法》规定符合下列情形之一的货物或服务,可采用竞争性谈判方式进行采购。

(1)招标后没有供应商投标或者没有合格标的或者重新招标未能成立的。

(2)技术复杂或者性质特殊,无法确定详细规格或者具体要求的。

(3)采用招标方式所需时间无法满足用户紧急需要的。

(4)无法事先计算出价格总额的。

4. 其他采购方式

在世界银行贷款项目的采购中,除采用招标采购方式之外,还可按照项目需要采用其他非招标采购方式,一般采用的此类方式包括:国际或国内询价采购、直接采购、自营工程等。以下对这几种采购方式分别予以介绍。

(1)询价采购。询价采购也称之为"货比三家",是在比较几家国内外厂家(一般至少3家)报价的基础上进行的采购,这种方式只适用于采购现货或价值较小的标准规格设备,或者适用于小型、简单的土建工程。

询价采购不需正式的招标文件,只需向有关的运货厂家发出询价单,让其报价,然后在各家报价的基础上进行比较,最后确定并签订合同。

在贷款协定中,一般对国际或国内采购的范围,总金额及单项货物或服务的金额等,都作了明确的规定。国际或国内询价采购方式的确定是按照项目采购的内容、合同金额的大小,即询价采购的金额占贷款采购量的比例等因素而确定的。

在具体实施过程中,应根据贷款协定中写明的限额和有关规定执行,若有必要突破,要及时向世界银行通报情况,以争取修改协定和原写明的限额;若自行改变,世界银行将视为"采购失误"而不予支付。

国际或国内询价采购的有关资料是否送世界银行审查,要按照贷款协定的规定。

(2)直接采购,或称直接签订合同。不通过竞争而直接签订合同的方式,可以适用于下述情况。

①对于已根据世界银行同意的程序授标并签约,而且正在实施中的工程或货物合同,在需要增加类似的工程量或货物量的情况下,可通过这种方式延续合同。

②考虑与现有设备配套的设备或设备的标准化方面的一致性,可采用此方式向原来的供货厂家增购货物。在这种情况下,原合同货物应适应要求,增加购买的数量应少于现有货物的数量,价格应当合理。

③所需设备具有专营性,只能从一家厂商购买。

④负责工艺设计的承包人要求从指定的一家厂商购买关键的部件,以此作为确保达到设计性能或质量的条件。

⑤在一些特殊情况下,诸如抵御自然灾害,或需要早日交货,可以采用直接签订合同方式进行采购,避免由于延误而花费更多。此外,在采用了竞争性招标方式而未能找到一家承包人或供货商能够以合理价格来承担所需工程或提供货物的特殊情况下,也可采用直接签订合同方式来洽谈合同,但是要经世界银行同意。

(3)自营工程。这是土建工程中采用的一种采购方式。它是指项目业主不通过招标采购方式而直接使用自己国内、省(区)内的施工队伍来承建工程。自营工程用于以下情况:

①工程量的多少事先无法确定。

②工程的规模小而分散,或所处地点比较偏远,使承包商要承担过高的动员调遣费用。

3.4.2.2 电力工程项目采购计价

1. 电力工程项目采购单价计价

(1)单价计价适用条件。单价计价适用条件是:当准备发包的工程项目的内容一时无法确定,或设计深度不够(如初步设计)时,工程内容或工程量可能出入较大,则采用单价计价形式为宜。

(2)单价计价分类。

①单价与包干混合式计价类型。采用单价与包干混合式计价类型时,以单价计价类型为基础,但对其中某些不易计算工程量的分项工程(例如施工导流、小型设备购置与安装调

试)采用包干办法,而对能用某种单位计算工程量的条目,则采用单价方式。

②纯单价计价类型。当设计单位还来不及提供设计图纸,或在虽有设计图纸但因为某些原因不能比较准确地计算工程量时,宜采用纯单价计价类型。文件只向投标人给出各分项工程内的工作项目一览表、工程范围以及必要的说明,而不提供工程量,承包商只要给出表中各项目的单价即可,将来施工时按实际净工程量计算。

③估计工程量单价计价类型。在采用估计工程量单价计价类型时,业主在准备此类计价类型的文件时,委托咨询单位按分部分项工程列出工程量表及估算的工程量,承包商投标时在工程量表中填入各项的单价,据此计算出计价类型总价作为投标报价之用。

(3)价款支付。对于采用包干报价的项目,通常在计价类型条件中规定,在开工后数周内,由承包商向工程师递交一份包干项目的分析表,在分析表中将包干项目分解为如果干子项,列出每个子项的合理价格。该分析表经工程师批准后即可作为包干项目实施时支付价款的依据。对于单价报价项目,按月支付。

2. 电力工程项目采购总价计价

(1)总价计价分类。

①固定总价计价类型。采用固定总价计价类型时,承包商的报价以准确的设计图纸及计算为基础,并考虑一些费用的上升因素。若图纸及工程要求不变动,则总价固定;若施工中图纸或工程质量要求发生变化,或工期要求提前,则总价应作相应的调整。采用这种计价类型,承包商将承担全部风险,将为许多不可预见的因素付出代价,因此报价、较高。

这种计价类型适用于工期较短(通常不超过1年)、对工程项目要求十分明确的项目。

②固定工程量总价计价类型。采用固定工程量总价计价类型时,业主要求投标人在投标时分别填报分项工程单价,并按工程量清单提供的工程量计算出工程总价。原定工程项目全部完成后,按照计价类型总价付款给承包商。

若改变设计或增加新项目,则用计价类型中已确定的费率计算新增工程量那部分价款,并调整总价。此种方式适用于工程量变化不大的项目。

③管理费总价计价类型。业主雇用某一公司的管理专家对发包计价类型的工程项目进行施工管理和协调,由业主付给一笔总的管理费用。采用这种计价类型时要明确具体工作范畴。

(2)总价计价类型适用条件。采用总价计价类型时,要求投标人根据文件的要求报一个总价,据此完成文件中所规定的全部项目。对于业主而言,采用总价计价类型比较简便,评标时易于确定报价最低的承包商,业主按照计价类型规定的方式分阶段付款,在施工过程中可集中精力控制工程质量和进度。但在采用这种计价类型时,通常应满足以下三个条件:

①必须详细而全面地准备好设计图纸(通常要求施工详图)和各项说明,以便投标人能够准确地计算工程量。

②工程风险不大,技术不太复杂,工程量不太大,工期不太长,通常在2年之内。

③在计价类型条件允许的范围内,向承包商提供各种方便。

3. 电力工程项目采购成本补偿计价

(1)成本补偿计价分类。

①成本加固定费用计价类型。采用成本加固定费用计价类型时,按照双方讨论同意的估算成本,来考虑确定一笔固定数目的报酬金额作为管理费及利润。若工程变更或增加新项目,即直接费用超过原定估算成本的某一百分比时,固定的报酬费也要增加。在工程总成

本一开始估计不准,可能发生较大变化的情况下,可以采用此形式。

②成本加定比费用计价类型。采用成本加定比费用计价类型时,工程成本中的直接费加一定比例的报酬费,报酬部分的比例在签订计价类型时由双方进行确定。这种方式报酬费随成本加大而增加,不利于缩短工期和降低成本,因而较少采用。

③成本加奖金计价类型。采用成本加奖金计价类型时,奖金标准是按照报价书中成本概算指标制定的。计价类型中对这个概算指标规定了一个"底点"和一个"顶点"。承包商在概算指标的"顶点"之下完成工程则可以得到奖金,超过"顶点"则要对超出部分支付罚款。若成本控制在"底点"之下,则可加大酬金值或酬金百分比。这种方式一般规定,当实际成本超过"顶点"对承包商进行罚款时,最大罚款限额不超过原先议定的最高酬金值。

④工时及材料计价类型。在采用工时及材料计价类型时,人工按综合的时费率进行支付,时费率包括:基本工资、纳税、保险、工具、监督管理、现场及办公室各项开支以及利润等;材料则以实际支付材料费为准支付费用。这种形式通常用于聘请专家或管理代理人等。

⑤成本加确保最大酬金计价类型。采用成本加确保最大酬金计价类型(即成本加固定奖金计价类型)时,双方协商一个确保最大酬金,业主偿付给承包商实际支出的直接成本,但最大限度不得超过成本加确保最大酬金。这种形式适用于设计已达到一定深度、工作范围已明确的工程。

(2)成本补偿计价类型适用条件。成本补偿计价类型也称成本加酬金计价类型,即业主向承包商支付实际工程成本中的直接费,按照事先协议好的某一种方式支付管理费以及利润的一种方式。

成本补偿计价类型的适用条件是:对工程内容及其技术经济指标尚未完全确定而又急于上马的工程,或是完成崭新的工程,以及施工风险很大的工程可采用这种方式。其缺点是发包单位对工程总造价不易控制,而承包商在施工过程中也不注意精打细算。

3.4.2.3 电力工程项目采购认证

1. 工程项目采购认证准备

认证准备是整个采购认证工作的起点,是在与供应商接触之前必须做好的工作。这也是经验丰富的认证人员一般采用的工作方法。在本书中物料认证和项目认证属于同一采购名词,可相互交换使用。其认证准备流程如图3.3所示。认证准备工作主要包括以下四个方面的注意事项:熟悉物料项目、价格预算、了解项目的需求量和认证说明。

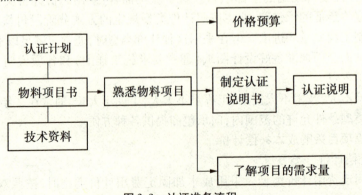

图3.3 认证准备流程

(1)熟悉物料项目。作为工程项目采购认证人员在与供应商接触之前就应该先熟悉认证项目,包括:物料项目所在的专业知识范围、认证难度的经验需求以及目前国内外的供应状况等。项目认证的难度会因项目的不同产生很大的差别,从简单的一颗螺母到异常复杂的巨型设备均为需要我们进行认证的物料。难度不同则项目认证工作所需的准备工作也具有很大差别。此外,了解物料的供应情况也是非常重要的,因为有些物料在国内或者就近就可以找到货源,而有些物料则需要到境外去采购。

(2)价格预算。采购认证人员要对所采购物料的项目成本价格进行市场调查和行业比较,以便得出合理的成本价。采购成本是指企业经营中因采购物料而发生的费用,包括:物料成本、采购管理成本、存储成本三个部分。

(3)了解项目的需求量。项目的需求量是采购认证工作必须弄清楚的参数之一,这样可以以此作为参考来选择哪种容量的供应商。一般项目的需求量是比较容易得到的,认证人员可以从计划部门所提供的认证计划中得到项目需求量的预测值。

(4)认证说明。认证计划说明书的主要内容包括:项目名称、价格预算、需求预测、关键质量条款、售后服务要求、项目难度等,并附有图纸、技术规范、检验标准等。

2. 样件试制认证

样件试制认证的主要内容包括:签订试制合同、向供应商提供认证项目试制资料、供应商准备样件、认证人员对过程进行协调监控、供应商提供样件、样件评估、确定物料项目样件供应商等几个步骤。

(1)签订试制合同。工程项目采购人员与供应商签订试制合同,目的是为了让供应商在规定的时间内提供符合要求的样件。签订试制合同时应包括保密内容,即供应商应该无条件遵守企业的保密规定。试制认证的目的是验证系统设计方案的可行性。

(2)向供应商提供认证项目试制资料。在签订试制合同后,工程项目采购部门会向供应商提供更为详尽的资料。在此期间内所提供的资料可能会包括企业的一些机密材料,其内容的泄漏有可能会给企业带来不可估量的损失。因此,前一过程中保密条款的规定是非常重要的。

(3)供应商准备样件。供应商获得试制资料以后就开始着手进行样件的准备工作。对于那些要求较高或根本就是全新产品的样件的准备往往需要几个月甚至一年的时间。而对于那些只稍作改动的产品,其样件的准备则需要的时间较少。例如,电子件、机械件的准备周期相对较短,组合设备的准备周期相对较长。

(4)对过程进行协调监控。认证人员对过程进行协调监控,这一要求一般是对于那些准备周期较长的认证项目来说的。对于这些认证周期比较长的认证项目,认证人员应该对其过程进行监控、协调,便于在遇到突发事件时能够及时提出解决对策。

(5)供应商提供样件。供应商把样件制造出来之后,应将样件交送给认证部门进行认证。体积比较小的样件随身携带即可,体积巨大的样件则需借助其他方式带给认证人员或是由认证人员前往供应方进行查看。

(6)样件评估。样件评估工作由工程项目采购认证人员组织,一般包括设计人员、工艺人员、质管人员、订单人员、认证人员、计划人员等。具体的工作内容是对样件进行综合评估。样件的评估内容包括性能、质量、外观等。认证人员进行评估时也应该协调相关部门一同制定认证项目的评估标准。

(7)确定物料项目样件供应商。经过以上七项工作,便可由工程项目采购部门集体决策,确定样件供应商,并报上级主管批准。对于那些技术要求简单,能够轻易完成样件的产品来说,为了确保供应商之间的竞争,一般要选择三家以上的样件供应商。对于那些复杂的采购项目,由于样件试制成本较高,因此一般只选择一家供应商。

3. 中试认证

中试认证的内容通常包括以下七个方面:签订中试认证合同、向供应商提供认证项目中试资料、供应商准备小批件、认证人员对过程进行协调监控、供应商提供小批件、中试评估、确定物料项目中试供应商。

(1) 签订中试认证合同。中试认证的目的就是使得系统设计方案具有批量生产的可能性,同时寻求成本与质量的折中方案。样件试制过程结束之后,工程项目采购部门需要与样件供应商签订中试合同,使样件供应商在规定的时期内提供符合中试要求的小批件。

(2) 向供应商提供认证项目的中试资料。与供应商签订中试合同以后就需要向其提供项目中试资料。项目中试资料是经过试制期间以后修改了的试制项目技术资料,例如经过修改的机械图纸、电子器件参数、软件方案等。

(3) 供应商准备小批件。小批件的生产周期要比样件周期短。因供应商经过试制过程之后,在技术、生产工艺、设备、原材料等方面都有一些积累和经验,生产起来比较得心应手,周期也就会大大缩短。

(4) 对过程进行协调监控。在中试过程中,认证人员对过程仍需要进行跟踪和协调监控。工程项目采购认证人员可以和供应商一起研究提高质量并且降低成本的方法,使批量生产具有可能性并最大限度地带来收益。有时技术人员也需加入到跟踪协调的队伍中来。

(5) 供应商提供小批件。供应商将准备好的小批件送交到工程项目采购认证部门。有时小批件需要送到生产组装现场,有时则需认证人员上门验证。

(6) 中试评估。由认证人员组织,对小批件进行综合评估。小批件的评估内容包括质量、成本供应情况等。我们在前面也提到过,认证人员在进行中试评估时还应协调其他部门共同制定认证项目的中试评估标准。

(7) 确定中试供应商。中试认证的最后一步是确定供应商。中试认证的要求要比样件试制认证要高,所以通过中试认证确定的供应商成为最后赢家的可能性比较大。

4. 批量认证

工程项目批量认证的内容主要包括以下五个方面:签订批量合同、供应商准备批量件、认证人员对过程进行协调监控、供应商提供批量件、批量评估、确定项目批量供应商。

(1) 签订批量合同。与选定的中试供应商签订批量合同,使中试供应商能在规定的时间内提供符合批量认证要求的批量件。批量认证的目的是使系统设计方案具有大规模生产的可能性,同时寻求产品质量稳定性及可靠性的解决方案。

(2) 供应商准备批量件。准备批量件需要一定的时间,供应商要想生产批量件就要提高自动化水平,配备相应的批量生产机械,例如机械行业中的冲床、专业机械,电子行业的自动化设备,软件行业的大型拷贝机等。有些产品批量生产的技术要求很高,需要进行大量的技术攻关和试验方能成功。企业在开始这种项目的生产时,要做好充分的风险评估,有必要的心理准备。

(3) 对过程进行协调监控。认证人员对过程进行协调监控。批量过程必须进行跟踪,认证员和订单人员应当随时跟踪生产中可能出现的异常情况。

(4)供应商提供批量件。供应商将准备好的批量件送交到工程项目采购部门,有时批量件也需要运送到建筑工地。

(5)批量评估。由认证人员组织、协调其他相关部门的人员对批量件进行综合评估,并制定出批量评估标准。具体评估内容包括:质量、成本、供应、售后服务稳定性。

5. 认证供应评估

在工程项目实际采购过程中,供应商能否严格根据供货合同进行供货,以及绩效如何,是否要调整等问题在认证过程无法得知,只有在实际的供货过程中定期对物料的供应状况进行评估才能得出适当的结论。定期评估的目的就是为了建立优化的采购环境。

定期评估包括五个步骤:制订供应评估计划、部门绩效评估、采购角色绩效评估、供应商绩效评估、建立和调整采购环境,如图3.4所示。

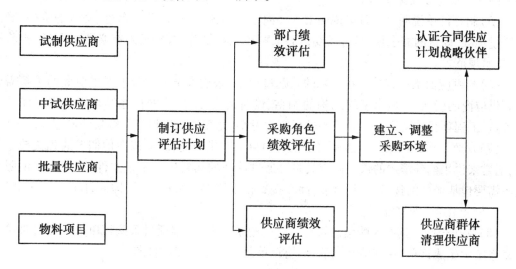

图3.4 工程项目采购认证供应评估过程

3.4.2.4 电力工程项目采购订单

1. 实施项目采购订单计划

发出采购订单是为了实施订单计划,从采购环境中购买物料项目,为生产市场输送合格的原材料和配件,同时对供应商群体绩效表现进行评价和反馈。订单的主要环节包括:订单准备、选择供应商、签订合同、合同执行跟踪、物料检验、物料接收、付款操作、供应评估。

2. 项目采购订单操作规范

电力工程项目采购订单的具体操作规范如下:

(1)确认项目质量需求标准。订单人员日常与供应商的接触一般大大多于认证人员,当供应商实力发生变化,决定前一订单的质量标准是否需要调整时,订单操作作为认证环节的一个监督部门应发挥应有的作用,即实行工程项目采购质量需求标准确认。

(2)确认项目的需求量。订单计划的需求量应等于或小于采购环境的订单容量。若大于则提醒认证人员扩展采购环境容量;此外,对计划人员的错误操作,订单人员应及时提出自己的整改意见,以确保订单计划的需求量与采购环境订单容量相匹配。

(3)价格确认。工程项目采购人员在提出"查订单"及"估价单"时,为了决定价格,应汇总出"决定价格的资料"。同时,为了了解订购经过,采购人员也应制作单行簿。在决定价格之后，应填列订购单、订购单兼收据、人货单、验收单及接受检查单、货单等。这些单据应记载事项包括：交货期限、订购号码、交易对象号码（用电脑处理的号码）、交易对象名称、数量、单位、单价、合计金额、资材号码（资材的区分号码）、品名、图面及设计书号码、交货日期、发行日期、需要来源（要写采购部门的名称）、制造号码、交货地点、摘要（图面、设计书简要的补充说明）。

此外，在交货日期的右栏，应填入交货记录，并保管订购单，以及将订购单交给订购对象。

（4）查询采购环境信息。订单人员在完成订单准备之后，要查询采购环境信息系统，以寻找适应本次工程项目采购的供应商群体。认证环节结束之后会形成公司物料项目的采购环境，其中，对小规模的采购，采购环境可记录在认证报告文档上；对于大规模的采购，采购环境则使用信息系统来管理。

（5）制订订单说明书。订单说明书主要内容包括说明书，即项目名称、确认的价格、确认的质量标准、确认的需求量、是否需要扩展采购环境容量等方面，另附有必要的图纸、检验标准、技术规范等。

（6）与供应商确认订单。在实际的采购过程中，采购人员从主观上对供应商的了解需要得到供应商的确认，供应商组织结构的调整、设备的变化、厂房的扩建等均影响供应商的订单容量；工程项目采购人员有时需要进行实地考察，尤其注意谎报订单容量的供应商。

（7）发放订单说明书。既然确定了工程项目采购供应商，就应该向他们发放相关技术资料，通常来说采购环境中的供应商应具备已通过认证的物料生产工艺文件，那么订单说明书就不需要包括额外的技术资料。供应商在接到技术资料并分析之后，即向订单人员作出"接单"还是"不接单"的答复。

（8）制作合同。拥有采购信息管理系统的建筑企业，工程项目采购订单人员便可直接在信息系统中生成订单，在其他情况下，需要订单制作者自行编排打印。

3.4.2.5 电力工程项目采购进货控制

1.项目采购实物与信息流程控制

采购进货是项目采购活动中一个重要的环节，是最后实际实现采购成果，完成采购任务的关键阶段，也是大量物资从供应商转移到购买方手中的环节，能不能够实现物资的安全转移就全靠采购进货管理这个环节了。

项目采购控制要处理包括商品实际入库、按照入库商品内容做库存管理、按照需求商品向供应商下订单等一系列作业。具体而言，其工作内容包括：入库作业处理、库存控制、采购管理系统、应付账款系统及信息流程等。在整个作业过程中，实物与信息是同步控制的。所谓实物就是建筑企业所采购的原材料或设备等，信息就是有关账款和动态的库存数据等。若实物和信息两者不同步控制，就会有浪费、暗箱操作、数量与需求不符合等问题发生。可以说，工程项目采购内部控制的关键是信息控制。

完善的项目采购控制系统要能为采购人员提供快速而准确的信息，以使采购人员能向供应商适时、适量地开立采购单，使商品能在出货前准时入库，并且杜绝库存不足或积压过多等情况的发生。采购控制系统包括四个子系统：采购预警系统、供应商管理系统、采购单据打印系统、采购稽催系统。

当库存控制系统建立采购时间文件后，仓管人员应检索供应商报价数据、以往交货记录、交货质量等信息作为采购参考。系统所提供的报表一般可以是商品供应商报价分析报表、供应商交货报表等。

按照上述报表，仓管人员可按工程项目采购需求向供应商下达采购单。此时，仓管人员需要输入商品数据、供应商名称、采购数量、商品等级等数据，并由系统自动获取日期来建立采购数据库。系统可以打印出采购单以供配送中心对外采购时使用。在配送中心与供应商通过电子订货系统采购商品时，系统还需具备计算机网络数据接收、转换与传送功能。

项目采购单发出后，仓管人员可用采购稽催系统打印预定入库报表及已购未入库商品报表，执行商品入库稽催或商品入库日期核准等作业。系统不需要再输入特殊数据，只需要选择欲打印报表的名称，而后由系统按照当日日期与采购数据库进行比较，打印未入库数据。采购系统最好具备材料结构数据，在组合产品采购时可据此计算各商品需求量。采购单可由单笔或多笔商品组成，且允许有不同进货日期。

项目采购物品抵达之后，接着就是入库作业。入库作业处理系统包括预定入库数据处理和实际入库作业。预定入库数据处理为入库月台调度及为机器设备资源调配提供参考。其数据信息主要来自：采购单上的预定入库日期、入库商品、入库数量，供应商预先通告的进货日期、商品及入库数量。实际入库作业则发生在厂商交货之时，输入数据包括：采购单号、商品名称、厂商名称、商品数量等。可以输入采购单号来查询商品名称、内容及数量是否符合采购内容并用以确定入库月台，然后由仓管人员指定卸货地点及摆放方式。仓管人员检验后将修正入库数据输入，包括修正采购单并转入库存入库数据库。退货入库的商品也须检验，只有可用品方可入库。

商品入库后有两种处理方式：立即出库或上架出库。在立即出库的情况下，系统需具备待出库数据查询并连接派车计划及出货配送系统。当入库数据输入后即访问订单数据库，取出该商品待出货数据，将此数据转入出货配送数据库，并修正库存可调用量。若采用上架入库再出库的方式，入库系统需具备货位措定功能或货位管理功能。货位指定功能是指当入库数据输入时即启动货位指定系统，由货位数据库、产品明细数据库来计算入库商品所需货位大小，按照商品特性及货位储存现状来指定最佳货位。货位管理系统则主要完成商品货位登记、商品跟踪并提供现行使用货位报表、空货位报表等作为货位分配的参考。也可以不使用货位批示系统，由人工先行将商品入库，然后将储存位置登入货位数据库，以便商品出库及商品跟踪。货位跟踪可按照编码或入库指示单、商品货位报表、可用货位报表、各时间段入库一览表、入库统计数据等信息进行。货位指定系统还需具备人工操作的功能，以方便仓管人员调整货位，还能按照多个特性查询入库数据。

商品入库之后，采购数据即由采购数据库转入应付账款数据库。会计管理人员为供应商开立发票时即可使用此系统，按供应商做应付款数据登录，并更改应付账款文件内容。高层主管人员可由此系统制作应付账款一览表、应付账款已付款统计报表等。商品入库后系统可用随即过账的功能，使商品随入库变化而过入总账。

2. 项目采购进货过程与管理

（1）进货过程。项目采购进货过程，是将同供应商订货成交的货物从供应商手中安全转移到自己需求地的过程。它主要表现在三个方面。一是物流过程，是大量物资实体转移的过程，中间要经过包装、装卸、搬运、运输、储存、流通加工等各种物流活动，从供应地转移到需求地。每一种物流活动，若不认真操作，都会造成物资的损坏、丢失或错乱。若物流方式的选择、物流路径的选择不合理,就会造成费用的升高。二是大量物资资金的转移过程,所有这些物资,都是货币的载体,占用着流动资金,这些流动资金占用,在银行要付银行利息。进货时间延长一天,就要多付一天银行利息。三是大量物资的所有权的实质性的转移过程。这个过程中,所发生的物资交接,是物资所有权的实质性转移。最后的交接完成以后,所接受的物资的所有权就完全归属给工程项目采购部门。若在交接时,工程项目采购部门不认真验收,会造成数量欠缺、质量不好、物资破损,最终变成建筑企业的损失。

项目采购进货过程十分复杂,特别是长途进货就更加复杂,具体表现在以下三方面:

①它要直接面对整个进货过程中的复杂的物流基础条件。公路、铁路、水路、航空、桥梁、车站、码头、装卸条件、包装器具、仓库、火车、汽车、轮船等,这些物流基础设施的好坏,对物资的安全进货、准时进货将有重要的影响。哪一个环节出一点儿事故,都会影响进货安全、延误进货时间。

②工程项目采购要直接面对整个复杂的自然环境。进货过程中的气候、地质条件、地理条件、灾害、突发事件等,都能影响进货过程,造成物资损失、耽误进货时间、加大进货风险。

③要直接面对复杂的现实社会环境和人类世界。社会的政治经济条件、政策约束、规章制度、社会秩序、管理水平、风俗习惯、公安、税务、市场管理等,都直接影响进货过程,社会中的各类人员的素质、品德、工作作风、犯罪团伙、不正之风、腐败行为等也会直接影响进货过程。

因此,整个项目采购进货过程十分复杂。要在这么复杂的情况下,把进货过程管理好,确保安全到货、按时到货,任务十分艰巨。

(2)进货管理。进货管理大致可以分成以下几个步骤:

①计划和策划。计划和策划是进货管理最重要、也是最为主要的工作。这个工作应当在制订工程项目采购计划的时候就进行。在出发采购前,就应当在充分调查了解供应商的基础上,制订采购计划,选定供应商时就要策划好进货的方案,制订出进货计划。进货计划最主要的内容为以下四点。

a. 选择进货方式。进货方式主要包括四种方式:

· 供应商包送。供应商包送是指供应商负责将货物送到买方。对工程项目采购部门来说,这是一种最为省事的方式。这就是将运输进货的所有事务都推给了供应商,由供应商承担运输费用、货损货差和运输风险。买方坐在家里,只等供应商送货上门,省去了所有进货的繁琐业务,不承担任何运输风险,免去了途中货损货差的损失,且只需在家门口与供应商进行一次交接、进行一次验收工作就可以全部完成这次采购任务。

· 托运。托运是指委托运输,即由供应商委托一家运输商负责运输,将货物送到工程项目采购部门手中。这种方式工程项目采购部门也比较省事,只在家里等待运输商送货上门。这个运输商一般是铁路部门,或者是汽车运输公司,此时工程项目采购部门需要和运输商进行一次交接。不过这种方式比第一种方式麻烦,当运输商的货物出现差错或出现货损货差时,就需要取得运输商的认证,或再找公证处公证之后,还要和供应商联系、洽商补货、退赔等事宜,要增添一些麻烦事情。

· 外包。这是工程项目采购部门接受货物之后,再把运输进货任务外包给第三方物流企业或运输商。这时,工程项目采购部门要进行两次交接、两次验货,和供应商交接一次,和运输商交接一次,并且还要按照与供应商签订合同的情况,决定是否还要承担运输损失和运输风险。所以这种方式比较麻烦。

·自提。这种方式是工程项目采购部门到供应商处去提货,并承担运输进货业务。这种方式要和供应商进行一次交接、一次验货,承担货损货差损失和运输风险。且在入库时,还要进行一次入库验收。

以上四种方式,最方便的是第一种。风险最大的是第四种。在制订工程项目采购计划时,要选定进货方式,并且在签订订货合同时,要将选定的进货方式写进合同中,作为合同内容的一部分,必须执行。

b. 选择运输方式。可供选择的常用运输方式包括四种,包括铁路、公路、水路和航空运输。选择运输方式主要考虑的因素包括:

·货物的多少。一般大宗货物用火车、轮船,中小宗货物用汽车、飞机。

·路途的远近。跨省长途运输一般用火车、轮船、飞机,省内短途运输一般用汽车。

·货物的急需情况。如非常急需的物品,长途用飞机、短途用汽车。

·货物的性质。例如一些贵重物品只能用飞机,砂石、煤炭只能用火车、轮船、汽车。

·交通条件。有公路设施的地方,用公路运输;有水路的地方,用水路运输;没有方便的陆上运输,只好用飞机。当几种运输方式都有时,就要看哪种运输方式更省钱或更省时,或既省钱又省时。

从以上几种因素综合考虑,一般大宗货物、长途运输以选择铁路、水路运输为好,短距离急需品运输选择汽车比较方便,长途、贵重品、急需品、生鲜物品选用飞机比较方便,大宗货物、靠近水路则选用水运比较合适。

c. 选择最短路径。在运输方式确定之后,工程项目采购部门就要确定最短路径。近几年,我国的运输路网建设进展很快,初步形成了比较健全的运输网络,因此运输路径的选择余地增大了。在这种情况下,工程项目采购部门有必要选择最短的路径,以节省运输费用及运输时间。在比较简单的路网中,工程项目采购部门可以用人工计算的方法求出最短路径,在比较复杂的情况下,要用网络图模型求出最短路径。

d. 选择运输商。运输方式选定之后,工程项目采购部门就要选择运输商。选择运输商的原则,是要重资质、重服务。一定要选择正规的、有资质的、有实力的、服务好的企业,以避免运输风险。

②组织和指挥。组织和指挥,是指工程项目采购部门要根据既定的进货计划组织实施。

首先按照既定的进货计划,要和供应商沟通、达成共识,然后在订货合同中要写明进货条款。合同中进货条款的内容应当包括:进货方式选择、进货进度计划、责任承担方式、双方的责任和权利等。在订货合同签订以后,就可以按进货条款实施。

例如,若采用供应商包送方式进货,项目采购部门就要按进货进度计划的要求,督促供应商落实进货计划的实施,包括组织人力、物力和财力,制定落实措施,准备货物,初步查验货物质量和数量,准备运输工具,监督货物的包装、搬运等,每一项活动均要一一落实,直到按时发出货物。

若是委托运输或外包,就要督促落实第三方运输商签订合同、领货、验货、交货、监督包装、装运、直到发车等,项目采购部门更要认真组织和指挥。

若是自提,更要认真组织指挥有关作业单位、作业人员进行操作。每一步都要自己组织、自己操作、自己负责、自己承担全部费用和风险。

③控制。整个项目采购进货过程中,作业环节多、影响因素多、风险大,所以,在组织指挥各项活动时,要采取各种方式,加强对整个进货过程中各种作业的控制。

项目采购控制的目的,就是要使各项作业根据预定的计划进度和目标进行,确保按时、安全到货,降低进货成本、降低运输风险。

3. 项目采购合同控制

项目采购进货过程是一个环节多、因素多、风险大的作业过程,所以最好的控制方法就是采用合同控制。在合同中,有双方当事人各自责任与义务的具体规定,有违反合同的具体处理办法,有各方当事人以及单位负责人的签字和公章,有的甚至还有公证人的签字和公章。因此项目采购合同具有法律效率,受法律保护,有最大的权威性、约束性和可操作性,可以约束控制双方的行为、保护双方的利益。因此项目采购部门要尽可能做到与进货过程所有进行进货操作的单位和个人都签订合同,用合同来约束和控制供应商,使进货风险降到最小。

在整个项目采购进货过程中,可能要签订多份合同,和多个作业单位签订合同。按照进货方式不同,签订合同的方式也不同。

(1) 与供应商签订合同。首先,项目采购部门应该与供应商签订合同,这个合同就是订货合同。在与供应商签订订货合同时,要写明进货条款,确定所购货物的进货方式、进货承担方和责任人。在选择进货方式时,工程项目采购部门最好是选择由供应商包送方式。这种方式对工程项目采购部门最有利,省去了很多进货环节中繁琐的事务,可以不承担任何责任和风险,将进货责任和风险推给供应商。

若供应商不想自己送货,希望委托运输送货,由他们去委托运输商,由他们去和运输商签订运输合同,工程项目采购部门可以不管,这也是有利于工程项目采购部门的。

(2) 与运输商签订合同。若供应商不想送货,只能由项目采购部门来办理进货时,工程项目采购部门最好是采用进货业务外包的方式,将进货任务外包给第三方物流公司或其他运输商承担。这样采购方也可以免除繁琐的进货业务处理,避免进货风险。

将进货任务外包给运输商也有两种方式:

①供应商先将所购货物交给工程项目采购部门,由工程项目采购部门再交给运输商运输,运输商将货物运到购买方家里时,再将货物交给工程项目采购部门。

②由运输商直接向供应商提货,运输商将货物运到工程项目采购部门指定的地点。对工程项目采购部门来说,两种方式中,第二种比较好,节省了与供应商的货物交接与货物检验工作。

在将进货任务外包给运输商时,要和运输商签订一份正式的运输合同,对运输过程中有关事项进行明确规定,规定双方的责任和义务,还要规定违约的处理方法。这样,工程项目采购部门可以约束和控制运输商的行为。

(3) 与作业人员签订合同。若是项目采购部门承担进货任务,可以租车进行运输或者是本单位派司机带车进行运输。若路途遥远、路况复杂、货物贵重时,为了慎重,也要和作业人员签订合同,或者签订运输责任状,规定作业人员的责任和义务。在这种情况下,最好派有经验、有能力、身体好的人跟车。跟车人的任务,一是在路途中处理一些紧急、复杂问题,二是协助和监督途中运输工作,保障货物安全运输。

合同是一种重要的约束和控制手段,可以减少风险。对方一旦违约,给购买方造成损失,则可以按照合同条款,向对方获取赔偿。

为更加保险,项目采购部门除了合同之外,还买运输保险,这样在途中一旦出事,可以找保险公司赔偿,也可以降低运输风险。

4. 项目采购作业控制

签订合同是一种比较好的办法,但是若供应商不愿签订合同,或供应商愿意签合同但不愿负责运输时,或是多品种采购,每个供应商的批量都很小,而合起来运量很大,必须由项目采购部门来运输进货时,就不能采用合同控制,而只能进行作业控制。

作业控制,就是项目采购部门必须经办处理或者监督处理进货过程的每一道作业,对每一道作业进行控制。工作量大、辛苦,而且风险大、责任重。在处理时,应当注意采用以下一些措施和办法。

(1)事前要进行周密策划和计划,对各种可能出现的情况制定应对措施,要制订切实可行的物料进度控制表,对整个过程实行任务控制。

(2)选用有经验、处理问题能力强、活动能力强、身体好的人担任此项工作。这项工作要处理各种各样的问题,项目采购人员要接触各种各样的人,要熟悉运输部门的业务和各种规章制度,没有一定能力的人,难以胜任此项工作。

(3)做好供应商的按期交货、货物检验工作。这是工程项目采购部门与供应商的最后的物资交接,是物资所有权的完全性转移。交接完毕,供应商就算完全交清了货物,工程项目采购部门就已经完全接受了货物。因此这次交接验收一定要严格在数量上、质量上把好关,做到数量准确、质量合格。要有验收记录,并且准确无误,要留下原始凭证,例如磅码单、计量记录等。验收完毕,双方签字盖章。

(4)发货。接收的货物,要妥善包装,每箱要有装箱清单,装箱清单应该一式两份,箱内一份,货主留一份。在某些情况下还要在箱外贴物流条码,安全搬运上车,每个都要合理堆码,固紧,活塞填填充物,防止运输途中发生碰撞、倾覆而导致货物受损。车厢装满之后,还要填写运单。办好发运手续,并且在物料进度控制表中填写记录,做好商业记录。督促运输商按时发车。

(5)运输途中控制。可能的话,最好跟车押运。若不能跟车,也要和运输部门取得联系,跟踪货物运行情况。无论跟车或不跟车,均要随时掌握物料运输进度,并且记录物料进度控制表,做好记录。

(6)货物中转。在运输途中,可能会因运输工具改变、运输路段改变而需要中转,中转有不同情况,有的是整车重新编组以后再发运。有的是要卸车、暂存仓库一段时间后再装车发运。中转点最容易发生问题,例如整车漏挂、错挂、卸车损坏、错存、少装、错装、延时装车、延时发运等,所以,最好亲自前往监督,并填写好物料控制进度表,做好商业记录。

(7)购买方与运输方的交接。货物运到家门口,购买方要从运输方手中接收货物。这个时候,要做好运输验收。这个验收主要是看有没有包装箱受损、开箱、缺少、货物散失等。若包装箱完好无损,数量不少,就可以接收。若包装箱受损、遗失,或货物散失,就要弄清受损或遗失的数量,并且做好商业记录,双方认证签字,凭此向运输方索赔。

(8)进货责任人与仓库保管员的交接(即入库)。这是采购中最实质性的一环。它是采购物资的实际接收关。验收入库完毕,货物就完全成为企业的财产,这次采购任务也基本结束。因此,要严格做好入库验收工作。认真清点数量,认真检查质量,按实际质量标准登记入账。验收完毕,双方在验收单签字盖章。进货管理人员要填写物料进度控制表,做好商业记录。

至此,项目采购进货管理工作宣告结束。进货管理人员的物料控制进度表和商业记录应当存档,以便日后工作总结、取证查询之用。

以上是一般的火车运输情况下的作业控制手段。

在汽车运输的情况下,工程项目采购作业控制的一个重要方式是押运,可以派人坐在驾驶室跟车监督控制。

在合同控制的第一种情况下,若入库验收质量不合要求或者数量不对,可以拒收或退货。在其他情况下发生这样的情况,可以和供应商协商解决。

在项目采购进货过程中,若处理不好,当事双方发生争端的事也是可能发生的。为了防止争端发生,或者发生争端之后能够妥善处理好争端,也需要做好管理控制工作。

首先,要很好地研究如何防止争端的发生,争端发生之后应当如何处理。把研究的结果,制订成文件或操作手册,供操作人员认真执行。

其次,在整个项目采购进货过程当中,一定要认真、谨慎、妥善处理好各种事情,工作要做到位。需要签字的要签字,需要找人的要找人,不要留下缺口和隐患。

第三,一定要重证据、重原始记录。特别要注意形成认证签字证物。例如检验记录、磅码单、化验单、装箱单、运单等。还要注意做好商业记录。在发生争端时,要用证物说话。发生争端以后不要急躁和意气用事,不要激发矛盾。应争取协商解决,若协商无法解决,可以请双方公认的权威机构进行判定;若还是不行,则可以申请法律仲裁。

5. 项目采购进料验收作业

(1)待收料。物料管理收料人员于接到工程项目采购部门转来已核准的"订购单"时,按照供应商、物料交货日期分别依序排列存档,并于交货前安排存放的库位以方便收料作业。

(2)收料。

①内购收料。材料进入施工现场之后,收料人员必须依"订购单"的内容,核对供应商送来的物料名称、规格、数量和送货单及发票并清查数量无误后,将到货日期及实收数量填记于"请购单"办理收料;如果发觉所送来的材料与"订购单"上所核准的内容不符时,应及时通知工程项目采购部门处理,原则上非"订购单"上所核准的材料不予接受,当采购部门要收下这些材料时,收料人员应告知主管,并于单据上注明实际收料状况,并会签采购部门。

②外购收料。材料进入施工现场之后,物料管理收料人员即会同检验单位依"装箱单"及"订购单"开柜(箱)核对材料名称、规格并清点数量,并将到货日期及实收数量填入"订购单"。开柜(箱)后,如果发觉所载的材料与"装箱单"或"订购单"所记载的内容不同时,通知办理进货人员及采购部门处理。当发觉所装载的物料有异常时,经初步计算损失超过5 000元以上者(含5 000元),收料人员即时通知采购人员联络公证处前来公证或通知代理商前来处理,并尽量维持其状态以利公证作业;如未超过5 000元者,则依实际的数量接受收料,并于"采购单"上注明损失数量及情况;对于由公证或代理商确认的损失,物料管理收料人员开立"索赔处理单"呈主管核实后,送会计部门及采购部门督促办理。

(3)材料待验。进入施工现场待验的材料,必须于物品的外包装上贴材料标签,并详细注明料号、品名规格、数量以及进入施工现场日期,且与已检验者分开储存,并规划"待验区"作为分区,收料后,收料人员应将每日所收料品汇总填入"进货日报表"作为入账清单的依据。

(4)超交处理。当交货数量超过"订购量"部分时,应予退回,但属买卖惯例,以重量或长度计算的材料,其超交量的3%以下,由物料管理部门于收料时,在备注栏注明超交数量,经请购部门主管同意后,始得收料,并通知采购人员。

(5)短交处理。当交货数量未达订购数量时,以补足为原则,但经请购部门主管同意者,可免补交,短交如需补足时,物料管理部门应通知工程项目采购部门联络供应商处理。

(6)急用品收料。紧急材料向厂商交货时,如果货仓部门尚未收到"请购单"时,收料人员应先咨询工程项目采购部门,确认无误后,依收料作业办理。

(7)材料验收规范。为了利于材料检验收料的作业,品质管理部门就材料重要性及特性等,适时召集使用部门及其他有关部门,依所需的材料品质研究制订"材料验收规范"作为工程项目采购及验收的依据。

(8)材料检验结果的处理。

①检验合格的材料,检验人员于外包装上贴合格标签,以示区别,物料管理人员再将合格品入库定位。

②不合验收标准的材料,检验人员于物品包装贴不合格的标签,并于"材料检验报告表"上注明不良原因,经主管核实处理对策并转工程项目采购部门处理及通知请购单位,再送回物料管理凭此办理退货,若是特殊采购则办理收料。

(9)退货作业。对于检验不合格的材料退货时,应开立"材料交运单"并附有关的"材料检验报告表"报主管签认。

3.5 电力工程项目进度管理

3.5.1 电力工程项目进度计划

3.5.1.1 电力工程项目进度计划的编制

1. 电力工程项目施工进度计划编制的主要依据

不同类型的施工进度计划,其依据稍有差别。编制施工进度计划,常应以下信息为依据:

(1)项目承包合同对工期的要求。施工承包合同当中有关工期、质量、资金的要求是确定施工进度计划的基本依据。

(2)施工方案设计。施工方案设计与施工进度计划编制是互为影响的,施工方案设计应当考虑到施工进度的要求;而编制施工进度计划又应当考虑到施工方法、施工机械的选择等因素的影响。

(3)设计文件及施工详图供图速度。设计文件明确了工程规模、结构形式及具体的要求,是编制进度的依据。此外施工详图是施工的依据,施工详图的供图速度必须与施工进度计划相适应。

(4)承包人的管理水平和设备状况。包括承包商及分包商的项目管理水平、人员素质与技术水平、施工机械的配套与管理等资料。

(5)有关施工条件。

①施工现场的气象、水文、地质情况。

②建设地区建筑材料、劳动力供应情况。

③供水、供电的方式及能力等状况。

④工地场内外交通状况。

⑤征地、拆迁及移民安置情况。

⑥业主、监理工程师和设计单位管理项目的方法和措施。

(6)有关法规、技术规范或标准。例如施工技术规范、施工定额等。

(7)施工企业的生产经营计划。一般施工进度计划应服从施工企业经营方针的指导,满足生产经营计划的要求。

2. 电力工程项目进度计划的影响因素

(1)项目的规模大小。对于小项目应采用简单的进度计划方法,如甘特图。大项目为了确保按期按质达到项目目标,就需考虑用较复杂的进度计划方法,如网络计划技术。

(2)项目的复杂程度。工程项目的规模并不一定总是与项目的复杂程度成正比。例如建设一条15 kV、20 km线路,规模虽然不小,但并不复杂,可以用较简单的进度计划方法;而建设一座220 kV变电站,要复杂得多,可能就需要较复杂的进度计划方法。

(3)项目的紧急性。在工程项目急需进行阶段,特别是在开始阶段,需要对各项工作发布指示,便于尽早开始工作。若用很复杂的方法编制进度计划,就会延误工期时间,因此,可先用简单的甘特图方法编制进度计划。

(4)对项目细节掌握的程度。若对工程项目的细节掌握不够,就无法用关键线路法(CPM)、计划评审技术(PERT)方法。因此使用CPM或PERT需要知道工作之间的逻辑关系及完成每项工作的时间估计等信息。

(5)有无相应的技术力量和设备。例如,没有计算机及项目管理软件,CPM和PERT进度计划方法有时就难以应用。而若没有受过良好训练的合格技术人员,也无法胜任用复杂的方法编制进度计划。

3. 电力工程项目进度计划的编制程序与方法

(1)定义活动范围(或称划分项目)。定义活动范围,并进行适当编号,以区分不同的活动,确定进度管理的基本单元。

①活动范围定义的依据。定义活动范围主要依据工程项目的结构、工程施工的特性和管理上的需要,具体应包括:

a.已有的工程项目分解规定。按照工程项目的特性可将其分解为设计、招投标、设备采购、施工、验收等阶段工作,而占主要阶段的施工则进一步按单项工程、单位工程、分部工程和分项工程分解。这样的分解在水利水电、建筑等行业都已作了一些规定,可以将这样的分解视为是工程项目活动范围定义的基础。

例如一个单体项目,它有设计、招投标、设备采购、施工、验收等前后相继的不同的工作,因此有必要对项目进行横向分解。横向分解即对项目不同性质的工作内容进行分解,一般可以按工程项目的生命周期中实施阶段的工作内容进行分解,如图3.5所示。

各工作内容下面,根据业主或项目组织者的合同战略及分标要求进行分解,如施工项目单元可以作如图3.6所示的分解。

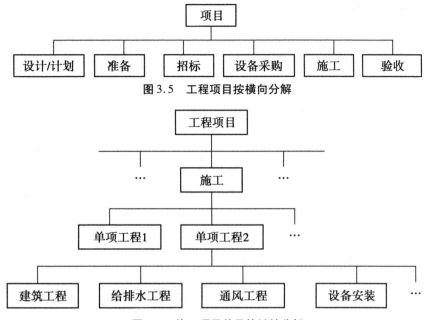

图3.5 工程项目按横向分解

图3.6 施工项目单元的继续分解

b.工程施工方案和管理的要求。在工程项目分解到分项工程后,可按照施工的特点和管理上的要求,再进一步地详细分解,得到进度管理的基本单元,即工程项目活动。当然,在一些较为宏观的进度计划中,有时也将一分项工程定义为一活动。

②活动范围表示。将活动范围定义之后,工程项目可分解为从粗到细、分层的树状结构,并可将其用表的形式表示,形成项目活动清单。

(2)确定活动间的逻辑关系。

①活动逻辑关系描述。活动逻辑关系是指活动之间开始投入工作或完成工作的先后关系,常由活动的工艺关系和组织关系决定。确定工作先后关系的原则是从逻辑关系到组织关系,即先确定逻辑关系,再确定组织关系。在电力工程项目中,必须先设计才能够施工,先施工安装验收合格之后才能够投运,这是逻辑关系;先线路施工还是变电施工,这是组织关系。

a.工艺关系。活动之间的先后关系由活动的工艺决定的称为工艺关系。工艺关系的确定一般较为明确,一般由技术和管理人员的交流就可完成。例如变电站施工必须是先建筑施工,后电气安装。

b.组织关系。活动之间的先后关系由组织活动的需要(如人力、材料、施工机械调配的需要)决定的称为组织关系。工作组织关系的确定一般比较难,一般取决于项目管理人员的知识和经验,因此组织关系的确定对于项目的成功实施是至关重要的。例如输电线路杆塔施工是先组立混凝土或先立塔,这主要看施工组织安排。

②活动逻辑关系表达方法。活动逻辑关系表达方法有多种,例如横道图法、双代号绘图法、单代号绘图法、单代号搭接绘图法和时标网络法等。

a.横道图法(Gantt Charts)。是用图、表相结合的形式表示各项工程活动的开始时间、结束时间及持续时间,又称甘特图法。用纵向表示工程项目活动,并将其在图的左侧纵向排列;用横向线段表示活动时间的延续,横向线段的起点为活动的开始时间,横向线段的终点为活动的结束时间。这是工程项目进度计划最常用的一种工具,因为其简单、明了、直观,易于编制,所以成为中小型项目管理中编制项目进度计划的主要工具。即使在大型工程项目中,它也是高级管理层了解全局、基层,安排项目进度时的有用工具。

b. 双代号绘图法。双代号绘图法用箭线表示活动,用圆圈表示活动间的连接(或活动的开始,或活动的结束),将各活动有机地相连,形成一有向的图。此图中的箭线(即活动)可用专门的名称表示,也可用箭线前后圆圈中的编号表示,因此,该图称双代号网络图。双代号网络图有三要素,即活动、节点和线路。

·活动(Activity),又称工序、作业或工作。在双代号网络图中一项活动用一条箭线和两个圆圈表示,如图3.7所示。活动名称写在箭线上面,活动的持续时间写于箭线下面;箭尾表示活动的开始,箭头表示活动的结束;圆圈中的两代码也可用以代表活动的名称。在无时间坐标的网络图当中,箭线的长度与完成活动持续时间无关。箭线一般画成直线,也可画成折线或曲线。双代号网络图中的活动分两类:一类是既需消耗时间,又需消耗资源的活动;另一类活动,既不消耗时间,也无需消耗资源的活动,称为虚活动(Dummy Activity)。虚活动是为了反映各活动间的逻辑关系而引入的,并用虚箭线表示。

·节点(Node),又称事项或事件(Event)。它表示一项活动的开始或结束的瞬间,起到承上启下的衔接作用,而不需要消耗时间或资源。节点在网络图中一般用圆圈表示,并赋以编号,如图3.7所示。箭线出发的节点称为开始节点,箭线进入的节点称为结束节点。在一个网络图中,除了整个网络计划的起始节点和终止节点之外,其余任何一个节点均有双重作用,既是前面活动的结束节点,又是后面活动的开始节点。

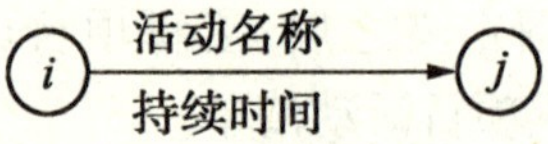

图3.7 活动表示图

·线路(Path),又称路线。从网络图的起始节点出发,沿箭线方向连续不断地通过一系列节点和箭线,到达网络图的终止节点有若干条通路,这每一条通路都称为一条线路。线路上各活动持续时间之和称之为该线路持续时间。网络图中线路持续时间最长的线路称为关键路线(Critical Path)。关键路线的持续时间称进度网络计算工期。同时位于关键线路上的活动称为关键活动(Critical Activity)。

绘制双代号网络图的规则如下:

双代号网络图必须正确表达已定的逻辑关系。网络图中常见的各种工作逻辑关系的表示方法见表3.1。

表3.1 网络图中常见的各种工作逻辑关系的表示方法

序号	工作之间的逻辑关系	网络图中的表示方法
1	A完成后进行B和C	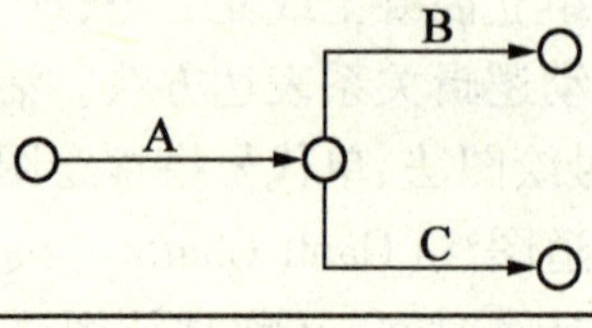

续表 3.1

序号	工作之间的逻辑关系	网络图中的表示方法
2	A、B 均完成后进行 C	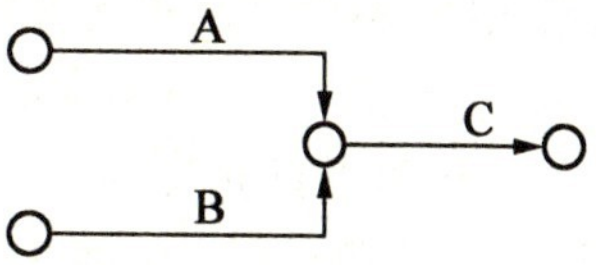
3	A、B 均完成后同时进行 C 和 D	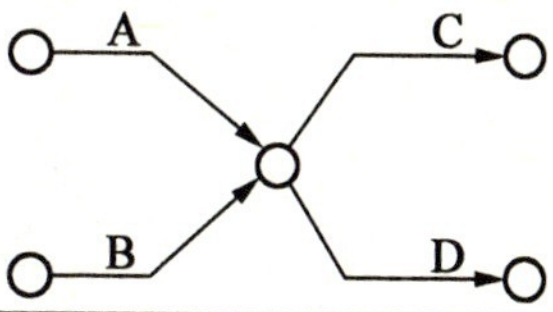
4	A 完成后进行 C A、B 均完成后进行 D	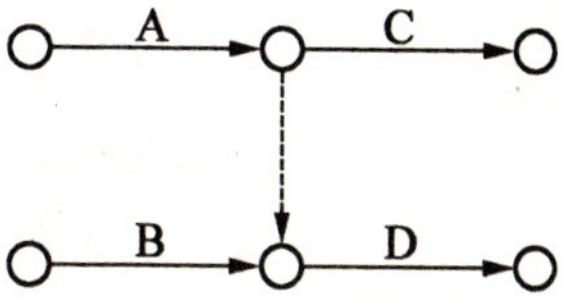
5	A、B 均完成后进行 D,A、B、C 均完成后进行 E,D、E 均完成后进行 F	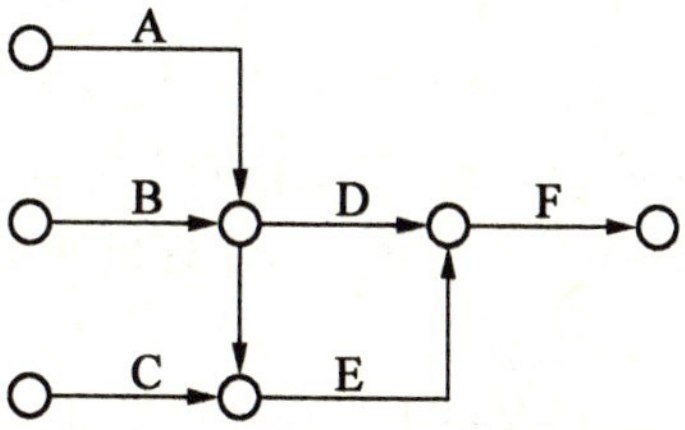
6	A、B 均完成后进行 C,B、D 均完成后进行 E	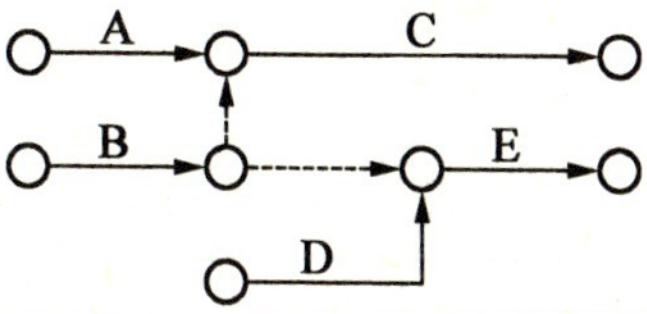
7	A、B、C 均完成后进行 D,B、C 均完成后进行 E	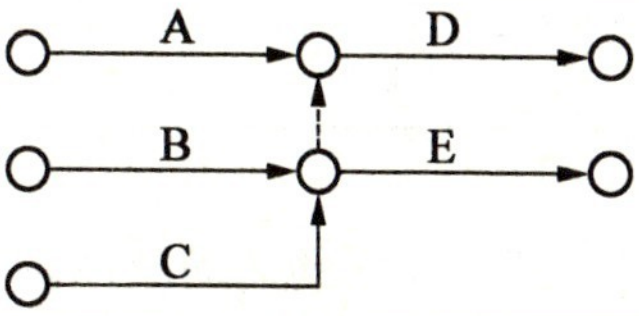
8	A 完成后进行 C,A、B 均完成后进行 D,B 完成后进行 E	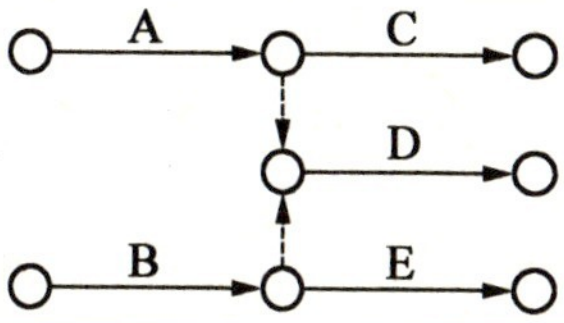
9	A、B 两项工作分成三个施工段,分段流水施工;A_1 完成后进行 A_2、B_1,A_2 完成后进行 A_3、B_2,B_1 完成后进行 B_2,A_3、B_2 完成后进行 B_3	有两种方法表示 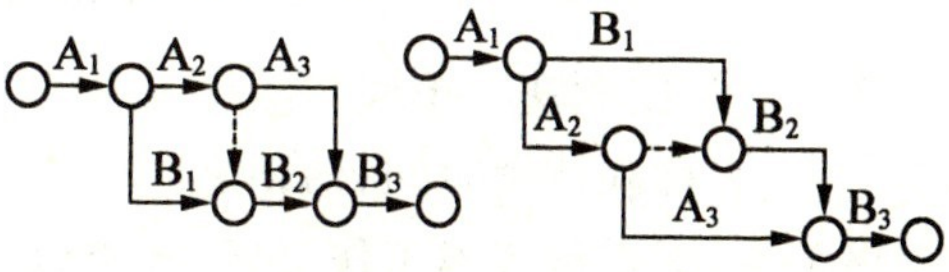

网络图中不允许出现回路(Logical Loop)。如图 3.8(a)所示的网络图中,出现了①→②→③→①的循环回路,这是活动逻辑关系的错误表达。

在网络图中,不允许出现代号相同的箭线。如图 3.8(b)所示 A、B 两项活动的节点代号均是①→②,这是错误的,要用虚箭线加以处理,如图 3.8(c)所示。

在一个网络图中只允许一个起始节点(Start Node)和一个终止节点(End Node)。如图 3.8(d)所示是错误的画法;如图 3.8(e)所示是纠正后的正确的画法;如图 3.8(f)所示是较好的画法。

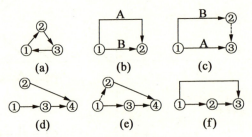

图 3.8 绘网络图规则示例图

网络图是有向的,按照习惯从第一个节点开始,各活动按其相互关系从左向右顺序连接,一般不允许箭线箭头指向左方向。网络图中的节点编号(Node Number)不能出现重号,但允许跳跃顺序编号。用计算机计算网络时间参数时,要求一条箭线箭头节点编号应大于箭尾节点的编号。

【例 3.2】某电力工程项目活动及逻辑关系见表 3.2。请按照表 3.2 画出该项目的双代号网络图。

表 3.2 某电力工程项目活动及逻辑关系

工程活动号	A	B	C	D	E	F	G	H	I	J	K
持续时间/天	4	4	10	2	4	6	8	4	2	3	4
紧前活动	—	A	A	A	B	B、C	C、D	D	E、F	G、H、F	I、J

【解】按照表 3.2 的活动及逻辑关系,如图 3.9 所示。

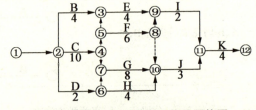

图 3.9 某电力工程项目双代号网络图

③单代号绘图法。单代号绘图法用圆圈或方框表示活动,并在圆圈或方框内可写上活动的编号、名称和持续时间;活动之间的逻辑关系用箭线表示,如图 3.10 所示。该方法易表达逻辑关系,无需设置虚工作,易于检查修改。

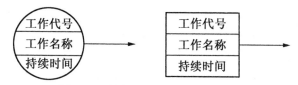

图 3.10 单代号绘图法活动的表示

单代号网络图与双代号网络图相比,具有以下特点:
- 工作之间的逻辑关系容易表达,且不用虚箭线,因此绘图较简单。
- 网络图便于检查和修改。
- 由于工作持续时间表示在节点之中,没有长度,因此不够形象直观。
- 表示工作之间逻辑关系的箭线可能产生较多的纵横交叉现象。

单代号绘图法将活动有机地连接,形成的有向图称为单代号网络图。

(3)估算各项工作活动的时间。工程项目网络中所有工作的进度安排都是由工作的延续时间来推算的,因此对工作延续时间的估计要做到客观正确的估计。这就要求在对工作作出时间估计时,不应受到工作重要性及工程完成期限的影响,要在考虑到各种资源、人力、物力、财力的情况下,将工作置于独立的正常状态下进行估计,但要兼顾项目所处环境、季节影响因素;要做到统筹考虑,不可顾此失彼。定义活动持续时间,利于落实资源供应计划。

①项目活动时间估计的依据。

a. 项目活动清单。

b. 资源配置。资源包括:人力、材料、施工机械和资金等,大多数情况下,活动持续时间受到资源分配的影响。

c. 资源效率。大多数活动持续时间受到所配置的资源的效率的影响。例如熟练工完成某项活动的时间一般要比普通工少。

②项目活动持续时间估计的途径和方法。

a. 项目活动持续时间估计的途径可采用下列三条,或是它们的综合。

- 利用历史数据。历史数据包括:工程定额、项目档案、规程规范,以及企业所积累的一些数据。
- 专家判断估计。影响活动持续时间的因素很多。对其的估计也有一定的难度。因此,可请专家提供帮助,由他们按照历史资料和积累的经验进行估计。
- 类比估计。类比估计意味着以先前的类似的实际工程项目的工作时间来推测估计当前项目各工作的实际时间。当项目的一些详细信息获得有限的情况下,这是一种最为常见的方法,类比估计可以说是专家判断的一种形式。

b. 项目活动持续时间估计的方法主要分为以下几种。

- 单时估计法。其是按照施工定额、预算定额、施工方法、投入的劳动力、施工机具设备和其他资源,估计出一个肯定的时间的一种方法。其计算式为:

$$D_{i-j} = \frac{Q}{SRn} \quad (3.5)$$

式中 D_{i-j}——完成活动坷的持续时间;

Q——活动的工作量;

S——产量定额;

R——投入活动 i-j 的人数或施工机械台班;

n——工作的班次。

单时估计法一般适用于影响活动的因素少、影响程度比较确定,且具有相当的历史资料的情况。

· 德尔菲专家评议法。请有实践经验的专家对持续时间进行评议。该方法是美国兰德公司于 1964 年首先用于预测领域的。在评议时,应尽量多地向专家提供工程的技术和环境资料。运用这一方法的步骤是:

按照问题的特点,选择和邀请做过相关研究或有经验的专家。

将与问题有关的信息分别提供给专家,请专家各自独立发表自己的意见,并写成书面材料。

管理者收集并综合专家们的意见后,将综合意见反馈给各位专家,请专家再次发表意见。若分歧很大,可开会集中讨论;否则,管理者分头与专家联络。

如此反复多次,最后形成代表专家组意见的方案,测定出相关活动的持续时间。

· "三时"估计法(Three - Time - Estimate)。当各活动的影响因素较多、其不确定性较大,且又缺乏时间消耗的历史资料时,就难估计出一个肯定的单一的时间值,而只能由概率理论,计算活动持续时间的期望值(Expectation)和方差(Variance)。"三时"估计法首先估计出下列三个时间值,即最乐观时间(Most OptimisticTime)、最可能时间(Most Probable Time)、最悲观时间(Most Pessimistic Time);然后,假设活动持续时间服从 β 分布,并用下列公式计算活动/持续时间的期望值 D_{i-j} 和方差 σ^2_{i-j},即:

$$D_{i-j} = \frac{a + 4m + b}{6} \tag{3.6}$$

$$\sigma^2_{i-j} = \left(\frac{b-a}{6}\right)^2 \tag{3.7}$$

(4)电力工程项目进度计划的编制。编制进度的基本方法有横道图法和网络图法两种。不同类型的电力工程项目进度计划,采用的编制方法也有所不同。对活动项数较少的进度计划,常用横道图法编制。例如控制性总进度计划、实施性分部或分项工程的进度计划,因为它们的活动均较少,所以常用横道图法编制。用横道图法编制的进度计划具有活动的开始和结束时间明确、直观等特点。但当活动项数较多时,横道图对活动间的逻辑关系不能清楚表达,进度的调整比较麻烦,进度计划的重点也难以确定。而网络图法可弥补上述不足,因此,当活动项数较多时,目前用得较普遍的是网络图法。

网络图法中又分关键线路法(Critical Path Method,CPM)、计划评审技术(Program Evaluation Review Technique,PERT)、图示评审技术(Graphical Evaluation Review Technique,GERT)、决策网络计划法(Decision Network,DN)和风险评审技术(Venture Evaluation and ReviewTechnique, VERT)。

在电力工程项目进度计划中用的较多的方法包括横道图法、关键线路法和计划评审技术。下面介绍关键线路法。

关键线路法假定进度计划中活动与活动间的逻辑关系是肯定的,每项活动的持续时间也只有一个的网络计划技术。在关键线路法中可以计算网络图的6个时间参数。

最早开始时间 ES_{i-j}（Earliest Start Time）——活动 $i-j$ 最早可能开始的时间。

最早结束时间 EF_{i-j}（Earliest Finish Time）——活动 $i-j$ 最早可能结束的时间。

最迟开始时间 LS_{i-j}（Latest Start Time）——活动 $i-j$ 最迟必须开始的时间。

最迟结束时间 LF_{i-j}（Latest Finish Time）——活动 $i-j$ 最迟必须结束的时间。

总时差 TF_{i-j}（Total Float Time）——活动 $i-j$ 在不影响总工期的条件下可以延误的最长时间。

自由时差 FF_{i-j}（Free Float Time）——活动 $i-j$ 在不影响紧后活动最早开始时间的条件下，允许延误的最长时间。

关键线路法中又可分双代号网络图法、单代号网络图法、双代号时标网络图法、单代号搭接网络图法等，下面分别介绍。

① 双代号网络图法。该方法的核心是正确表达活动间的逻辑关系和计算活动的时间参数。

a. 双代号网络图时间参数和计算工期的计算公式。令整个进度计划的开始时间为第 0 d，且节点编号有 $0<h<i<j<k$，则

·最早开始时间为

$$ES_{i-j} = 1 \quad i = 1 \tag{3.8}$$

$$ES_{i-j} = \max(ES_{i-j} + t_{i-j}) \tag{3.9}$$

式中 ES_{i-j}——活动 $i-j$ 各项紧前活动的最早开始时间；

t_{i-j}——活动 $i-j$ 的持续时间。

·最早完成时间为

$$EF_{i-j} = ES_{i-j} + t_{i-j} \tag{3.10}$$

·计算工期 T_c 为

$$T_c = \max(EF_{i-n}) \tag{3.11}$$

式中 EF_{i-n}——终节点前活动 $i-n$ 的最早完成时间。

·最迟完成时间为

$$LF_{i-j} = T_p, j = n \tag{3.12}$$

$$LF_{i-j} = \min(LF_{j-k} - t_{j-k}) \tag{3.13}$$

式中 T_p——计划工期；

LF_{j-k}——活动 $i-j$ 的各项紧后活动的最迟完成时间。

·最迟开始时间为

$$LS_{i-j} = LF_{i-j} - t_{i-j} \tag{3.14}$$

·总时差为

$$TF_{i-j} = LS_{i-j} - ES_{i-j} \tag{3.15}$$

或

$$TF_{i-j} = LF_{i-j} - EF_{i-j} \tag{3.16}$$

·自由时差为

$$FF_{i-j} = \min(ES_{j-k} - ES_{i-j} - t_{i-j}) \tag{3.17}$$

或
$$FF_{i-j} = \min(ES_{j-k} - EF_{i-j}) \tag{3.18}$$

总时差是指在不影响总工期的前提下,本项工作可以利用的机动时间。若最迟开始时间与最早开始时间不同,那么该工作的开始时间就可以浮动。总时差计算式为:

总时差 = 最迟开始时间 – 最早开始时间

若工作周期是不变的,那么最早和最迟开始时间的差值与最早和最迟结束时间的差值是一样的(在大多数计划系统中,也确定是这样假定的)。总时差最小的工作是关键工作,其工作周期决定了项目的总工期。由关键工作组成的线路为关键线路。若令项目最后一项工作的最迟结束时间等于它的最早结束时间,则此时的最小总时差即为零。因此,一般总时差为零的工作为关键工作。自由时差是指在不影响其紧后工作最早开始的前提下,本工作可以利用的机动时间。一项工作的自由时差越大,在进度安排时该工作的灵活性就越大。

b. 双代号网络的图上作业法。直接在双代号网络图上计算其时间参数的方法称为图上作业法。

· 最早时间。活动最早开始时间的计算从网络图的左边向右逐项进行。先确定第一项活动的最早开始时间为0,将其和第一项活动的持续时间相加,即为该项活动的最早结束时间。依此,逐项进行计算。当计算到某活动的紧前有两项以上活动时,需要比较他们最早完成时间的大小,取其中大者为该项活动的最早开始时间。最后一个节点前有多项活动时,取最大的最早完成时间为计算工期。

· 最迟时间。活动最迟完成时间的计算从网络图的右边向左逐项进行。先确定计划工期,若无特殊要求,一般可取计算工期。和最后一个节点相接的活动的最迟完成时间为计划工期时间,将它与其持续时间相减,即为该活动的最迟开始时间。当计算到某活动的紧后有两项以上活动时,需要比较他们最迟开始时间的大小,取其中小者为该项活动的最迟完成时间。逆箭线方向逐项进行计算,一直算到第一个节点。

· 总时差。每一活动的最迟时间与最早时间之差,即为该活动的总时差。

· 自由时差。某一活动的自由时差为其紧后活动的最早开始时间减去其最早完成时间,然后取最小值。

· 关键活动和关键线路。当计划工期和计算工期相等时,总时差为0的活动为关键活动;关键活动依次相连即得关键线路。当计划工期和计算工期之差为同一值时,则总时差为该值的活动为关键活动。

②单代号网络图法。单代号网络图时间参数计算的方法和双代号网络图相同,计算最早时间从第一个节点算到最后一个节点,计算最迟时间从最后一个节点算到第一个节点。有了最早时间和最迟时间,即可计算时差和分析关键线路。

③双代号时标网络图法。简称时标网络,是以时间坐标为尺度表示活动的进度网络。如图 3.11 所示,双代号时标网络将双代号网络图和横道图结合了起来,既可以表示活动的逻辑关系,又可以表示活动的持续时间。

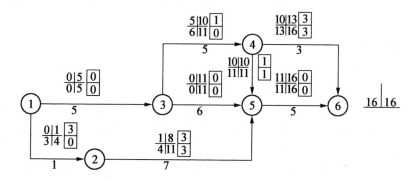

(a)双代号网络计划及时间参数

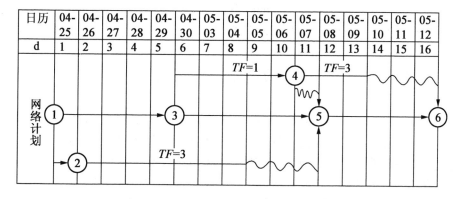

(b)双代号时标网络计划

图 3.11 时标网络图

a. 时标网络的表示。在时间坐标下,以实线表示活动,以实线后的波形线(或者虚线)表示自由时差;虚活动仍然以虚箭线表示,如图 3.12 所示。

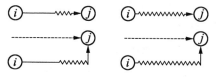

图 3.12 时标网络符号示例

b. 时标网络的绘图规则。绘制时标网络,应遵循如下规定:

· 时间长度是以所有符号在时标表上的水平位置及其水平投影长度表示的,与其所代表的时间值所对应。

· 节点中心必须对准时标的刻度线。

· 时标网络宜按最早时间编制。

c. 时标网络计划编制步骤。编制时标网络,一般应遵循如下步骤:

· 画出具有活动时间参数的双代号网络图。

· 在时标表上,按最早开始时间确定每项活动的开始节点位置。

· 按各活动持续时间长度绘制相应活动的实线部分,使其水平投影长度等于活动持续时间。

·用波形线(或者虚线)把实线部分与其紧后活动的开始节点连接起来,以表示自由时差。

d. 时标网络计划中关键线路和时间参数分析。

·关键线路。自终节点到始节点观察,凡是不出现波形线的通路,即为关键线路。

·计算工期。终节点和始节点所在位置的时间差值为计算工期。

·活动最早时间。每箭尾中心所对应的时标值代表最早开始的时间;没有自由时差的活动的最早完成时间是其箭头节点中心所对应的时标值;有自由时差的活动的最早完成时间是其箭头实线部分的右端所对应的时标值。

·活动自由时差。活动的自由时差是其波形线(或虚线)在坐标轴上水平投影的长度。

·总时差。活动总时差可从右到左逐个进行推算,其计算式为

$$TF_{i-j} = \min(TF_{j-k} + FF_{i-j}) \tag{3.19}$$

式中 TF_{j-k}——活动 $i-j$ 的紧后工作的总时差;

        FF_{i-j}——活动 $i-j$ 的自由时差。

3.5.1.2 电力工程项目进度计划的优化

1. 工期优化

工期优化就是以缩短工期为目标,压缩计算工期,以满足计划工期要求,或在一定的条件下使工期最短的过程。工期优化一般通过压缩关键工作持续时间来实现。

工期优化就是调整进度计划的计算工期 T,使其在满足计划工期 T_p 的前提下,达到工期最为合理的目的。所谓计划工期就是项目业主(或项目委托人)所要求的工期。当计划工期较为合理或不易改动时,工期优化包括两方面内容:

(1)进度计划的计算工期超过计划工期,必须对进度计划进行优化,使计算工期满足计划工期的要求,并因此而增加的费用最少。

(2)进度计划的计算工期远小于计划工期,这时也应先对进度计划进行优化,使其计算工期接近于计划工期,以达到节约费用的目的。

进度计划的工期优化主要是通过改变关键路径工期来实现的。工期优化的步骤如下:

①计算初始网络计划时间参数,找出关键工作和关键线路。

②按照要求工期计算应缩短的时间 $T = T_c - T_p$(T_c 为计算工期,T_p 为计划工期)。

③确定各关键工作能压缩多少时间。

④选择应优先压缩工期的关键活动,压缩其持续时间,并重新计算网络计划的工期。

⑤若已经达到工期要求,则优化完成,否则重复以上步骤,直至要求满足为止。

【例 3.3】已知某国家电网工程网络计划,如图 3.13 所示。图中箭线下方括号外为正常工作时间,括号内为最短工作时间,箭线上方或左侧括号内为优选系数(优选系数可按照实际需要,综合考虑工程活动的压缩成本、压缩工期对质量、安全的影响及资源供应、场地情况等设置,数值越小,优先级越高)。如计划工期为 125 天,试对其进行工期优化。

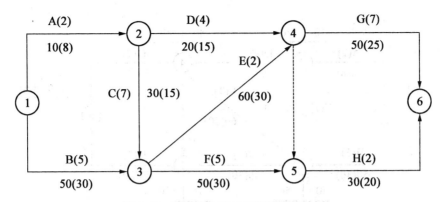

图 3.13　某国家电网工程初始网络计划

【解】(1)用节点法计算时间参数,确定关键线路。计算结果如图 3.14 所示,关键线路为 B—E—G。工期为 $T_c = 160$。

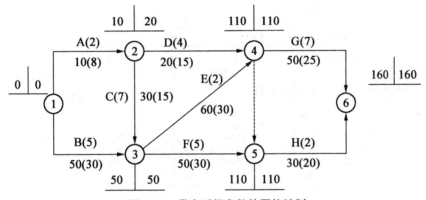

图 3.14　带有时间参数的网络计划

(2)计算需缩短的工期为

$$T = T_c - T_p = 160 - 125 = 35(天)$$

①选择关键工作进行工期优化:E 的优选系数最小,选择 E,压缩 30 天。

②重新绘制网络图,计算时间参数,如图 3.15 所示。

③如图 3.15 所示,计算工期为 130 天,仍大于要求工期 125 天,因此需进行第二次压缩工期,关键线路为两条 BEG 和 BFH,此时 E 已无法压缩,可能的压缩方案为。

　a.压缩 B,优选系数为 5;

　b.压缩 G、F,组合优选系数为 7 + 5 = 12;

　c.压缩 G、H,组合优选系数为 7 + 2 = 9。

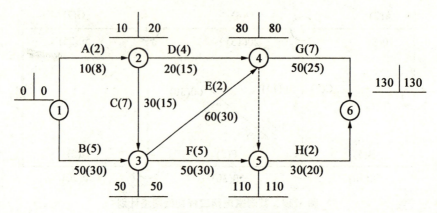

图 3.15 第一次压缩后的网络计划

选择优选系数最小的方案,因此选择压缩 B,压缩 10 天,压缩后的网络图如图 3.16 所示。

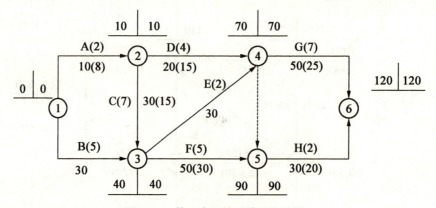

图 3.16 第二次压缩后的网络计划

工期 $T = 130 - 10 = 120$(天)达到目标。关键线路为 A—C—E—G,A—C—F—H,B—F—H,B—E—G。

2. 工期—费用优化

工期—费用优化就是应用网络计划,在一定约束条件下,综合考虑成本与工期二者的关系,以期达到成本低、工期短的目的。

(1)工期和费用的关系。工程成本包括直接费用和间接费用两部分。在一定期限内,工程直接费用随着工期的增加而减少,而间接费用则随着工期的增加而增大,它们与工期的关系曲线,如图 3.17 所示。

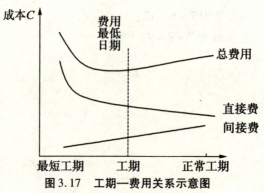

图 3.17 工期—费用关系示意图

间接费用由企业管理费、财务费和其他费用构成,它与施工单位的管理水平、施工条件、施工组织等有关。工程直接费用包括:直接费用、其他直接费用及现场经费。工期压缩,必然采取加班加点和多班制突击作业,增加非熟练工,使用高价材料和劳动力,采用高价施工方法和机械等措施,因而随着工期缩短,工程直接费用较正常工期将大幅度增加。

(2)费用—工期优化步骤。从网络计划的各工作持续时间和费用关系中,依次找出既能使计划工期缩短,又能使其费用增加最少的工作,不断地缩短其持续时间,同时考虑间接费用叠加,即可求出工程成本最低时的相应最优工期或工期指定时相应的最低工程成本。

【例3.4】按照工作之间的逻辑关系,某电力工程施工网络计划,如图3.18所示。该工程有两个施工组织方案,相应的各工作所需的持续时间和费用见表3.3。在施工合同中约定:合同工期为271 d,工期延误一天罚款0.5万元,提前一天奖0.5万元。

(1)分别计算两种施工组织方案的工期和综合费用并确定关键线路。

(2)若对该工程采用混合方案组织施工,应如何组织施工较经济?相应的工期和综合费用是多少?(在本题的解题过程中不考虑工作持续时间变化对网络计划关键线路的影响)

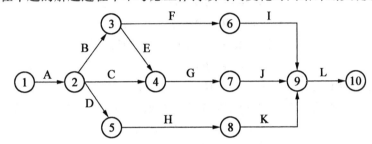

图3.18 某电力工程施工网络计划

表3.3 基础资料表

工作	施工组织方案Ⅰ		施工组织方案Ⅱ	
	持续时间/d	费用/万元	持续时间/d	费用/万元
A	30	13	28	16
B	46	20	42	22
C	28	10	28	10
D	40	19	39	19.5
E	50	23	48	23.5
F	38	13	38	13
G	59	25	55	28
H	43	18	43	18
I	50	24	48	25
J	39	12.5	39	12.5
K	35	15	33	16
L	49	20	50	21

【解】(1)按照对图3.18所示施工网络计划的分析可知,该网络计划有四条线路,即:

线路1:1—2—3—6—9—10

线路 2：1—2—3—4—7—9—10
线路 3：1—2—4—7—9—10
线路 4：1—2—5—8—9—10

①按施工组织方案Ⅰ，将表 3.3 中各工作的持续时间标在网络图上，如图 3.19 所示。

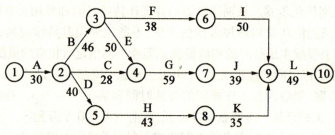

图 3.19　方案Ⅰ施工网络计划

如图 3.19 所示，4 条线路的长度分别为

$$T_1 = 30 + 46 + 38 + 50 + 49 = 213(天)$$
$$T_2 = 30 + 46 + 50 + 59 + 39 + 49 = 273(天)$$
$$T_3 = 30 + 28 + 59 + 39 + 49 = 205(天)$$
$$T_4 = 30 + 40 + 43 + 35 + 49 = 197(天)$$

因此关键线路为 1—2—3—4—7—9—10，计算工期 $T = 213$ 天。
将表 3.3 中各工作的费用相加，得到方案Ⅰ的总费用为 212.5 万元，则其综合费用为

$$C_1 = 212.5 + (273 - 271) \times 0.5 = 213.5(万元)$$

②按方案Ⅱ组织施工，将表 3.3 中各工作的持续时间标在网络图上，如图 3.20 所示。

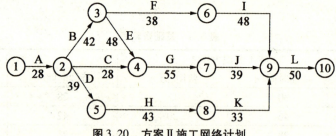

图 3.20　方案Ⅱ施工网络计划

如图 3.20 所示，4 条线路的长度分别为：

$$T_1 = 28 + 42 + 38 + 48 + 50 = 206(天)$$
$$T_2 = 28 + 42 + 48 + 55 + 39 + 50 = 262(天)$$
$$T_3 = 28 + 28 + 55 + 39 + 50 = 200(天)$$
$$T_4 = 28 + 39 + 43 + 33 + 50 = 193(天)$$

因此关键线路为 1—2—3—4—7—9—10，计算工期 $T = 262$ 天。
将表 3.3 中各工作的费用相加，得到方案Ⅱ的总费用为 224.5 万元，则其综合费用为

$$C_1 = 224.5 + (262 - 271) \times 0.5 = 220(万元)$$

(2)由题意求。

①关键工作采用方案Ⅱ，非关键工作采用方案Ⅰ。关键工作 A、B、E、G、J、L 执行方案Ⅱ的工作时间，确保工期为 262 天。非关键工作执行方案Ⅰ的工作时间，而其中费用较低的非

关键工作有：$T_D = 40$ 天，$C_D = 19$ 万元；$T_I = 50$ 天，$C_I = 24$ 万元；$T_K = 35$ 天，$C_K = 15$ 万元。则按此方案混合组织施工的综合费用为

$$C = 220 - (19.5 - 19) - (25 - 24) - (16 - 15) = 217.5（万元）$$

②在方案 I 的基础上，按压缩费用从少到多的顺序压缩关键线路。

a. 计算各关键工作的压缩费用。关键工作 A、B、E、G、L 每压缩一天的费用分别为 1.5、0.5、0.25、0.75、1.0 万元。

b. 先对压缩费用小于工期奖的工作压缩，即压缩工作 E2 天，但工作 E 压缩后仍不满足合同工期要求，因此仍需进一步压缩，再压缩工作 B4 天，则工期为 267 天（273 - 2 - 4），相应的综合费用

$$C = 212.5 + 0.25 \times 2 + 0.5 \times 4 + (267 - 271) \times 0.5 = 213（万元）$$

因此，应在方案 I 的基础上压缩关键线路来组织施工，相应的工期为 267 天，相应的综合费用为 213 万元。

3. 工期—资源优化

资源是项目所需人力、材料、设备和资金的统称。在进度计划管理的范围内，资源优化要解决两方面的问题：

(1) 在提供的资源有所限制时，使每个时段的资源用量满足资源限量的要求，并使项目工期最短；

(2) 当工期固定时，使资源安排更为均衡合理。

前者称为"资源优化—工期最短"优化，后者称为"工期固定—资源均衡"优化。"资源优化—工期最短"优化，又称"资源计划安排法"，其优化过程就是在许可的范围内不断调整各项工作的持续时间与搭接关系，使得在工期延长最短的条件下，逐步达到满足资源限量的目的。"工期固定—资源均衡"的优化过程则必须满足工期不变的前提。在工程项目施工中，资源均衡的一个主要要求就是力求每天的资源需用量尽量接近平均值，避免出现短时期内的高峰和低谷。为确保项目总工期不变，关键工作、总时差为零的工作不得拖期。在选定拟调整的工作时，应当从网络计划的最终节点开始，按照工作完成节点的编号，按从大到小的顺序逐个选定，同一完成节点有多个可调整工作时，开始时间较迟的工作先进行调整。为使资源均衡性最优，上述过程要反复迭代，直至所有工作都无法再调整为止。

3.5.2 电力工程项目进度控制

3.5.2.1 电力工程项目进度控制的任务

电力工程项目管理类型诸多，代表不同利益方的项目管理（业主方和项目参与各方）都有进度控制的任务，但是，其控制的目标和时间范畴是不相同的。

1. 业主方进度控制的任务

业主方进度控制的任务是控制整个项目实施阶段的进度，其中包括控制设计准备阶段的工作进度、设计工作进度、施工进度、物资采购工作进度，以及项目动用前准备阶段的工作进度。

2. 设计方进度控制的任务

设计方进度控制的任务是依据设计任务委托合同对设计工作进度的要求控制设计工作

进度,这是设计方履行合同的义务。另外设计方应尽量使设计工作的进度与招标、施工和物资采购等工作进度相协调。

3. 施工方进度控制的任务

施工方进度控制的任务是依据施工任务委托合同对施工进度的要求控制施工进度,这是施工方履行合同的义务。在进度计划编制方面,施工方应当视项目的特点和施工进度控制的需要,编制深度不同的控制性、指导性和实施性施工的进度计划,以及按不同计划周期(年度、季度、月度和旬)的施工计划等。

4. 供货方进度控制的任务

供货方进度控制的任务是依据供货合同对供货的要求控制供货进度,这是供货方履行合同的义务。供货进度计划应当包括供货的所有环节,如采购、加工制造、运输等。

3.5.2.2 电力工程项目进度控制的过程

因电力工程项目的复杂性及外界环境的干扰,进度计划的编制者很难事先对项目实施过程中可能出现的问题进行全面的估计,例如气候的变化、意外事故及其他条件的变化都会对电力工程进度计划的实施产生影响,常造成实际进度与计划进度发生偏差,若这种偏差得不到及时纠正,势必会影响到进度总目标的实现。为此,在电力工程项目进度计划的实施过程中,必须采用系统有效的进度控制系统,可概括为以下四个过程。

1. 实施及跟踪检查

采用多种控制手段确保各个工程活动按计划及时开始,记录各工程活动的开始和结束时间及完成程度。跟踪检查的主要工作是定期收集反映实际工程进度的有关数据。收集的数据质量要高,不完整或不正确的进度数据将导致不全面或不正确的决策。究竟多长时间进行一次进度检查,这是项目管理者常常关心的问题。一般情况下,进度控制的效果与收集信息资料的时间间隔有关,进度检查的时间间隔与工程项目的类型、规模、范围大小、现场条件等多方面因素有关,可视工程进度的实际情况,每月、每半月或每周进行一次。在某些特殊情况下,甚至可能进行每日进度检查。

2. 整理、统计和对比收集的数据

将收集的数据进行整理、统计和分析,形成与计划具有可比性的数据。例如按照本期检查实际完成量确定累计完成的量、本期完成的百分比和累计完成的百分比等数据资料。将实际数据与计划数据进行比较,例如将实际的完成量、实际完成百分比与计划的完成量、计划完成百分比进行比较。通过比较,了解实际进度比计划进度拖后、超前还是与计划进度一致。确定整个项目的完成程度,并结合工期、生产成果、劳动效率、消耗等指标,评价项目进度状况,分析其中的问题。

3. 对下期工作做出安排

对一些已开始,但尚未结束的项目单元的剩余时间做出估算,提出调整进度的措施,按照已完成状况做新的安排和计划,调整网络(如变更逻辑关系、延长缩短持续时间等),重新进行网络分析,预测新的工期状况。

4. 评审与决策

对调整措施和新计划做出评审,分析调整措施的效果,分析新的工期是否满足目标要求。

3.5.2.3 电力工程项目进度控制的实施

1. 分析进度偏差的影响

通过前述用跟踪甘特图进度比较方法,当项目出现进度偏差时,应当分析该偏差对后续工作及总工期的影响。主要从以下几个方面进行分析:

(1)分析产生进度偏差的工作是否为关键工作,如果出现偏差的工作是关键工作,则无论其偏差大小,对后续工作及项目总工期都会产生影响,必须进行项目进度计划更新;如果出现偏差的工作为非关键工作,则需按照偏差值与总时差和自由时差的大小关系,确定其对后续工作和项目总工期的影响程度。

(2)出现进度偏差的工作不是关键工作,则应由偏差与总时差及自由时差的关系来确定对后续工作及总工期的影响。

①进度偏差>总时差,必然影响总工期和后续工作;进度偏差≤总时差,表明对总工期无影响,但其对后续工作的影响需要将其偏差与其自由时差相比较才能做出合理判断。

②总时差≥进度偏差>自由时差,不会影响总工期,但对后续工作会产生影响。

③进度偏差≤自由时差,不会对总工期和后续工作产生影响,不需进行调整;进度偏差>自由时差,则会对后续工作产生影响,应按照后续工作允许影响的程度进行调整。

2. 项目进度计划的调整

当发现某活动进度有延误,并对后续活动或总工期有影响时,一般需对进度进行调整,以实现进度目标。调整进度的方案可有多种,需要择优选择。电力工程项目可以从如下方面进行调整。

(1)关键工作的调整。关键工作无机动时间,其中任一工作持续时间的缩短或延长都会对整个工程项目工期产生影响。因此关键工作的调整是项目进度更新的重点。有两种调整情况:

①关键工作的实际进度较计划进度提前时的调整方法。如果仅要求按计划工期执行,则可利用该机会降低资源强度及费用。实现的方法是,选择后续关键工作中资源消耗量大或直接费用高的予以适当延长,延长的时间不应超过已完成的关键工作提前的量;若要求缩短工期,则应将计划的未完成部分作为一个新的计划,重新计算与调整,按新的计划执行,并确保新的关键工作按新计算的时间完成。

②关键工作的实际进度较计划进度落后时的调整方法。调整的项目目标就是采取措施将耽误的时间补回来,确保项目按期完成。调整的方法主要是缩短后续关键工作的持续时间。

(2)改变某些工作的逻辑关系。若项目实际进度产生的偏差影响了项目总工期,则在工作之间的逻辑关系允许改变的条件下,改变关键线路和超过计划工期的非关键线路上有关工作之间的逻辑关系,达到缩短工期的目的。这种方法调整的效果是显著的。例如,可以将依次进行的工作变为平行或互相搭接的关系,以缩短工期。但这种调整应以不影响原定计划工期和其他工作之间的顺序为前提,调整的结果无法形成对原计划的否定。

(3)重新编制计划。采用其他方法仍无法奏效时,则应按照项目工期的要求,将剩余工作重新编制网络计划,使其满足工期要求。

(4)非关键工作的调整。当项目非关键线路上某些工作的持续时间延长,但不超过其时差范围时,则不会影响项目工作,进度按计划不必调整。为了更充分利用资源,降低成本,在必要时,可对非关键工作的时差做适当调整,但不得超出总时差,且每次调整均需进行时间参数计算,以观察每次调整对计划的影响。非关键工作的调整方法包括三种:

①在总时差范围内延长非关键工作的持续时间。
②缩短工作的持续时间。
③调整工作的开始或完成时间。

当非关键线路上某些工作的持续时间延长而超出项目总时差范围时,则必然影响整个项目工期,关键线路就会转移。此时其调整方法与关键线路的调整方法相同。

(5)增减工作。因编制项目计划时考虑不周,或因某些原因需要增加或取消某些工作,则需重新调整网络计划,计算网络参数,增减工作不应影响原计划总的逻辑关系,以便原计划得以实施。增减工作只能改变局部的逻辑关系。增加工作,只是对原遗漏或不具体的逻辑关系进行补充;减少工作,只是对提前完成的工作或原不应设置的工作予以删除。增减工作后,应重新计算网络时间参数,以分析此项调整是否对原计划工期产生影响。若有影响,应采取措施使之保持不变。

(6)资源调整。当发生异常或供不应求时,如资源强度降低或中断,影响到计划工期的实现就进行资源调整。资源调整的前提是确保工期不变或使工期更加合理;方法是进行资源优化,但最好的办法是预先储备资源。

3.6 电力工程项目质量管理

3.6.1 电力工程项目质量计划

3.6.1.1 电力工程项目质量计划的输入

根据质量管理惯用的过程的观点,电力工程项目质量计划的输入也就是电力工程项目质量计划编制的依据。

1. 工程项目的特点

不同类型、不同规模、不同特点的项目,其质量目标、质量管理运行过程及需要的资源各不相同。故应当针对项目的具体情况进行质量计划的编制。

2. 工程项目的质量方针

质量方针是指由电力工程项目组织的最高管理层正式发布的该组织关于质量的总宗旨和总方向,即工程项目团队组织构成或多个组织共同构成或共同完成某个项目,此时工程项目团队的管理机构为该项目所制定的相应质量方针。质量方针提供了质量目标制定的框架,是项目质量计划的基础之一。

3. 范围说明书

工程项目范围是对项目所交付产品或服务的总和的界定或定义。范围说明书就是在项目的利益相关者之间确认或建立一个对有关工程项目范围的共识的文件。它是制定项目所有计划的基础及依据。

4. 工程产品描述

产品是项目的成果。尽管可能在项目范围陈述中已经描述了产品的相关要素,然而产品的描述一般包含更加详细的技术要求和其他的相关内容,这是项目质量策划的必要依据。

5. 标准和规范

标准是一个"由公认的组织批准的文件,是为了能够普遍和重复地使用而为产品、过程或服务提供的准则、指导方针或特征,它们不是强制执行的"。标准按照适用范围可分为行业标准、国家标准和国际标准等。规范是一种"规定产品、过程或服务特征的文件,包括适用的行政管理条例。规范是强制执行的"。在制定电力工程项目质量计划时,必须按照项目的范围说明和可交付成果的产品说明,以相应的产品和过程标准和规范为依据。

6. 其他的输出

在制定电力工程项目质量计划时,除了应考虑到上述五项内容以外,还要考虑项目管理其他过程的输出内容。例如在制定项目质量计划时,还要考虑到项目采购计划的输出,从而对分包商或供应商提出相应的质量要求。

3.6.1.2 电力工程项目质量计划的输出

1. 质量管理计划

质量管理计划要明确项目管理机构如何具体执行它的质量策略。项目质量管理计划针对特定的项目,规定由谁、在何时、利用哪些资源、依据什么样的程序、按照什么标准来实施项目以及如何考核项目成果。项目质量管理计划一般包括:

(1)要达到的项目质量目标,包括总目标和分解目标。
(2)质量管理工作流程,可以用流程图等形式展示过程的各项活动。
(3)在项目的各个不同阶段,职责、权限和资源的具体分配。
(4)项目实施中需采用的具体的书面程序和指导书。
(5)随项目的进展而修改和完善质量计划的程序。
(6)达到质量目标的测量方法。
(7)各个阶段适用的试验、检查、检验和评审大纲。
(8)为达到项目质量目标必须采取的其他措施,如更新检验技术研究新的工艺方法和设备、用户的监督、验证等。

2. 实施说明

实施说明是用非常专业的术语来描述各种问题的实际内容,以及如何通过质量控制程序对它们进行检测。

3. 检查表

检查表是一种项目质量管理工具,用以核查需要执行的一系列步骤是否已经实施以及实施结果的状况。检查表可以很简单,也可以很复杂。常用的表格中包括时间、检查内容、检查责任人、检查结果等。检查表为项目实施过程中按照质量管理计划实施项目的质量控制提供了检查的计划依据和检查表格。

4. 其他的输入

项目质量管理计划为项目的其他过程和工作提供了依据。例如项目采购管理、项目的进度控制等过程均要考虑到项目的质量计划。

3.6.2 电力工程项目质量控制

3.6.2.1 电力工程项目质量控制的过程

电力工程项目的建设过程是十分复杂的,其业主、投资者一般都直接介入整个生产过程,参与全过程的各个环节和对各种要素的质量管理。要达到电力工程项目的目标,建成一个高质量的工程,就必须对整个项目过程实施严格的质量控制,质量控制必须达到微观与宏观的统一,过程和结果的统一。

因项目是一个渐进的过程,如图 3.21 所示,项目控制过程中,任何一个方面出现问题,必然会影响后期的质量控制,进而影响工程的质量目标。

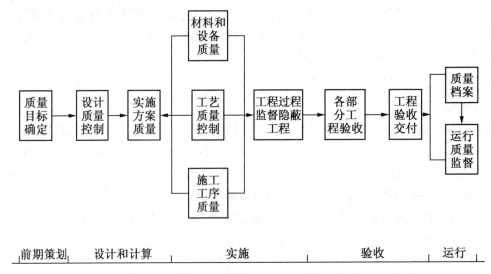

图 3.21 工程项目质量控制过程

3.6.2.2 电力工程项目质量控制的工作内容

电力工程项目质量控制工作包括专业技术和管理技术两方面。质量控制应贯彻预防为主与检验把关相结合的原则,在项目形成的每一个阶段和环节,即质量环的每一阶段,均应对影响其工作质量的人员、机械设备、物料、方法、环境因素进行控制,并对质量活动的成果进行阶段验证,便于及时发现问题,查明原因,采取措施,防止类似问题重复发生,并使问题在早期得到解决,减少经济损失。为使每项质量活动均能有效,质量计划对干什么、为何干、如何干、由谁干、何时干、何地干等问题应做出规定,并对实际质量活动进行监控。工程项目的进行是一个动态过程,因此围绕项目的质量控制也具有动态性。为了掌握电力工程项目随着时间的变化而变化的状态,应采用动态控制的方法和技术进行质量控制工作。

3.6.2.3 电力工程项目设计过程中的质量控制

设计是整个工程实施阶段的先行和关键。我国工程质量事故统计资料表明,由于设计方面的原因所引起的质量事故占总的 40.1%。工程设计对工程的质量以及建设周期、工程实施的秩序程度、投资效益和运行后的经济效益、社会效益等方面都起着重要的作用。

1. 工程项目设计质量

设计质量是一种适合性质量,即通过设计,应使项目质量适应项目使用的要求,以实现项目的使用价值及功能;应使项目质量适应项目环境的要求,使项目在其生命周期内安全、可靠;应使项目质量适应用户的要求,使用户满意。实现设计阶段质量控制的主要方法包括方案优选、价值工程等。

设计质量的内涵包括:

(1)工程项目功能、使用价值的满足程度。

(2)工程项目设计的安全性、可靠性。

(3)工程项目与自然及社会环境的协调性。

(4)工程概(预)算的经济性,设计进度的时间性。

(5)施工阶段的服务性。

设计质量的评价标准:符合国家现行的有关法律、法规、工程设计技术标准和合同的规定。

2. 设计的组织与分工

因电力工程项目设计属于典型的智力劳动,其产品设计图纸是智力劳动的成果。项目设计质量的高低与其设计者的业务水平、职业素养以及设计单位的人员配备密切相关。

(1)设计的专业设置与划分。电力工程项目包括许多种类型,但无论哪一种类型,电力工程项目都是由许多技术子系统组成的。例如电力工程中的建筑工程项目,一般由地基与基础工程、建筑主体结构及给水、排水、电气、消防电梯等子系统组成,一些大型的建筑工程项目还包括净水系统,通信、监控、空调通风、智能化及综合布线、室外各种水、电、声、光、环境、排污治污等子系统。

(2)设计单位和人员选择。因电力工程项目技术系统是一个有机的整体,故每一个电力工程项目的设计都必须将其所涉及的各种专业的设计人员有机组织起来,建立临时的项目设计组织。项目设计组织中所含专业应按照合同规定的任务范围确定,项目设计组织的工作需要有关部门和人员支持及配合。以下是选择设计单位、人员的一般原则,但业主仍应按照工程项目实际情况做出决定。

(3)明确设计质量职责与分工。在进行电力工程项目设计时,为了确保设计工作有条不紊地进行,设计单位应按照设计对象的特征,建立起规范化的工作流程、明确各专业设计部门及配合部门的职责与分工,明确项目设计组织内各种专业的职责与分工,并进一步明确如设计项目经理、专业负责人、项目工艺经理等工作岗位的职责和任务。这些职责与分工必须是有机联系、系统安排的。

3. 设计阶段的质量控制

(1)业主对工程项目设计质量的控制。目前我国实行项目业主责任制,业主对工程项目的最终质量负有最直接的责任。在设计质量控制方面,业主应主要从设计单位的选择、设计工作控制、设计交底和图纸会审等方面对设计质量进行控制。

(2)设计单位对工程项目设计质量的控制。设计是工程质量形成过程中的重要阶段,应贯彻以预防为主的原则,制定对设计进行控制和验证的程序确保设计工作的质量,对各环节进行控制。设计单位应明确划分设计和开发阶段,对设计任务进行分解,规定各阶段质量活动的工作内容,落实有关部门、人员的职责和权限,并提出设计进度。在设计计划中要加强接口的控制,确保各设计阶段之间的衔接和各专业之间的衔接;对设计输入进行评审,确保设计输入完整、合理和明确。

(3)政府职能部门的监督控制。政府是通过对设计单位资质的审批和管理,对设计市场进行宏观控制和指导,以及对设计方案的审查和初步设计的审批,组织设计质量的年度检查及设计项目评优等工作,来实现对设计质量的控制。政府方面控制的主要内容包括:工程设计是否遵守城市建设总体规则;工程设计是否达到环境保护的要求;工程设计标准是否达到防灾、抗灾要求(例如抗震、人防、消防等);设计单位资质是否符合要求,有无越级设计、无证设计问题等。

3.6.2.4 电力工程项目设计采购与安装的质量控制

1. 工程项目设备的质量及其内涵

所谓工程项目设备的质量,就是其使用价值,即设备应适合一定用途,满足工程上某种需要所具备的特性。不同的设备,按照对其使用要求的不同,具有不同的质量特性。其内涵主要表现为技术性能、寿命、可靠性、安全性、经济性几个方面。

2. 设备采购的质量控制

设备的购置是直接影响设备质量的关键环节,设备是否能够满足生产工艺要求、配套投产、正常运转、充分发挥效能,确保准确度和质量;设备是否技术先进、经济适用、操作灵活、安全可靠、维修方便、经久耐用;这些均与设备的购置密切相关。

采购设备,可采取市场采购,向制造厂商订货或招标采购等方式,采购质量控制主要是采购方案的审查及工作计划中明确的质量要求。

(1)市场采购设备的质量控制。市场采购这种方式采购的设备质量和花费的设备费用常受采购人员的业务经验和工作作风的影响,因而一般用于小型通用设备的采购。

(2)向生产厂家订购设备的质量控制。选择一个合格的供货厂商,是向厂家订购设备质量控制工作的首要环节。为此,设备订购前要做好厂商的评审与实地考察。

(3)招标采购设备的质量控制。设备招标采购一般用于大型、复杂、关键设备和成套设备以及生产线设备的订货。选择合适的设备供应单位是控制设备质量的重要环节。在设备招标采购阶段,监理单位应该当好建设单位的参谋和帮手,将好设备订货合同中技术标准、质量标准的审查关。

3. 设备安装的质量控制

设备安装要按照设计文件实施,要符合有关的技术要求和质量标准。在安装的过程中,要做好安装过程的质量监督与控制,对安装过程中每一个分项、分部工程和单位工程进行检查质量验收。

(1)设备安装准备阶段的质量控制。

①审查安装单位提交的设备安装施工组织设计和安装施工方案。

②检查作业条件。例如运输道路、水、电、气、照明及消防设施,主要材料、机具和劳动力是否落实;土建施工是否已满足设备安装要求;安装工序中有恒温、恒湿、防震、防尘、防辐射要求时是否有相应的确保措施;当气象条件不利时是否有相应的措施。

③采用建筑结构作为起吊、搬运设备的承力点时是否对结构的承载力进行了核算,是否征得设计单位的同意。

④设备安装中采用的各种计量和检测器具、仪器、仪表和设备是否符合计量的规定(准确度等级不得低于被检对象的准确度等级)。

⑤检查安装单位的质量管理体系是否建立及健全,督促其不断完善。

(2)设备安装过程的质量控制。设备安装过程的质量控制主要包括:设备基础检验、设备就位、调平与找正、二次灌浆等不同工序的质量控制。

①质量控制要点。

a.在安装过程中的隐蔽工程,隐蔽前必须进行检查验收,合格后方可进入下道工序。

b.设备安装中要坚持施工人员自检,下道工序的交检,安装单位专职质检人员的专检及监理工程师的复检(和抽检)并对每道工序进行检查及记录。

c.安装过程使用的材料,例如各种清洗剂、油脂、润滑剂、紧固件等必须符合设计和产品标准的规定,有出厂合格证明及安装单位自检结果。

②设备基础的质量控制。在设备安装就位前,安装单位应对设备基础进行检验,在其自检合格后提请监理工程师进行检查。一般是检查如下:

a.基础的外形几何尺寸、位置、混凝土强度;

b.所在基础表面的模板、地脚螺栓、固定架及露出基础外的钢筋;

c.所有预埋件的数量及位置是否正确等内容。

③设备就位和调平找正。正确地找出并划定设备安装的基准线,然后按照基准线将设备安放到正确位置上,统称就位。这个"位置"是指平面的纵、横向位置和标高。监理工程师的质量控制,就是对安装单位的测量结果进行复核,并检查其测量位置是否符合要求。设备调平找正分为设备找正、设备初平及设备精平三个步骤。

④设备的复查与二次灌浆。每台设备在安装定位、找正调平之后,安装单位要进行严格的复查工作,使设备的标高、中心和水平及螺栓调整垫铁的紧度完全符合技术要求,并将实测结果记录在质量表格中。安装单位经自检确认符合安装技术标准后,应当提请监理工程师进行检验,经监理工程师检查合格,安装单位方可进行二次灌浆工作。

⑤设备安装质量记录资料的控制。设备安装的质量记录资料反映了整个设备安装过程,对今后的设备运行及维修具有一定意义。故对安装单位质量管理检查资料、安装依据、设备、材料的质量证明资料、安装设备验收资料等应作如下要求:

a.安装的质量记录资料要真实、齐全完整,签字齐备。

b.质量记录资料要与安装过程的各阶段同步。

c.所有资料结论要明确。

d.组卷、归档要符合建设单位及接收使用单位的要求,国际投资的大型项目,资料应符合国际重点工程对验收资料的要求。

(3)设备试运行的质量控制。设备安装经检验合格后,还必须进行试运行,这是确保设备配套投产正常运转的重要环节。

①设备试运行条件的控制。设备安装单位认为达到试运行条件时,应向项目监理机构提出申请。经现场监理工程师检查并确认满足设备试运行条件时,由总监理工程师批准设备安装承包单位进行设备试运行。在试运行时,建设单位及设计单位应有代表参加。

②试运行过程的质量控制。业主及监理工程师应参加试运行的全过程,督促安装单位做好各种检查及记录,例如传动系统、电气系统、润滑、液压、气动系统的运行状况。试运行

中如出现异常,应立即进行分析并指令安装单位采取相应措施。

3.6.2.5 电力工程项目施工阶段的质量控制

工程项目施工阶段是按照设计文件和图纸的要求,通过施工最终实现并形成工程实体的阶段,是最终形成工程产品质量和工程项目使用价值的重要阶段,也是工程项目质量控制的关键环节。施工质量控制是一种过程性、纠正性和把关性的质量控制。只有严格对施工全过程进行质量控制,即包括各项施工准备阶段的控制、施工过程中的质量控制和竣工阶段的控制,才能实现项目质量目标。

1. 施工质量控制依据

施工阶段进行质量控制的依据,大体上有以下四类。

(1)工程合同文件。工程施工承包合同文件和委托监理合同文件中分别规定了参与建设各方在质量控制方面的权利和义务,有关各方必须履行在合同中的承诺。对于监理单位,既要履行委托监理合同的条款,又要督促建设单位、监督承包单位、设计单位履行有关的质量控制条款。因此,要熟悉这些条款,据以进行质量监督和控制。

(2)设计文件。"按图施工"是施工阶段质量控制的一项重要原则。因此,经过批准的设计图纸和技术说明书等设计文件,无疑是质量控制的重要依据。但是从严格质量管理和质量控制的角度出发,监理单位在施工前还应参加由建设单位组织的设计单位及承包单位参加的设计交底及图纸会审工作,以达到了解设计意图和质量要求,发现图纸差错和减少质量隐患的目的。

(3)国家及政府有关部门颁布的有关质量管理方面的法律、法规性文件。电力施工项目质量管理的依据为《中华人民共和国建筑法》、《建设工程质量管理条例》,合同文件中规定的推荐性工程建设标准、规程规范有关的设计文件,国家和行业主管部门颁布的强制性工程建设标准、规程规范。

此外,其他各行业如交通、能源、冶金、化工等的政府主管部门和省、市、自治区的有关主管部门,也均按照本行业及地方的特点,制定和颁发了有关的法规性文件。

(4)有关质量检验与控制的专门技术法规性文件。这类文件一般是针对不同行业、不同的质量控制对象而制定的技术法规性的文件,包括各种有关的标准、规范、规程或规定。

2. 施工阶段质量管理过程的划分

(1)按工程项目施工层次结构划分。工程项目施工质量管理过程为工序质量管理、分项工程质量管理、分部工程质量管理,单位工程质量管理、单项工程质量管理。其中单位工程质量管理与单项工程质量管理包括建筑施工质量管理、安装施工质量管理与材料设备质量管理。

(2)按工程实体质量形成过程的时间阶段划分。在工程项目实施阶段的不同环节,其质量控制的工作内容不同,按照项目实施的不同时间阶段,可以将工程项目实施阶段的质量控制分为以下三个环节。

①施工准备控制。施工准备控制是指在各工程对象正式施工活动开始前,对技术、物质、组织、现场等方面的准备工作及影响质量的各因素进行控制,这是确保施工质量的先决条件。

②施工过程控制。施工过程控制是指在施工过程中对实际投入的生产要素质量及作业

技术活动的实施状态和结果所进行的控制,包括作业者发挥技术能力过程的自控行为和来自有关管理者的监控行为。全面控制实施过程,重点控制工序或工作质量。其具体措施是:工序交接有检查,质量预控有对策,项目实施有方案,质量确保措施有交底,动态控制有方法,配制材料有试验,隐蔽工程有验收,项目变更有手续,质量处理有复查,行使质控有否决,质量文件有档案。

③竣工验收控制。竣工验收控制是指对于通过施工过程所完成的具有独立的功能和使用价值的最终产品(单位工程或整个工程项目)及有关方面(例如质量文档)的质量进行控制。

(3)按施工阶段工程实体形成过程中物质形态的转化划分。可分为对投入的物质、资源质量的管理;施工及安装生产过程质量的管理,即在使投入的物质资源转化为工程产品的过程中,对影响产品质量的各因素、各环节及中间产品的质量进行控制;对完成的工程产出品质量的控制与验收。

前两项工作对于最终产品质量的形成具有决定性的作用,需对影响工程项目质量的五大因素进行全面管理。其中包括施工有关人员因素、材料(包括半成品)因素、机械设备(永久性设备及施工设备)因素、施工方法(施工方案、方法及工艺)因素和环境因素。

3. 施工准备阶段的质量控制

施工合同签订之后,项目经理部建立完善的工程项目管理机构和严密的质量确保体系以及质量责任制,抓住质量计划制定、质量计划实施和质量计划(目标)实现三个环节。要求各部门都应担负起质量管理责任,以各自的工作质量来确保整体工程质量。

在工程开工前,承包人应认真做好施工准备工作,并接受监理的检查。检查内容包括:

(1)设计图纸、施工技术规范、质量检查评定标准是否齐全,设计图纸和施工措施是否已交底。

(2)主要设备和机具、劳动组织及人员配备是否已落实。混凝土拌和站等大型设备已经试运转检验,能正常工作。

(3)开工所需并经发包人或监理同意使用的材料、购件、设备已部分到位,经检验合格,并能够满足按计划连续施工的需要,各种混凝土、砂浆的配合比已经监理批准。

(4)场地平整、施工通道、测量布点及其他临时设施已完成。

(5)安全文明施工制度已建立,措施已落实,质量确保措施已制定,质量、安全、文明施工的责任人已落实。

(6)按照规定需持证上岗的各岗位操作人员经培训达到应有的技术水平,并有法定单位颁发的岗位证书。

(7)冬雨季、高温季节的防护措施已落实,混凝土养护等辅助措施已落实。

(8)各项工艺试验已完成(经监理批准在开工初期结合施工进行的工艺试验除外),各项工艺参数、质量标准已明确。

4. 施工过程中的质量控制

业主委托监理工程师在此阶段执行相关的质量管理工作。具体来说,施工过程中现场的质量控制主要通过工序质量控制来实现。

(1)工序质量控制。因施工现场项目过程就是由一系列相互关联、相互制约的工序所构成。要控制项目质量,首先应控制工序质量。工序质量包括两方面内容:

①工序活动条件的质量。

②工序活动效果的质量。

(2)工序质量控制点的设置。工序质量控制点是指在不同时期工序质量控制的重点。质量控制点的涉及面较广,按照项目的特点,视其重要性、复杂性、精确性、质量标准和要求等,质量控制点可能是材料、操作环节、技术参数、设备、作业顺序、自然条件、项目环境等。质量控制点的设置,主要视其对质量特征影响的程度及危害程度加以确定。

工程项目的质量控制点包括:

①人的行为。参与施工和管理的所有人员在进入工程施工前进行岗位职责、专业技术、质量意识的教育和培训,并全部进行考核,合格后方能进入工程施工。某些工序应特别控制人的行为,避免因人的失误造成质量问题。

②物的状态。某些工序则应以物的状态作为控制的重点。例如受热面设备安装前,检查集箱、管子无裂纹、撞伤、龟裂、压扁、砂眼和分层等缺陷;又如表面缺陷超过管子壁厚10%以上、集箱表面缺陷深度超过1 mm以上应及时通知业主、监理,处理合格后方可进行安装。检查管子焊缝,焊缝高度必须符合图样要求,按照《电力建设施工及验收技术规范》要求对焊缝抽查探伤,发现问题及时提交业主、监理。

③材料的质量和性能。材料的质量和性能是直接影响工程质量的主要因素。某些工序应当将材料的质量和性能作为控制的重点。例如保温施工过程中的保温材料品种、规格、厚度要符合设计要求,进货前必须按部颁标准进行验收,严禁使用不合格材料。在存放时,要按不同品种、规格分类存放在防水防潮的大棚内,摆放高度不超过1.8 m,箱上标签朝外,现场存放材料时或保护层未安装的保温层应当采取防雨措施。在保温施工时,保温材料一层要错缝,二层要压缝,拼缝严密,缺角补齐,填充密实,绑扎牢固,铁丝网紧贴在主保温层上连接牢固。粉面配合比正确,缝隙用相应的散状标准材料填满,膨胀缝要按规定留设合理,每层保温材料施工完要进行找平严缝处理。

④关键的操作。某些操作直接影响工程质量,故应作为控制的重点。如在明敷接地母线前,用浅红粉线打出安装线,按线敷管,做到横平竖直,在固定时,一律用专用固定夹及膨胀螺栓固定,不能用射钉固定,这样才能够达到设计和规程规范的要求;预应力筋张拉,在操作过程中,如不进行严格控制,就不可能可靠地建立预应力值。

⑤施工顺序。某些工序或操作,必须严格控制相互之间的先后顺序,否则就会影响工程质量。例如冷拉钢筋,应先对焊后冷拉。

⑥技术间隙。有些工序之间的技术间隙时间性很强,如果不严格控制,会影响质量。例如分层浇筑混凝土,必须待下层混凝土未初凝时将上层混凝土浇完。砖墙砌筑后,应有6～10 d的时间让墙体充分沉陷、稳定,干燥后才能抹灰,抹灰层干燥后才能喷白、刷浆。

⑦技术参数。某些技术参数与质量密切相关,必须严格控制。例如混凝土的水灰比、外加剂掺量等技术参数直接影响混凝土质量,应作为质量控制点。

⑧常见的质量通病。常见的质量通病,例如汽机专业汽、水系统跑、冒、滴、漏等,均与工序操作有关,均应事先研究对策,提出譬如"对小口径管道施工统一规划、集中布置、排列整齐,尽可能减少交叉和拐弯,并留有足够的保温间隙和膨胀量"的预防措施。

⑨新工艺、新技术、新材料的应用。新工艺、新技术、新材料虽已通过鉴定、试验,但如果操作人员缺乏经验,应将其工序操作作为重点严加控制。

⑩质量不稳定、质量问题较多的工序。通过对质量数据的统计分析,表明质量波动、不合格品率较高的工序,应当设置为质量控制点。

⑪特殊土地基和特种结构。对于湿陷性黄土等特殊地基的处理,及大跨度结构、高耸结构等技术难度较大的施工环节和重要部位,应加以特别控制。

质量控制点的设置是确保项目质量的有力措施,也是进行质量控制的重要手段。在工序质量控制过程中,首先应对工序进行全面的分析、比较,以明确质量控制点;然后应分析所设置的质量控制点在工序进行过程中可能出现的质量问题或造成质量隐患的因素,并加以严格的控制。

5. 项目质量验收与移交

(1)项目质量验收的内容。项目质量验收是对工程进行质量认可,评定和办理验收交接手续的过程。质量验收是控制项目质量最终的重要手段,也是项目验收的重要内容。

①项目设计阶段的质量验收。因为项目的全部质量标准及验收的详细依据都是在设计阶段完成的,所以不仅要检验设计文件的质量,同时也要对质量验收评定标准与依据的合理性、完备性和可操作性作检验。

②工程施工阶段的质量验收。工程施工阶段是项目可交付成果(工程)质量的形成过程。施工阶段的质量验收要按照项目范围规划、工作分解结构和质量计划,对材料、工艺、设备,每一个工序、工作包进行单个的评定和验收,然后按照各单个质量验收结果进行汇总统计,最终形成全部工程项目的质量验收结果。

③工程竣工阶段的质量验收。在实施阶段的质量管理是局部的,主要针对某些特定的对象,而工程竣工验收的重点则在于工程项目的整体是否达到设计的生产能力和规范的要求,检查系统的完整性。在工程接近完成之前双方就应商讨安排验收和移交问题,由项目经理组织各单位、各专业协调进行。

(2)工程质量验收主要标准和依据。工程质量验收主要标准和依据为:国家及部颁与工程有关的各种有效版本的技术规范、规程、设计院制造厂技术文件上的质量标准和要求;国外电力设备的安装,原则上按采购合同规定的(另有规定的除外)质量标准执行,如无要求,则按我国的现行国家、部颁质量标准实施,质量标准发生矛盾时由监理工程师及项目法人负责协调解决;施工质量检验评定标准按照国家电力部、国家电力公司颁发的有关规定执行。

(3)移交阶段。全部工程完成之后,业主组织力量或委托某些专业工程师对整个工程的实体和全部的施工记录资料进行交接检查,找出存在的问题,并为下一步的质量评定工作做好准备。

项目经理签发证书,则工程正式移交。至此承包商的工程施工任务才算结束,工程才进入保修阶段,工程的照管责任由承包商转移给业主,此后承包商才能够进行竣工决算。

3.6.2.6 电力工程项目质量控制的统计分析工具

1. 统计调查表法

统计调查表法又称统计调查分析法,它是利用专门设计的统计表对质量数据进行收集、整理和粗略分析质量状态的一种方法。该方法可用于缺陷位置检查、工序质量检查、不良项目检查、不良项目原因检查等问题的统计检查。

在质量控制活动中,利用统计调查表收集数据,简便灵活,便于整理,实用有效。它没有固定格式,可按照需要和具体情况,设计出不同统计调查表。常用的统计调查表包括：

(1)分项工程作业质量缺陷分布统计调查表。

(2)不合格项目调查表。

(3)不合格原因调查表。

(4)施工质量检查评定用调查表等。

表3.4是某火电站厂区沟道盖板外观质量问题调查表。

表3.4 某火电站厂区沟道盖板外观质量问题调查表

产品名称	混凝土空心板		生产班组			
日生产总数	200块	生产时间	年 月 日	检查时间	年 月 日	
检查方式	全数检查		检查员			
项目名称	检查记录			合计		
露筋	正正			9		
蜂窝	正正一			11		
孔洞	T			2		
裂缝				1		
其他	下			3		
总计				26		

2. 分层法

分层法,即分类法或分组法,它是将调查收集的原始数据,按照不同的日期和要求,按某一性质进行分组、整理的分析方法。它是质量控制统计分析方法中最基本的一种方法。其他统计方法一般都要与分层法配合使用,一般先利用分层法将原始数据分门别类,然后再进行统计分析。

分层的类型很多,常用的分层方法包括：

(1)按照操作人员分层,如按不同班组、技术级别、工龄、年龄、男女分层。

(2)按照材料分层,如按材料的供应单位、规格、品种分层。

(3)按照设备分层,如按设备型号、使用时间、功能分层。

(4)按照工艺方法分层,如按不同的工艺方案和工艺规格分层。

(5)按照工作时间分层,如按工作日期、工作时间分层。

(6)按照工作环境分层。

(7)按照技术环境、管理环境、劳动环境分层。

(8)按照使用条件分层。

例如,对某火电站汽轮机基础底板钢筋焊接质量进行调查分析时,共检查了50个焊接点,其中不合格19个,不合格率为38%,存在严重的质量问题。下面用分层法分析质量问题的原因。

现已查明这批钢筋的焊接是由A、B、C三个师傅操作的,而焊条是由甲、乙两个厂家提供的。因此,分别按操作者和焊条生产厂家进行分层分析,即考虑一种因素单独的影响,见表3.5和表3.6。

表3.5 按操作者分层

操作者	不合格	合格	不合格率/%
A	6	13	32
B	3	9	25
C	10	9	53
合计	19	31	38

表3.6 按供应焊条厂家分层

操作者	不合格	合格	不合格率/%
甲	9	14	39
乙	10	17	37
合计	19	31	38

由表3.5和表3.6分层分析可见,操作者B的质量较好,不合格率为25%;而不论是采用甲厂还是乙厂的焊条,不合格率都很高且相差不大。为了找出问题所在,再进一步采用综合分层进行分析,即考虑两种因素共同影响的结果,见表3.7。

表3.7 综合分层分析焊接质量

操作者	焊接质量	甲厂		乙厂		合计	
		焊接点	不合格率/%	焊接点	不合格率/%	焊接点	不合格率/%
A	不合格	6	75	0	0	6	32
	合格	2		11		13	
B	不合格	0	0	3	43	3	25
	合格	5		4		9	
C	不合格	3	30	7	78	10	53
	合格	7		2		9	
合计	不合格	9	39	10	37	19	38
	合格	14		17		31	

从表3.7的综合分层法分析可知,在使用甲厂的焊条时,应采用B师傅的操作方法为好;在使用乙厂的焊条时,应采用A师傅的操作方法为好,这样会使合格率大大提高。

3. 因果分析图法

因果图,即特性要因图,又因其形状常被称为树枝图或鱼刺图。因果分析图法是一种逐步深入分析质量问题的因果关系,寻找质量问题原因,并用图进行表示的一种快捷方法。

在项目当中,一个质量问题的产生往往由多种原因造成。这些原因有大有小,而且是多层次的。将这些大小不同、层次不同的原因,分别以主干、大枝、中枝、小枝、小分枝等表示出来,就能够系统而清晰地表示出产生质量问题的原因。通过分析图中的不同原因,制定相应的对策,从而使质量问题得到解决。

4. 排列图法

排列图法,即帕累托图法或主次因素分析图法,是利用排列图寻找影响质量的主次因素的一种有效方法。它是由两个纵坐标、一个横坐标、几个连起来的直方形和一条曲线所组成,用以分析质量问题的主次或质量问题原因的主次,以及评价所采取的改善措施的效果,即比较采取改善措施前后的质量情况。某混凝土构件尺寸不合格点排列图,如图3.22所示。图中,左侧纵坐标表示频数,右侧纵坐标表示累计频率;横坐标表示影响质量的各个因素或项目,按照影响质量的各个因素或项目的数量将横坐标分为相应个等份,每一个等份代表一个影响因素或项目,按频数的大小从左向右依次排列。纵、横坐标确定后,即可根据各影响因素或项目的频数大小画出各项目长方形的柱状图,即影响因素或项目的频数分布图;然后按照各影响因素或项目的累计频率,在图上点出各影响因素或项目相应的累计频率点,将这些点连接成曲线,即为帕累托曲线。

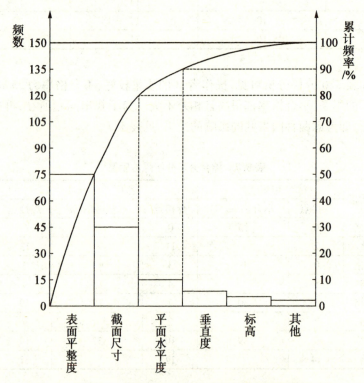

图 3.22　某混凝土构件尺寸不合格点排列图

在实际应用中,一般将影响因素或项目按累计频率划分为 0~80%、80%~90%、90%~100% 三部分,与其对应的影响因素分别为 A、B、C 三类。A 类为主要因素,B 类为次要因素,C 类为一般因素。排列图可以形象、直观地反映主次因素。

5. 直方图法

直方图即频数分布直方图,它是一种用于工序质量控制的质量数据分布图形。直方图法是全面质量管理的过程中进行质量控制的重要方法之一。该方法适用于对大量计量数值进行整理加工,找出其统计规律,也就是分析数据分布的形态,以便对其整体的分布特征进行推断。如图 3.23 所示,为几种典型的直方图分布图形及产生该形状的主要原因。按照直方图收集的数据进行统计分析,可以分析产品的不合格率,评价项目施工管理水平和过程能力。

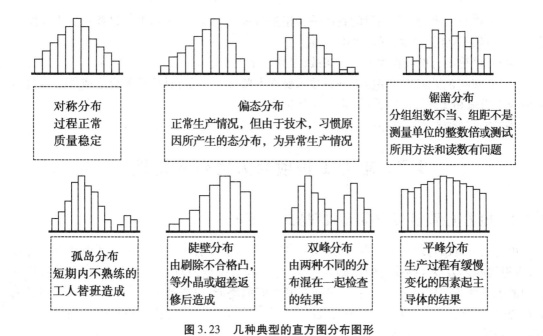

图 3.23　几种典型的直方图分布图形

3.6.3　电力工程项目质量改进

3.6.3.1　电力工程项目质量改进方法

(1)电力工程项目质量改进应坚持全面质量管理的 PDCA 循环方法。随着质量管理循环的不停进行,原有的问题解决了,新的问题又产生了,问题不断产生而又不断被解决,如此循环不止,每一次循环都将质量管理活动推向一个新的高度。

(2)坚持"三全"管理:"全过程"质量管理指的就是在产品质量形成全过程中,将可以影响工程质量的环节和因素控制起来;"全员"质量管理就是上至项目经理下至通常员工,全体人员行动起来参加质量管理;"全面质量管理"就是要对项目各方面的工作质量进行管理。这个任务不仅由质量管理部门来承担,而且项目的各部门都要参加。

(3)电力工程项目质量改进要运用先进的管理办法、专业技术和数理统计方法。

3.6.3.2　电力工程项目质量预防与纠正措施

1.电力工程项目质量预防措施

(1)项目经理部应定期召开质量分析会,对影响工程质量潜在原因,采取预防措施。

(2)对有可能出现的不合格现象,应制订防止再发生的措施并组织实施。

(3)对质量通病应采取预防措施。

(4)对潜在的严重不合格现象,应实施预防措施控制程序。

(5)项目经理部应定期评价预防措施的有效性。

2.电力工程项目质量纠正措施

(1)对发包人或监理工程师、设计人、质量监督部门提出的质量问题,应分析原因,制订纠正措施。

(2)对已发生或潜在的不合格信息,应分析并记录结果。

(3)对检查发现的工程质量问题或不合格报告提及的问题,应当由项目技术负责人组织有关人员判定不合格程度,制订纠正措施。

(4)对严重不合格或重大的质量事故,必须实施纠正措施。

(5)实施纠正措施的结果应由项目技术负责人验证并记录;对严重不合格或等级质量事故的纠正措施和实施效果应验证,并应报企业管理层。

(6)项目经理部或责任单位应当定期评价纠正措施的有效性。

3.7 电力工程项目人力资源管理

3.7.1 电力工程项目人力资源管理及基本原理

项目人力资源管理是项目管理的核心。项目人力资源管理就是通过不断地获得人力资源,将得到的人力整合到项目中而融为一体,保持和激励他们对项目的忠诚与积极性,控制他们的工作绩效并作相应的调整,尽可能开发他们的潜能,以支持项目目标的实现。项目人力资源管理也可理解为对人力资源的取得、培训、保持和利用等方面所进行的计划、组织、指挥和控制等一系列的管理活动。

对于电力工程项目而言,人力资源管理也可理解为,电力工程项目组织对本工程所需特定人力资源的取得、培训、保持和利用等方面所进行的计划、组织、指挥和控制活动。经过长期的人力资源管理实践,形成了项目人力资源管理的基本原理。

1. 投资增值原理

投资增值原理是指对人力资源的投资可以使人力资源增值,而人力资源增值是指人力资源品味的提高和人力资源存量的增大。

劳动者劳动能力的提高主要靠两方面投资,即营养保健投资和教育培训投资。一个人要想提高自己的劳动能力,就必须在营养保健和教育培训方面进行投资;一个国家要想增加本国人力资源存量,都必须加强教育投资,完善社会医疗保健体系。

2. 互补合力原理

所谓互补,即人各有所长也各有所短,以己之长补他人之短,从而使每个人的长处得到充分发挥,避免短处对工作的影响。互补是现代人力资源管理的要求,它要求一个群体内部各个成员之间应该是密切配合的关系。互补产生的合力相较单个人的能力简单相加而形成的合力要大得多。个体与个体之间的互补主要包括以下几方面:

(1)特殊能力互补。

(2)能级互补,即能力等级的互补。

(3)年龄互补。

(4)气质互补。

3. 激励强化原理

激励强化指的是通过对员工的物质的或精神的需求欲望给予满足的许诺,强化其为获得满足就必须努力工作的心理动机,从而达到充分发挥积极性、努力工作的结果。

4. 个体差异原理

个体差异包括能力性质、特点的差异,能力水平的差异两个方面。承认人与人之间能力水平上的差异,目的是为了在人力资源的利用上坚持能级层次原则,各尽所能,人尽其才。在人力资源管理中,能级层次原理指的是:具有不同能力层次的人,应当安排在要求相应能级层次的职位上,并赋予该职位应有的权力和责任,使个人能力水平与岗位要求相适应。个体差异原理要求做到以下几点。

(1)组织中的所有职位,都要按照业务工作的复杂程度、难易程度、责任轻重及权力大小等因素,统一划分出职位的能级层次。

(2)不同的能级应该有明确的责权利。责不交叉,各负其责;权要到位,责权相应;利与责权相适应,责是利的基础。要做到在其位,谋其政,行其权,取其利。

(3)各人所对应的能级不是固定不变的。当一个人的能力层次上升了,其所对应的职位能级必然发生变化。

5. 动态适应原理

动态适应原理是指人力资源的供给与需求要通过不断的调整才能求得相互适应;随着事业的发展,适应又会变成不适应,不断调整以达到重新适应。这种不适应—适应—再不适应—再适应是循环往复的过程。

人力资源的供给与需求关系,包含三个层面和两个内容的关系。

(1)三个层面是指宏观、中观、微观的关系。首先,从宏观上看人力资源的供求关系,是一个国家在一定时期内的人力资源总供给和总需求的关系。一个国家人力资源的总供给量,受到人口增长速度、人口受教育程度、人口健康状况等因素的影响;一个国家人力资源需求总量,受到国家经济社会发展速度和发展水平、科技水平、产业结构、劳动者素质等因素的影响。这些影响因素是不断发生变化的,所以人力资源供应总量和需求总量也在不断发生变化。

其次,从中观上看人力资源的供求关系。一个部门或一个单位对人力资源的需求受到该部门业务工作性质、业务发展状况和水平、科技应用程度、产品或服务的市场占有率等因素的影响;而人力资源的供给除了受到国家人力资源供给总量影响外,还受到人力资源的特质及水平构成、劳动者择业倾向等因素的影响。这些因素也经常处于变化之中,从而使这种供求关系具有不确定性。

再次,从微观上看人力资源的供求关系。劳动者个人与工作岗位的适应也不是绝对和固定的。随着事业的发展、科技的进步,岗位对人员资格条件的要求越来越高;同时人的能力也会日益提高,必须及时了解和调整人与岗位的适应程度。

(2)两方面内容。

①数量方面的关系,即供应量与需求量相均衡,供求关系才能适应。

②质量方面的关系,即供给的人力资源的质量和需求的人力资源的质量是否相适应。这里的质量既包括人力资源特质,即由各种专业能力构成的人力资源特质结构,又包括劳动者的平均能力水平和各种层次能力水平构成。只有在量和质两方面均达到适应,人力资源的供求关系才能达到均衡。

3.7.2 项目人力资源规划

项目人力资源规划就是项目组织科学地预测、分析自己在环境变化中的人力资源供给和需求状况,制定必要的政策及措施保证自身在需要的时候和需要的岗位上获得各种需要的人才,并使组织和个人得到长期的利益。

项目人力资源规划具有以下三层含义。

(1)一个组织之所以要编制人力资源规划,主要因为环境是变化的。

(2)人力资源规划的主要工作是制定必要的人力资源政策及措施。

(3)人力资源规划的最终目标是要使组织和个人都得到长期的利益。

项目人力资源规划的目标是:

(1)得到和保持一定数量具备特定技能、知识结构和能力的人员。

(2)充分利用现有的人力资源。

(3)能够预测企业组织中潜在的人员过剩或人力不足。

(4)建设一支训练有素、运作灵活的劳动力队伍,增强企业适应未知环境的能力。

(5)减少企业在关键技术环节对外部招聘的依赖性。

1. 人力资源需求预测

在制定项目人力资源具体的配备计划前要进行人力资源的需求预测。影响人力资源需求的因素主要源自组织内部,例如技术、设备条件的变化,企业规模的变化,企业经营方向的变化;外部因素也会产生一定影响,例如经济环境、技术环境、竞争对手等。

常用的人力资源需求预测方法包括:德尔菲法、经验预测法、趋势分析法、回归分析法。

(1)德尔菲法。德尔菲法是一种使专家们对影响组织某一领域的发展的看法达成一致意见的结构化方法。

(2)经验预测法。经验预测法也叫比率分析,即按照以往的经验对人力资源需求进行预测。一方面要注意经验的积累,另一方面要认识到,对于不同的对象,预测结果的准确程度会有所不同。

(3)趋势分析法。主要思路是确定组织中哪一种因素与劳动力数量和结构的关系最大,然后找出这一因素随雇用人数的变化趋势,由此推出将来的趋势,从而得到将来的人力资源需求。

(4)回归分析法。利用历史数据找出某一个或几个组织因素与人力资源需求量的关系,并将这一关系用一个数学模型表示出来,借用这个数学模型,就可以推测将来的人力资源需求。

2. 项目人力资源供给预测

(1)管理人员接续规划。制定这一规划的过程是:

①确定规划范围,即确定需要制定接续规划的管理职位。

②确定每个管理职位上的接替人选,所有可能的接替人选均应考虑到。

③评价接替人选,主要是判断其目前的工作情况是否达到提升要求,并将接替人选分为不同的级别。

④确定职业发展需要,将个人的职业目标与组织目标相结合。

(2)马尔可夫分析。其基本思想是找出过去人事变动的规律,以此推测未来的人事变动趋势。

(3)档案资料分析。通过对组织内人员的档案资料进行分析来预测组织内人力资源的供给情况。

3.7.3 项目人力资源招聘与选拔

1. 人员招募

人员招募是按照项目任务的需要,为实际或潜在的职位空缺找到合适的候选人。与人力供给的来源相对应,人员招募可通过内部晋升(或调职)和外部征聘两种形式进行。

(1)内部招聘。

①查阅人事档案资料。

②发布工作公告。其内容包括:空缺岗位名称、工作时间、工作说明、支付待遇、所需任职人员的资格条件等。

③执行晋升规划。

(2)外部招聘。

①广告招聘。广告招聘是补充各种工作岗位都可以使用的招聘方法,因此应用最为普遍。广告可以登载在全国性发行的报纸、杂志或因特网上,也可以出现在电视上。其优点是:使雇主在相对短的时间内将信息传播给大量受众,实际上几乎所有的公司都使用这样的招聘广告,这种方法有助于确保求职者数量足够多;缺点是:效率低,研究发现,通过报纸广告被雇佣的人与那些通过其他方式被雇佣的人相比,工作表现差,而且更常旷工。

②就业代理机构。就业代理机构和经理搜寻公司代表了外部招聘求职者的另一途径。这里,雇主通过与适当的代理机构(公司)接触,并告知工作所需的资格来开始招聘过程。代理机构承担了寻找和筛选求职者的任务,并向雇主推荐优秀的求职者以备进一步筛选。在下述情况下,适合采用就业代理机构的方式:第一,用人单位按照过去的经验难以吸引到足够数量的合格工作申请人;第二,用人单位只需要招聘很小数量的员工,或者是要为新的工作岗位招聘人力,因此设计和实施一个详尽的招聘方案是得不偿失的;第三,用人企业急于填充某一关键岗位的空缺;第四,用人单位试图招聘到那些现在正在就业的员工,尤其是在劳动力市场供给紧张的形势下就更是如此;第五,用人企业在目标劳动力市场上缺乏招聘的经验。在国外就业代理机构包括三种类型,即政府部门经营的职业介绍单位、非营利性组织成立的职业介绍单位和私人经营的职业介绍所。

就业代理机构服务的优点是能够提供经过筛选的现成人才给企业,从而减少企业的招募和甄选的时间。但是在实践上,由就业服务机构提供的应征者往往不符合工作岗位的资格要求,继而产生高流动率或效率低下等现象。

③猎头公司。猎头公司是一种专门为雇主寻找和推荐高级主管人员、高级技术人员的公司,他们设法诱使这些人才离开正在服务的企业。猎头公司的联系面很广,而且它特别擅长接触那些正在工作并对更换工作还没有积极性的人。猎头公司可以帮助项目管理人员节省很多招聘、选拔高级主管等专门人才的时间。但借助于猎头公司的费用要由用人单位支付且费用很高,一般为所推荐的人才年薪的 1/4 到 1/3。

④大中专院校和各种职业、技工学校。企业大部分专业技术人员和基层人员都是从学校直接招募的。校园招聘一般用于承担像工程、财务、会计、计算机科学、法律等领域的专业化的初级水平的工作。实际上低于 3 年工作经历的约 50% 的经理和专业人员是在校园里招

聘到的。其缺点是代价高而且耗时间。招聘单位至少提前 9~11 个月就必须确定招聘需求，而且正常情况下必须等到学生毕业才能雇佣。

⑤推荐和自荐。这种招聘方法既有效成本又低。推荐和自荐可节约招募人才的广告费和就业服务机构的费用，而且还可以获得较高水平的应征者，因此企业应鼓励自己的员工推荐人才。自荐一般用于大中专学校的毕业生和计件工人等人员的招募。

2. 人员选拔

人员选拔是指在招募工作完成后，按照用人条件和用人标准，运用适当的方法和手段，对应征者进行审查和选择的过程。

（1）人员选拔的一般程序。人员选拔的典型程序包括七个步骤，即最初的筛选会谈、填写申请表、雇佣测试、综合面谈、背景调查、体格检查、最终雇佣决策。这个程序中的每一步都力图扩充组织对求职者背景、能力和动机的了解，并增加决策者据以做出预测和最终选择的信息。

①最初筛选会谈。这实际上包括筛选探询和筛选面谈两步。成功的招聘活动将吸引许多求职者，按照工作描述和明确化要求，这些求职者将有部分被排除。导致排除的因素包括不理想的经历及教育水平。筛选面谈包括向求职者提供详细的工作信息，从而使不合格者自动退出，这对双方都有好处。

②填写申请表。一旦通过了最初的筛选，求职者就要填写组织的有关求职表。要求填写的信息可能包括求职者的姓名、住地和电话号码。但有些组织要求填完 6~10 页的综合性个人历史文件。一般情况下，申请表概括性地表明求职者在以前的工作中做过什么，技能和成就如何。

③雇佣测试。在历史上，许多组织很大程度地依靠智力、性格、能力和兴趣测试来提供主要信息输入，甚至书法分析和说谎测试也用于更深刻地了解候选人。

④综合面谈。通过了最初筛选、申请表填写和考试的求职者，将获得参与综合面谈的权利。求职者可能会见人事部门人员、组织行政人员、潜在的公司同事等。综合面谈主要涉及申请表和笔试，包括没有涉及的方面或需要进一步考试的事项。它应当直接指向与工作有关的问题。有关询问和话题应反映工作的特别特征和它所要求的任职者品质。

⑤背景调查。对于可能成为雇员的求职者要进行背景调查，包括：与求职者以前的雇主联系以确证候选人的工作记录和业绩评价；与其他有关的人员联系，并确认申请表上注明的教育水平。

⑥体格检查。这是一个附加程序，主要是排除那些身体条件不合格的求职者。

⑦最终雇佣决策。若一项选择活动到达了体格检查并获得了通过，则选择决策的主动权就落到了求职者手中。研究表明，人们普遍趋向于选择与个人性情相符的工作。大多数工作选择研究也表明，个人对某一工作的吸引力的看法是很重要的。

（2）人员选拔方法。

①面试。聘用面试分类见表 3.8。

表3.8 聘用面试分类

序号	面试分类	说明
1	非结构化面试	面试者可以即兴提问,不必遵循特定的形式及方向。通常对每一位应聘者都从相同的问题开始,但随着应聘者的回答,面试者就可以顺着他的答案来确定问题的方向和深度,使面试者能深入了解所有感兴趣的问题
2	结构化面试	面试者必须遵循预先设定的问题和程序向应聘者提问,可采用事先由专家设定的结构化面试表,以免遗忘了该向应聘者提出的问题。有时,还可由专家群体针对不同问题事先设定"理想的"答案,以及可能出现的不同答案的得分
3	群体面试	具体又有两种方式,一种是由多位面试者分别同应聘者面谈,每位面试者或者问自己所关心的问题,并按自己的观点对应聘者做出单独的评估,或者都以标准化的评分表对应聘者提问和评分,并在最后做出聘用决定前相互比较;另一种是由一群面试者同时对应聘者进行面试,这样可以避免重复,使面试更加深入和有意义,但可能加重对应聘者的压力
4	压力面试	如果受聘者将要从事的工作需经常面对一定的压力,就有必要测试应聘者在工作压力下的表现。一般做法是,面试者通过背景资料先找出应聘者的"弱点"向应聘者提出一连串带压迫性的、甚至比较粗鲁的问题,迫使应聘者采取防卫的态度,这样来观察他的应变能力

②测试。在人员的选择过程中,应用较多的是心理测验技术和评价中心技术。心理测验是判定候选人个体差异的有效手段,一般包括以下几个方面:

a. 能力测验。能力测验分为普通能力测验和特殊能力测验,前者是通常所说的智力测验,后者多用于测量个人在音乐、体育、美术、机械、飞行等方面的特殊才能。

b. 能力倾向测验。能力倾向测验也称为性向测验,是测量一个人从事某一种职业的潜能或能力,分为综合性向测验和特殊性向测验两种。综合性向测验用以鉴别个人多种特殊潜在能力,特殊性向测验只为鉴别个人在某一方面具备的特殊潜能。

c. 成就测验。成就测验的目的在于测量一个人对某项工作实际上能完成到什么程度,能分辨出哪些人较有能力去执行某项工作。

d. 情境测验法。这种方法是将候选者置于一个模拟的工作场景中,从而观察和评价他们在模拟的工作场景压力下的行为。通过情境模拟,可以直接观察候选人的实际工作能力,准确判断他们是否胜任所申请的职位。

e. 人格测验。人格测验的目的是为了了解候选人的人格特质,一般采用"自陈法"和"投射法"。"自陈法"即按照事先编好的人格量表(若干问题),由候选者本人挑选适合于描写个人人格特质的答案,然后从量表上所得分数判断候选者的人格类型。"投射法"就是提供一些未经组织的刺激材料,让候选人在不受限制的条件下自由地表现出他的反应,使其不知不觉地将自己的感情、欲望、思想投射在其中,从而可以窥见其人格。

在标准的选择程序模式下,可以采取面试和测试两种方法来具体地选择,即将面试与测试相结合,以便及时准确选择项目所需的人力资源。

3.7.4 项目人力资源绩效考核

1. 绩效考核的程序

(1) 横向程序。横向程序指按考核工作先后顺序形成的过程进行。其主要环节包括：

① 制定考核标准。制定考核标准是考核时避免主观随意性不可缺少的前提条件。考核标准必须以工作分析中制定的岗位职务职责要求与职务规范为依据。

② 实施考核，即对员工的工作绩效进行考核、测定和记录。

③ 考核结果的分析与评定。考核的记录需与既定标准进行对照来作分析与评判，从而获得考核的结论。

④ 结果反馈与实施纠正。考核的结果一般应告知被考核员工，从而发扬优点，克服缺点。

(2) 纵向程序。纵向程序指按组织层级逐级进行考核的程序。一般是先对基层考核，再对中层考核，最后对高层考核，形成自下而上的过程。

2. 绩效考核的方法

(1) 分级法。分级法又可称为排序法，即按被考核职工每人绩效相对的优劣程度，通过比较，确定每人的相对等级或名次。根据分级程序的不同，分级法又可分为：

① 简单分级法。在全体被考核职工中先挑选绩效最出色的一个列于序首，再找出次优的列为第二名，如此排序，直到最差的一个列于序尾。

② 交替分级法。以最优和最劣两级作为标准等次，采用比较选优和淘劣的方法，交替对人员某一绩效特征进行选择性排序。

③ 范例对比法。一般从五个维度进行考核，即品德、智力、领导能力、对职务的贡献和体格。每一维度又分为优、良、中、次、劣五个等级。在每一维度的每一等级，先选出一名适当的员工作为范例，实施考核时将每位被考核的员工与这些范例逐一对照，按近似程度评出等级分；最后将各维度分数的总和作为被考核员工的绩效考核结果。

④ 对偶比较法。要将全体职工逐一配对比较，根据逐对比较中被评为较优的总次数来确定等级名次。

⑤ 强制分配法。按事物"两头小，中间大"的正态分布规律，先确定好各等级在总数中所占的比例，然后根据每人绩效的相对优劣程度，强制列入其中的一定等级。

(2) 量表考核法。量表法是利用一系列标准化的量表进行考核评价。将一定的分数分配给各项考绩因素或指标，使每项考绩因素都有一个评价尺度，然后由评估者用量表对评估对象在各个考核因素或指标上的表现情况作出评判、打分，最后汇总引算出总分，作为评估对象的考绩结果。这种方法广泛应用于机关、企事业单位等人事考核管理。按照设计的指标形式不同，人事考核量表一般有三种，即综合性指标量表、综合性指标与目标任务结合量表、综合性指标与部门评价指标结合量表。在实际运用时这三种量表可以互作参考，适当加以变动。

(3) 关键事件法。关键事件法是指负责评估的主管人员把员工在完成工作任务时所发现出来的特别有效的行为和特别无效的行为记录下来，形成一份书面报告。评估者在对员工的优点、缺点和潜在能力进行评论的基础上提出改进工作绩效的意见。具体作法一般是给每一待考核员工设立一本"考核日记"或"绩效记录"，由作考察并知情的人随时记载。事件的记录本身不是评语，只是素材的积累，但有了这些具体事实作按照，便可得出可信的考评结论。该方法的缺点是记录事件本身是一项很繁琐的工作,还会造成上级对下级的过分监视。

(4)行为锚定评分方法。这种方法就是将量表评测法与关键事件法结合起来,使之兼具两者之长。它为每一职务的各考核维度都设计出一个评分量表,并有一些典型的行为描述性说明词与量表上的一定刻度(评分标准)相对应和联系(即所谓锚定),供操作中为被考核者实际表现评分时作参考依据。要求评估者按照个人特征评估员工,典型的行为锚定式评定量表包括 7 个或 8 个个人特征,被称作"维度",每一个维度都被一个 7 分或 9 分的量表加以锚定。该方法是用反映不同绩效水平的具体工作行为的例子来锚定每个特征。

行为锚定能够更准确地评分,因为它们能使评估者更好地诠释评定量表上不同评分的含义。行为锚定式评定量表最大的优点是它指导和监控行为的能力。行为锚定使员工知道他们被期望表现哪些类型的行为,给评估人提供以行为为基础的反馈的机会。但是,制定行为锚定式评定量表要花费大量的时间和精力,而且评估者在尝试从量表中选择一种员工绩效水平的行为有时可能会遇到困难。有时一个雇员表现出处于在量表两端的行为,因此,评估者不知应为其分配哪种评分。

(5)领导行为效能测定法。这种方法是在组织行为科学研究基础上发展起来的、一种测量与评价领导者行为与工作绩效的新方法。采用问卷调查的方式,从领导者、领导情景、被领导者等多方面,对领导行为与领导者所处工作情景状况进行评价。

(6)因素评定法。通过调查分析与实测数据统计分析,提出人员绩效考核的有关因素,形成评价标准量表体系,然后把被测者纳入该体系中进行评价的方法。因素测定法的评定角度主要包括:

①自我评定。由评定者依据参照式标准量表,自己对自己的工作绩效进行评价。其特点包括:具有参与性、自我发展性、督促性。

②同级评定。由同一职务层次的人员依据参照标准量表互相进行评价。它必须满足三个条件:

a.同事之间必须是相互高度信任的,彼此之间能够互通信息。

b.报酬制度不是彼此竞争的。

c.被评价人的绩效应该是评定人能够了解和掌握的。

③下级评定。由管理者的直接下级根据参照标准量表对其上级领导的绩效进行评价。它利于表达民意,但往往受人际关系影响大。

④直接领导评定。由管理者依据参照标准量表对其直接下属的工作绩效进行评价。

3.绩效考核的特点

项目管理的特点是借助外部资源使利益相关者满意,因此项目人力资源的绩效受到多种因素的影响,包括各类资源和利益相关者。因为项目管理工作的创造性特征,项目人力资源的绩效重点表现在交付的成果和技能提高两个方面。项目人力资源的绩效具有过程性与非人为性的特点。项目管理的绩效指标可分为效率性指标、效益性指标、递延性指标和风险性指标,与一般的管理绩效指标有很大的不同。如图 3.24 所示的绩效考核模型可以直观地反映影响项目人员效能的主要因素。

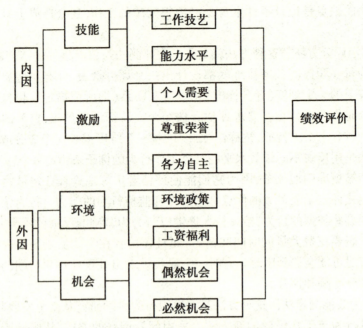

图 3.24 项目人员绩效考核模型

因为项目的动态性与项目组织的动态性特点,以及项目所涉及的诸多利益相关者的期望难以折中,项目人力资源的考核与一般的常规组织人力资源考核有很大区别。项目人力资源的考核应当遵循以下原则。

(1)以项目的各类过程统计数据作为绩效考核的基础,而不是通常的仅按照某个时段结尾的状态或产出物数据作为绩效考核的依据。

(2)以持续不断的反馈作为绩效考核的手段。反馈源自项目的所有利益相关者,源自项目组织的各个阶段。反馈利于沟通,利于绩效的持续改善。用于质量改进的 PDCA 循环法,将利于项目人力资源绩效的不断改进。

(3)以里程碑作为绩效考核评价的数据采集点。里程碑体现了项目重要事件一开始或完成时间基准,是项目战略计划的主体框架。里程碑向项目组织和利益相关者对项目人力资源的绩效进行考核、分析提供了机会,为认识项目进展过程中的各种偏差及下一步的工作安排或调整提供依据。

(4)以利益相关者作为绩效考核的主体。系统分析利益相关者的需求和心理期望,将项目人力资源的实际绩效指标与项目利益相关者的期望指标相比较。

3.8 电力工程项目沟通管理

3.8.1 电力工程项目沟通计划

1. 电力工程项目沟通计划的编制依据

(1)沟通要求。沟通要求是指项目涉及人信息需求的总和。信息需求结合信息类型和格式定义。信息的类型和格式在信息的数值分析中是必须的。项目资源只有通过信息沟通才能获得扩展。决定项目沟通一般所需要的信息有以下几点。

①项目组织和项目涉及人责任关系。

②涉及项目的纪律、行政部门和专业。

③项目所需人员的推算以及应分配的位置。

④外部信息需求(例如同媒体的沟通)。

(2)沟通技术。在项目的基本单位之间来回传递信息,所能使用的技术和方法有时会差异很大。例如从简短的谈话到长期的会议;从简单的书面文件到即时查询的在线的进度表和数据库。项目沟通技术的影响因素包括:

①信息需求的即时性。项目的成功是取决于即时通知频繁更新的信息,还是通过定期发行的报告已足够。

②预期的项目人员配置。计划中的沟通系统是否同项目参与方的经验和知识相兼容。还是需要大量的培训和学习。

③技术的有效性。已到位的系统运行良好吗?还是系统要做一些变动。

④项目工期的长短。现有技术在项目结束前是否已经变化以至于必须采用更新的技术。

(3)制约与假设因素。

①制约因素。制约因素是限制项目管理小组作出选择的因素。例如,若需要大量地采购项目资源,那么处理合同的信息就需要更多考虑。当项目根据合同执行时,特定的合同条款也会影响沟通计划。

②假设因素。对于计划中的目的来说,假设因素是被认为真实的确定的因素。假设通常包含一定程度的风险。

2. 电力工程项目沟通计划的内容

项目沟通计划主要是指电力工程项目的沟通管理计划,应包括以下内容:

(1)信息沟通方式和途径。主要说明在项目的不同实施阶段,针对不同的项目相关组织及不同的沟通要求,拟采用的信息沟通方式和沟通途径。即说明信息(其中包括状态报告、数据、进度计划、技术文件等)流向何人、将采用什么方法(其中包括书面报告、文件、会议等)分发不同类别的信息。

(2)信息收集归档格式。用于详细说明收集和储存不同类别信息的方法。应当包括对先前收集和分发材料、信息的更新和纠正。

(3)信息的发布和使用权限。

(4)发布信息说明。其中包括格式、内容、详细程度以及应采用的准则或定义。

(5)信息发布时间。即用于说明每一类沟通将发生的时间,确定提供信息更新依据或修改程序,以及确定在每一类沟通之前应当提供的现时信息。

(6)更新和修改沟通管理计划的方法。

(7)约束条件和假设。

3. 电力工程项目沟通计划的执行规定

项目组织应按照项目沟通管理计划规定沟通的具体内容、对象、目标、方式、责任人、完成时间、奖罚措施等,采用定期或不定期的形式对沟通管理计划的执行情况进行检查、考核和评价,并结合实施结果进行调整,保证沟通管理计划的落实和实施。

3.8.2 电力工程项目沟通依据与方式

1. 电力工程项目沟通依据

(1) 项目内部沟通依据。项目内部沟通应包括项目经理部与组织管理层、项目经理部内部的各部门和相关成员之间的沟通与协调。

①项目经理部与组织管理层之间的沟通与协调,主要根据《项目管理目标责任书》,由组织管理层下达责任目标、指标,并实施考核、奖惩。

②项目经理部与内部作业层之间的沟通与协调,主要根据《劳务承包合同》和项目管理实施规划。

③项目经理部各职能部门之间的沟通与协调,重点解决业务环节之间的矛盾,应根据各自的职责和分工,顾全大局、统筹考虑、相互支持、协调工作。特别是对人力资源、技术、材料、设备、资金等重大问题,可以通过工程例会的方式研究解决。

④项目经理部人员之间的沟通与协调,通过做好思想政治工作,召开党小组会和职工大会,加强教育培训,提高整体素质来实现。

(2) 项目外部沟通依据。项目外部沟通应由组织与项目相关方进行沟通。外部沟通应依据项目沟通计划、有关合同和合同变更资料、相关法律法规、伦理道德、社会责任及项目具体情况等进行。

①施工准备阶段。项目经理部应要求建设单位按照规定时间履行合同约定的责任,并配合做好征地拆迁等工作,为工程顺利开工创造条件;要求设计单位提供设计图纸、进行设计交底,并搞好图纸会审;引入竞争机制,采取招标的方式,选择施工分包和材料设备供应商,签订合同。

②施工阶段。项目经理部应按时向建设、设计、监理等单位报送施工计划、统计报表和工程事故报告等资料,接受其检查、监督和管理;对拨付工程款、设计变更、隐蔽工程签证等关键问题,应取得相关方的认同,并完善相应手续及资料。对施工单位应按月下达施工计划,定期进行检查、评比。对材料供应单位严格按合同办事,按照施工进度协商调整材料供应数量。

③竣工验收阶段。根据建设工程竣工验收的有关规范和要求,积极配合相关单位做好工程验收工作,及时提交有关资料,确保工程顺利移交。

2. 电力工程项目沟通方式

(1) 项目沟通方式的类型。沟通方式包括:正式沟通和非正式沟通;上行沟通、下行沟通和平行沟通;单向沟通与双向沟通;书面沟通和口头沟通;言语沟通和体语沟通等类型。

①正式沟通与非正式沟通。

a. 正式沟通,是通过项目组织明文规定的渠道进行信息传递和交流的方式。其优点是沟通效果好,有较强的约束力。缺点是沟通速度慢。

b. 非正式沟通,指在正式沟通渠道之外进行的信息传递和交流。其优点是沟通方便,沟通速度快,且能提供一些正式沟通中难以获得的信息,缺点是容易失真。

②上行沟通、下行沟通和平行沟通。

a. 上行沟通。上行沟通指的是下级的意见向上级反映,即自下而上的沟通。

b. 下行沟通。下行沟通指的是领导者对员工进行的自上而下的信息沟通。

c. 平行沟通。平行沟通指的是组织中各平行部门之间的信息交流。在项目实施过程中，经常可以看到各部门之间发生矛盾和冲突，除其他因素外，部门之间互不通气是重要原因之一。确保平行部门之间沟通渠道畅通，是减少部门之间冲突的一项重要措施。

③单向沟通与双向沟通。

a. 单向沟通。单向沟通指的是发送者和接受者两者之间的地位不变（单向传递），一方只发送信息，另一方只接受信息方式。其优点是信息传递速度快，但准确性较差，有时还容易使接受者产生抗拒心理。

b. 双向沟通。双向沟通中，发送者和接受者两者之间的位置不断交换，且发送者是以协商和讨论的姿态面对接受者，信息发出以后还需及时听取反馈意见，在必要时，双方可进行多次重复商谈，直到双方共同明确和满意为止，例如交谈、协商等。其优点是沟通信息准确性较高，接受者有反馈意见的机会，产生平等感和参与感，增加自信心和责任心，有助于建立双方的感情。

④书面沟通和口头沟通。

a. 书面沟通。书面沟通大多用来进行通知、确认和要求等活动，一般在描述清楚事情的前提下尽量简洁，避免增加负担而流于形式。书面沟通一般在以下情况使用：

·项目团队中使用的内部备忘录。

·对客户和非公司成员使用报告的方式，如正式的项目报告、年报、非正式的个人记录、报事贴。

b. 口头沟通。口头沟通包括会议、评审、私人接触、自由讨论等。这一方式简单有效，更容易被大多数人所接受，但是不像书面形式那样"白纸黑字"留下记录，因此不适用于类似确认这样的沟通。口头沟通过程中应该坦白、明确，避免由于文化背景、民族差异、用词表达等因素造成理解差异，这是特别需要注意的。沟通的双方一定不能带有想当然或含糊的心态，不理解的内容一定要表示出来，以求得对方的进一步解释，直到达成共识。

⑤言语沟通和体语沟通。言语沟通是指用有言语的形式进行沟通。体语沟通是指用形体语言进行沟通。像手势、图形演示、视频会澳均可用以作为体语沟通方式。其优点是摆脱了口头表达的枯燥，在视觉上把信息传递给接受者，更容易理解。

（2）项目沟通方式的选择。

①项目内部沟通可采用委派、授权、文件、会议、培训、检查、项目进展报告、思想工作、考核与激励及电子媒体等方式进行。

②项目外部沟通可采用电话、传真、召开会议、联合检查、宣传媒体和项目进展报告等方式。

各种项目内外部沟通方式的选择，应根据项目沟通计划的要求进行，并协调相关事宜。

（3）项目进展报告。项目经理部应编写项目进展报告。项目进展报告应包括下列内容。

①项目的进展情况。应当括项目目前所处的位置、进度完成情况、投资完成情况等。

②项目实施过程中存在的主要问题以及解决情况，计划采取的措施。

③项目的变更。应当包括项目变更申请、变更原因、变更范围及变更前后的情况、变更的批复等。

④项目进展预期目标。预期项目未来的状况和进度。

3.8.3 电力工程项目沟通管理过程

按照美国项目管理协会 PMBOK 指南,项目沟通管理是确保及时与恰当地生成、搜集、传播、存储、检索和最终处置项目信息所需的过程,具体包括:通规划、信息发布、绩效报告及利害关系者管理四个方面的内容,如图 3.25 所示。

沟通规划 → 信息发布 → 绩效报告 → 利害关系者管理

图 3.25 沟通管理过程

1. 工程项目沟通规划

工程项目沟通规划是工程项目整体计划中的一部分,其作用非常重要,但也常常容易被忽视。沟通规划确定利害关系者的信息与沟通需求,包括谁需要何种信息,何时需要以及如何向他们传递。项目经理就位子的第一件事就是检查整个项目的沟通规划,由于在沟通规划中描述了项目信息的收集和归档结构、信息的发布方式、信息的内容、每类沟通产生的进度计划、约定的沟通方式等。只有将这些理解透彻,才能把握好沟通,在此基础之上熟悉项目的其他情况。很多项目中没有完整的沟通规划,导致沟通非常混乱。完全依靠客户关系或以前的项目经验,或者说完全靠项目经理个人能力的高低,对有的项目沟通也还有效;然而严格说将一种高效的体系不应该只在大脑中存在,落实到规范的规划编制中是很有必要的。在项目初级阶段应该编制沟通规划。在编制项目沟通规划时,最重要的是理解组织结构和做好项目利益相关者分析。

沟通规划的主要内容包括:

(1)详细说明不同类别信息的生成、收集和归档方式,以及对先前发布材料的更新和纠正程序。

(2)详细说明信息(状态报告、数据、进度计划、技术文档等)流程及其相应的发布方式。

(3)信息描述,例格式、内容、详细程度以及应采取的准则。

(4)沟通类型表。

(5)各种沟通类型之间的信息获取方式。

(6)随着项目的进展,更新和细化沟通管理计划的程序。

(7)开发项目管理信息系统,以确保信息与沟通的质量、有效性、及时性和完整性。

2. 信息发送

信息发送的内容包括执行沟通管理计划,对项目过程中产生的信息进行合理的收集、储存、检索、分析和分发,将所需信息及时提供给项目利害关系者,以改善项目生命期内的有效决策和沟通,对始料不及的信息需求及时采取应对措施。信息发送是为了建立和保持项目相关人之间正式或非正式的沟通网络,以确保项目生命期内各层次成员之间的有效沟通,使项目雇主对项目需求和目标有清晰的理解和共同的认识,使矛盾和冲突能及时地得到解决或缓解,明确在沟通及管理信息系统中潜在的和实际存在的问题并采取补救措施。

(1)信息发送以项目计划的工作结果、沟通管理计划及项目计划作为依据。信息发送的工具和方法如下:

①沟通技巧。沟通技巧用来交换信息。发送者有责任使信息清晰、没有歧义和完整以便接收者能够正确地接收,发送者也有责任确保信息被正确地理解。接收者有责任确保完

整地接收和正确地理解信息。

②信息检索系统。小组成员可以通过各种工具共享信息。这样的工具包括手工案卷系统、电子文本数据库、项目管理软件，以及可以检索技术文件资料的系统（如工程制图）。

③信息发送系统。项目信息可采用多种方法发送，包括项目会议、复印文件发送，以及共享的网络电子数据库、传真、电子邮件、声音邮件和电视会议。

（2）信息发布的内容。

①经验教训记录，包括问题的起因、所采取纠正措施的原因及依据，以及有关信息发布的其他各种经验教训。记录下来的经验教训可成为本项目和实施组织的历史数据库的组成部分。

②项目记录，项目记录可包括函件、备忘录及项目描述文件。这些信息应尽量地以适当方式有条理地加以保存。项目团队成员也往往在项目笔记本中保留个人记录。

③项目报告，正式和非正式项目报告将详细说明项目状态，其中包括：经验教训、问题登记簿、项目收尾报告和其他知识领域的成果。

④项目演示介绍，项目团队正式或非正式地向任何或所有项目利害关系者提供信息。这些信息要切合听众需要，介绍演示的方法要恰当。

⑤利害关系者的反馈，可以发布从利害关系者收集的有关项目运营的信息，并按照该信息改进或修改项目的未来绩效。

⑥利害关系者通知，可就解决的问题、审定的变更和一般项目状态问题向利害关系者通报、请求的变更。

⑦绩效报告，指搜集所有基准数据，并向利害关系者提供绩效信息。一般来说，绩效信息包括为实现项目目标而投入的资源的使用情况。绩效报告一般应包括：范围、进度计划、费用和质量方面的信息。许多项目也要求在绩效报告中加入风险和采购信息。报告可草拟为综合报告，或者报导特殊情况的专题报告。

3. 绩效报告

绩效报告是信息发送的结果之一，同时也是项目沟通过程的一个环节，它反映项目执行情况信息，项目执行情况信息是重要的项目管理信息。一般来讲，绩效信息包括为实现项目目标而投入的资源的使用情况。它显示项目进展的各方面情况，如项目的状态报告，描述项目目前在进展中所处的位置；进度报告，描述项目进度实施情况和已经完成了计划中的哪些活动；预测报告，描述项目未来的发展和进度、费用等，绩效报告以项目计划、工作结果、其他项目记录为依据。执行情况报告应涉及项目范围、资源、质量、进度、费用、采购、风险等多个方面，可以是综合的，也可以是分别强调某一方面的分项报告。绩效报告组织与归纳所搜集到的信息，并展示依据绩效衡量基准分析的所有分析结果。绩效报告应按照沟通计划所记载的各个利害关系者的要求的详细程度，提供状态和绩效信息。绩效报告常用格式包括横道图、S曲线图、直方图和表格图。

4. 利害关系者管理

利害关系者管理是指对沟通进行管理，以满足利害关系者的需求并与利害关系者一起解决问题。对利害关系者进行积极管理，可促使项目沿预期轨道行进，而不会因未解决的利害关系者问题而脱轨。同时进行利害关系者管理可提高团队成员协同工作的能力，并限制对项目产生的任何干扰。一般由项目经理负责利害关系者管理。按照项目沟通管理计划对项目利害关系者的目标、目的与沟通层次的分析，项目管理者已对其需求和期望进行确认，在此基础上，可采取面对面会议或问题记录单的方法对项目利害关系者进行管理。

面对面会议是与利害关系者讨论、解决问题的最有效方法。在大多数情况下，会议这种沟通方式把时间用在交换信息而非制定决策与达成行动纲领上，以浪费时间和效率低下而著名。会议是人们"共享知识和经验能力的社会思维活动"，但要使之真正发挥效用，就需讲究会议艺术。

首先要做好充分准备，确定恰当的议题及日程，并提前两三天将其发送到与会者手中；其次要确保会议准时开始并按日程计划进行。在会议中控制喋喋不休者和引导沉默者讲话同样重要，前者通常花很长的时间讲很少的东西，应该坚决地给予打断；后者除了表明一般同意、无意见或正在思考外，也有可能表明缺乏自信或存有敌意。对于缺乏自信的与会者，会议主持人应表示出兴趣以鼓励进一步的讨论。对敌意的沉默，应进一步深入探查内部原因，判明敌意的指向是对会议主持人，是对会议，还是对决策过程，以便及时加以处置。最后，会议艺术强调保护弱者，提防压制建议氛围的形成。会议成员的资历及地位是不平等的，下级的建议往往招致其上级的反对，但无法任其上升到下级成员无发言权的地步，以免削弱会议的作用。当有人提出建议时，给予特别关注，从中挑选出最好的部分让与会成员补充完善，以便进行决策。在会后24小时之内公布会议成果。总结文件应该简洁，若可能，尽可能写在一张纸上。总结文件应该明确所做的决定，并列出行动细目，包括谁负责、预计完工日期和预期的交付物。同时可以列出参加和缺席的人员。应将会议成果分发给所有被邀请参加会议的人，不管他们是否真正参加了会议。

问题记录单或行动方案记录单可用来记录并监控问题的解决情况。这些问题一般不会升级到需要实施项目或采取单独行动对之进行处理的程度，但是一般会需加以处理以保持各利害关系者之间（包括团队成员）的良好工作关系。以一定的方式对问题进行澄清和陈述，以便问题得以解决。需要针对每项问题分派负责人，并规定解决问题的目标日期。若问题未得到解决，则可能导致冲突和项目延迟。

3.9 电力工程项目信息管理

3.9.1 电力工程项目信息管理计划

3.9.1.1 电力工程项目信息需求分析

1. 项目决策阶段的信息需求

由于项目决策阶段，是决定建设项目是否能成功的关键，对工程的效益影响面大，该阶段主要的信息需要是外部宏观信息，需要获得与此项目有关的历史的、现代的、未来的信息，具有很高的不确定性，既有大量的外部信息，也有内部信息。

在电力工程项目决策阶段，主要有以下几个方面的信息需求：

（1）项目相关市场方面的信息。如预测建设产品进入市场后的市场占有率、社会的需求情况、统计建设产品价格的变化趋势、影响市场渗透的因素、生命周期等。

（2）项目资源相关方面的信息。例如资金筹措渠道、方式，原材料、辅料来源，劳动力，水电、气供应情况等。

(3) 新技术、新设备、新工艺、新材料,专业配套能力及设施方面的信息。

(4) 自然环境相关方面的信息。如城市交通、气象、运输、地质、水文、地形地貌、建筑废料处理等。

(5) 政治环境,社会治安状况,当地法律、政策的信息等。

2. 项目设计阶段的信息需求

设计阶段是工程项目建设的重要阶段,在设计阶段需要决定工程规模、形式,工程的概算技术先进性、适用性,标准化程度等一系列具体的要素。该阶段的信息需求主要包括以下几方面:

(1) 项目的可行性研究报告,前期相关文件资料,存在的疑点和建设单位的意图,建设单位前期准备及项目审批完成的情况。

(2) 设计中的设计进度计划,设计质量的确保体系,设计合同执行情况,偏差产生的原因,纠偏措施,专业间设计交接情况,执行规范、规程、技术标准,特别是强制性规范执行的情况,设计概算和施工图预算结果,了解超限额的原因,了解各设计工序对投资的控制等。

(3) 同类工程项目的相关信息:建筑规模,结构形式,造价构成,工艺、设备的选定,地质处理手段及实际效果,建设工期,采用新工艺、新材料、新设备、新技术的实际效果及存在问题,经济技术指标等。

(4) 勘察、测量、设计单位相关信息:同类工程项目的完成情况和实际效果,完成该项目工程的人员构成,设备投入状况,质量管理体系完善情况,创新能力,收费标准,施工期间技术服务主动性及处理问题的能力,设计深度和技术文件质量,专业配套能力,设计概算和施工图预算编制能力,合同履约情况,采用设计新技术、新设备的能力等。

(5) 拟建项目所在地的有关信息:地质、水文情况,地形地貌、地下埋设和人防设施情况,城市拆迁政策和拆迁户数,青苗补偿。周围环境包括:水电气、道路等的接入点,周围建筑、学校,医院、交通、商业、绿化、消防、排污等。

(6) 工程所在地政府相关信息:国家和地方政策、法律、法规、规范规程、环保政策、政府服务情况和限制等。

3. 项目施工投标阶段的信息需求

在电力工程项目施工招投标阶段,为了编写好招标书,选择好施工单位和项目经理、项目班子,签订好施工合同,为确保实现施工阶段的目标打下良好基础,需要大量的相关信息,主要表现在以下几方面:

(1) 建设单位建设前期报审文件:立项文件,建设用地、征地、拆迁文件。

(2) 本工程适用的规范、规程、标准,特别是强制性规范。

(3) 工程地质、水文地质勘察报告,施工图设计及施工图预算、设计概算,设计、地质勘察、测绘的审批报告等方面的信息,特别是该建设工程有别于其他同类工程的技术要求、材料、设备、工艺、质量要求有关信息。

(4) 工程造价的市场变化规律及所在地区的材料、构件、设备、劳动力差异。

(5) 该工程采用的新技术、新设备、新材料、新工艺,投标单位对"四新"的处理能力和了解程度、经验、措施。

(6) 所在地关于招投标有关法规、规定,国际招标、国际贷款指定适用的范本,本工程适用的建筑施工合同范本及特殊条款精髓所在。

(7)当地施工单位管理水平,质量保证体系、施工质量、设备、机具能力。

(8)所在地招投标代理机构能力、特点,所在地招投标管理机构及管理程序。

4.项目施工阶段的信息需求

在电力工程项目施工阶段,为了能更好地、按时地完成施工,需要获得施工进程中的动态信息,主要表现在以下几个方面:

(1)项目的施工准备期间所需的信息。

①施工图设计及施工图预算、施工合同、施工单位项目经理部组成、进场人员资质。

②进场设备的规格型号、保修记录。

③施工场地的准备情况。

④施工单位质量保证体系及施工单位的施工组织设计,特殊工程的技术方案施工进度网络计划图表。

⑤进场材料、构件管理制度。

⑥安全保安措施;数据和信息管理制度。

⑦检测和检验、试验程序和设备。

⑧承包单位和分包单位的资质。

⑨工程场地的地质、水文、测量、气象数据;地上、地下管线,地下洞室,地上原建筑物及周围建筑物、树木、道路。

⑩建筑红线,标高、坐标。

⑪水、电、气管道的引入标志。

⑫地质勘察报告、地形测量图及标桩。

⑬施工图的会审和交底记录。

⑭开工前的监理交底记录。

⑮对施工单位提交的施工组织设计按照项目监理部要求进行修改的情况。

⑯施工单位提交的开工报告及实际准备情况。

⑰工程相关建筑法律、法规和规范、规程,有关质量检验、控制的技术法、质量验收标准等。

(2)项目施工实施期间所需的信息。

①施工过程中随时产生的数据,如施工单位人员、设备、水、电、气等能源的动态。

②施工期气象的中长期趋势及同期历史数据、气象报告。

③建筑原材料的相关问题。

④项目经理部管理方向技术手段。

⑤工地文明施工及安全措施。

⑥施工中需要执行的国家和地方规范、规程、标准。

⑦施工合同情况;建筑材料相关事宜等。

5.项目竣工保修阶段的信息需求

项目竣工保修期的信息需求是施工期日常信息积累基础上,真实反映施工过程,是电力工程项目建设各方最后的汇总和总结。

该阶段的信息需求主要包括以下几个方面:

(1)工程准备阶段文件。
(2)工程监理文件。
(3)施工资料。
(4)竣工验收资料。
(5)其他有关资料。

3.9.1.2　电力工程项目信息编码系统

项目信息的编码又称代码设计,它是为事物提供一个概念清楚的唯一标识,用以代表事物的名称、属性和状态。代码有两个作用:一是便于对数据进行存贮、加工和检索;二是可以提高数据处理的效率和精度。此外,对信息进行编码,还可以大大节省存贮空间。

在电力工程项目管理工作中,随时都可能产生大量的信息(例如报表、数字、文字、声像等),用文字来描述其特征已无法满足现代化管理的要求。因此,必须赋予信息一组能反映其主要特征的代码,用以表征信息的实体或属性,建立项目信息编码系统,以便于利用计算机进行管理。

1. 项目信息编码原则

信息编码是信息管理的基础,进行项目信息编码时应遵循的原则如下:

(1)唯一性。每一个代码仅代表唯一的实体属性或状态。

(2)合理性。编码的方法必须是合理的,能够适合使用者和信息处理的需要,项目信息编码结构应与项目信息分类体系相适应。

(3)可扩充性和稳定性。代码设计应留出适当的扩充位置,以便在增加新的内容时,可直接利用原代码扩充,而无需更改代码系统。

(4)逻辑性与直观性。代码不但要具有一定的逻辑含义,以便数据的统计汇总;而且要简明直观,以便于识别和记忆。

(5)规范性。国家有关编码标准是代码设计的重要依据,要严格遵照国家标准及行业标准进行代码设计,以便系统的拓展。

(6)精炼性。代码的长度不仅会影响所占据的存贮空间和信息处理的速度,而且也会影响代码输入时出错的概率及输入输出的速度,因此要适当压缩代码的长度。

2. 项目信息编码方法

(1)顺序编码法。顺序编码法是一种按对象出现的顺序进行编码的方法,就是从,001(或0001、00001等)开始依次排下去,直至最后。如目前各定额站编制的定额大多采用这种方法。该法简单,代码较短。但这种代码缺乏逻辑基础,本身不说明任何特征。此外,新数据只能追加到最后,删除数据又会产生空码。因此此法通常只用来作为其他分类编码后进行细分类的一种手段。

(2)分组编码法。这种方法也是从头开始,依次为数据编号。但在每批同类型数据之后留有一定余量,以备添加新的数据。此种方法是在顺序编码基础上的改动,也存在逻辑意义不清的问题。

(3)多面编码法。一个事物可能具有多个属性,若在编码的结构中能为这些属性各规定一个位置,就形成了多面码。该法的优点是逻辑性能好,便于扩充。但这种代码位数较长,会有较多的空码。

(4)十进制编码法。该方法是先把编码对象分成如果干大类,编以如果干位十进制代码,然后将每一大类再分成如果干小类,编以如果干位十进制代码,依次下去,直至不再分类为止。

采用十进制编码法,编码、分类比较简单,直观性强,可无限扩充下去。但代码位数较多,空码也较多。

(5)文字编码法。这种方法是用文字表明对象的属性,而文字通常用英文编写或用汉语拼音的字头。这种编码的直观性较好,记忆使用也都方便。但当数据过多时,单靠字头很容易使含义模糊,造成错误的理解。

上述几种编码方法中,各有其优缺点,在实际工作中可以针对具体情况而选用适当的方法。有时甚至可以将它们组合起来使用。

3.9.1.3 电力工程项目信息流程

1. 电力工程项目信息流程的结构

项目信息流程的结构如图3.26所示,它反映了电力工程项目建设各参与单位之间的关系。

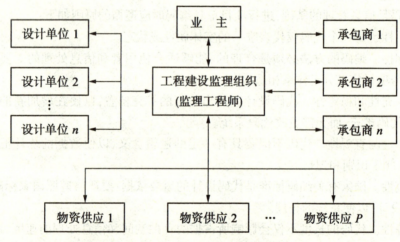

图3.26 电力建设工程项目信息流程结构图

2. 电力工程项目信息流程的组成

(1)项目内部信息流。电力工程项目管理组织内部存在着三种信息流:一是自上而下的信息流;二是自下而上的信息流;三是各管理职能部门横向间的信息流。这三种信息流均应畅通无阻,以确保电力工程项目管理工作的顺利实施。

①自上而下的信息流。自上而下的信息流是指自主管单位、主管部门、业主以及项目经理开始,流向项目工程师、检查员,乃至工人班组的信息,或在分级的管理中,每一个中间层次的机构向其下级逐级流动的信息。即信息源在上,接受信息者是其下属。这些信息主要指管理目标、工作条例、命令、办法及规定、业务指导意见等。

②自下而上的信息流。自下而上的信息流一般是指各种实际工程的情况信息,由下逐渐向上传递,这个传递不是通常的叠合(装订)而是经过归纳整理形成的逐渐浓缩的报告。项目管理者就是做这个浓缩工作,以确保信息浓缩而不失真。一般信息太详细会造成处理量大、没有重点,且容易遗漏重要说明;而太浓缩又会存在对信息的曲解,或解释出错的问题。

③横向间的信息流。横向流动的信息指项目监理工作中,同一层次的工作部门或工作人员之间相互提供和接受的信息。这种信息通常是由于分工不同而各自产生的,但为了共同的目标又需要相互协作、互通有无或相互补充,以及在特殊、紧急的情况下,为了节省信息流动时间而需要横向提供的信息。

(2) 项目与外界的信息交流。项目作为一个开放系统,它与外界有大量的信息交换。这里包括两种信息流:

①由外界输入的信息。例如环境信息、物价变动信息、市场状况信息,以及外部系统(如企业、政府机关)给项目的指令、对项目的干预等。

②项目向外界输出的信息,如项目状况的报告、请示、要求等。

(3) 项目信息报告系统。项目信息报告是工程项目信息交流的一种重要方式。在电力工程建设中,报告的形式和内容丰富多彩,它是人们进行信息沟通与交流的主要工具。

项目信息管理系统中必须包括项目信息的报告系统,需要解决两个方面的问题:

①罗列项目过程中应有的各种报告,并系统化;

②确定各种报告的形式、内容、结构、数据、采撷处理方式,并标准化。

(4) 电力工程项目信息流程示例。某水电站引水工程 CI 合同月报制度,如图 3.27 所示。其反映了该电力建设工程项目的信息流通过程。

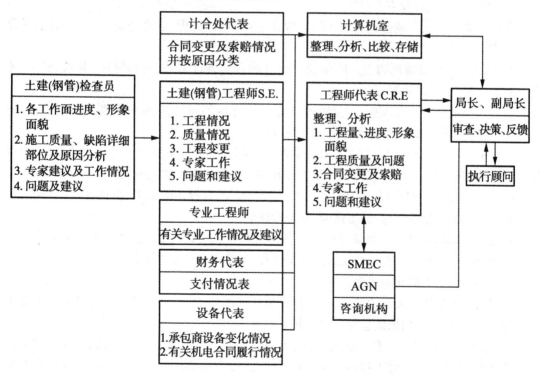

图 3.27 CI 合同信息流程图

说明:

①各工作面检查员在每月 5 日前报出本工作面上工作情况月报。

②工地工程师和各处代表和专业工程师于每月 10 日前报出"工程情况综合月报"、"支付情况月报"、"承包商设备情况月报"、"合同执行情况月报"及专业工程师的工作报告。

③以上月报一式两份，一份送工程师代表进行审阅、分析及处理，一份送计算机室进行处理。

④工程师代表在每月15日前将审核分析、整理的综合月报送局办计算机室，计算机室将已存储的信息进行修改和补充(如有的话)，打印成固定格式的报表送局长(副局长)、总工程师及执行顾问，如有必要，可分送各处室。

3.9.2 电力工程项目信息管理过程

3.9.2.1 项目信息的收集

项目信息的收集，就是收集项目决策和实施过程中的原始数据，这是非常重要的基础工作。信息管理工作的质量好坏，很大程度上取决于原始资料的全面性和可靠性。其中，建立一套完善的信息采集制度是十分有必要的。

1. 工程项目建设前期的信息收集

在工程项目正式开工之前，作为工程建设单位，需要进行大量的工作，这些工作将产生大量包含着丰富内容的文件，这些工作主要包括：

(1)收集可行性研究报告及其相关资料。

(2)收集设计文件及有关资料。

①社会调查情况。调查建设地区的工农业生产、地区历史、社会经济、人民生活水平及自然灾害等情况。

②工程技术勘测情况调查。收集建设地区的自然条件资料，例如河流、资源、水文、地质、地形、地貌、气象等资料。

③技术经济勘察情况调查。主要收集工程建设地区的原材料、燃料来源，水电供应及交通运输条件，劳动力来源、数量和工资标准等资料。

(3)收集招标投标合同文件及其有关资料的。招投标文件中包含了大量的信息，其中包括：甲方的全部"要约"条件，乙方的全部"承诺"条件；甲方所提供的材料供应、设备供应、水电供应、施工道路、临时房屋、征地情况、通信条件等；乙方投入的人力、机械方面的情况、工期确保、质量确保、投资确保、施工措施、安全确保等。

项目建设前期除以上各个阶段产生的各种资料外，上级部门关于项目的批文和有关指示，有关征用土地、拆迁赔偿等协议式批准文件等，均是十分重要的资料。

2. 工程项目施工期间的信息收集

工程的施工阶段是大量的信息发生、传递和处理的阶段，工程项目信息管理工作主要集中于这一阶段，施工期间的信息收集内容如下：

(1)收集业主提供的信息。业主作为工程项目建设的组织者，要根据合同文件规定提供相应的条件，要不时表达对工程各方面的意见和看法，下达某些指令。因此应及时收集业主提供的信息。当业主负责某些材料的供应时，需收集提供材料的品种、质量、数量、价格、提货地点、提货方式等信息。工程项目负责人应及时收集这些信息资料，同时应当收集对项目进度、质量、投资、合同等方面的意见和看法。

(2)收集承建商的信息。承建商必须掌握和收集现场发生的各种情况，工程项目负责人也必须掌握和收集，并汇集成相应的信息资料。承建商在施工中经常会向有关单位，包括上级部门、设计单位、业主及其他方面发出某些文件,传达一定的内容,例如向业主报送施工组织设计、各种计划、单项工程施工措施、月支付申请表、各种项目自检报告、质量问题报告、有关意见等,项目负责人应全面系统地收集这些信息资料。

(3)项目施工现场记录。项目施工现场记录是驻地工程师的记录,主要包括:工程施工历史记录、工程质量记录、工程计量、工程款记录和竣工记录等。

①现场管理人员的日报。其主要内容包括:现场每日的天气记录、当天的施工内容、参加施工的人员、施工用的机械(名称、数量等)、发现的施工质量问题、施工进度与计划施工进行的比较(若发生施工进度拖延,应说明原因)、当天的综合评论及其他说明(应注意的事项)等。

②驻施工现场管理负责人的日记。其主要内容包括:当天所作的重大决定、对施工单位所作的主要指示、发生的纠纷及解决办法,该工程项目总负责人施工现场谈及的问题,当天与该工程项目总负责人的口头谈话摘要,与其他人达成的任何主要协议,对驻施工现场管理工程师的指示、或对其他人的主要指示等。

③驻施工现场管理负责人的月报。驻施工现场管理负责人应每月向总负责人及业主汇报工地施工进度状况、工程进度拖延的原因分析、工程质量情况、工程款支付情况、工程进展中主要困难与问题。例如施工中的重大差错,重大索赔事件,材料、设备供货及组织、协调方面的困难,异常的天气情况等。

④驻施工现场管理负责人对施工单位的指示。其主要内容包括:正式发出的重大指示、日常指示、在每日工地协调会中发出的指示、在施工现场发出的指示等。

⑤补充图样。设计单位给施工单位的各种补充图样。

⑥工地质量记录。其主要内容包括:试验结果记录及样本记录。

(4)收集工地会议记录。工地会议是工程项目管理的一种重要方法,会议中包含大量的信息,要求项目管理工程师必须重视工地会议,并建立一套完善的会议制度,以便会议信息的收集。会议制度包括会议的名称、主持人、参加人、举行会议的时间、会议地点、会议内容等,每次工地会议都应有专人记录,会后应有工作会议纪要等。

①第一次工地会议。第一次工地会议由甲方主持,主要内容是介绍业主、工程师、承建商的职员,澄清组织,检查承建商的动员情况(履约确保金、进度计划、保险、组织、人员、现场准备情况等),检查业主对合同的履行情况(例如资金、投保、确定工地、图样等),管理工程师动员阶段的工作情况(例如提交水准点、图样、职责分工等),检查为管理工程师提供设备的情况(例如住宿、试验、通信、交通工具、水电等条件),明确例行程序(包括填报支付报表)。

②经常性工地会议。经常性工地会议由承建商主持,一般每月召开一次。会议有工程项目负责人员、承建商、监理方、业主代表参加。会议内容主要包括:确定上次工地会议纪要、当月进度总结、进度预测、技术事宜、变更事宜、财务事宜、管理事宜、索赔和延期、下次工地会议及其他事项。工地会议确定的事情视为合同文件的一部分,承建商必须执行。工地会议记录忠实于会议发言人,确保记录的真实性。

3. 工程竣工阶段的信息收集

工程竣工并按照要求进行竣工验收时,需要大量与竣工验收有关的各种资料信息。这些信息一部分是在整个施工过程中长期积累形成的;一部分是在竣工验收期间,按照积累的资料整理分析而形成的。完整的竣工资料应由承建商编制,经工程项目负责人和有关方面审查后,移交业主并通过业主移交管理部门。

3.9.2.2 项目信息的加工整理与存储

建设项目的信息管理除了应注意各种原始资料的收集外,更重要的是要对收集来的资料进行加工整理,并对工程决策和实施过程中所出现的各种问题进行处理。

1. 信息处理的要求和方法

(1)信息处理的要求。要使信息能有效地发挥作用,在信息处理的过程中就必须符合及时、准确、适用、经济的要求。

(2)信息处理的方法。从收集的大量信息中,找出信息与信息之间的关系和运算公式;从收集的少量信息中,得出大量的输出信息。信息处理包括收集、加工、输入计算机、传输、存储、计算、检索、输出等内容。

2. 收集信息的分类

工程项目信息管理中,对收集来的资料进行加工整理后,按照其加工整理的深度可分为:

(1)对资料和数据进行简单整理和滤波。

(2)对信息进行分析、概括综合后能产生辅助决策的信息。

(3)通过应用数学模型统计推断可产生决策的信息。

在项目建设过程中,依据当时收集到的信息所作的决策或决定包括以下几个方面。

(1)依据质量控制信息,对工程质量控制情况提出意见和指示。

(2)依据进度控制信息,对施工进度状况的意见和指示。

(3)依据投资控制信息,对工程结算、决算情况的意见和指示。

(4)依据合同管理信息,对索赔的处理意见。

3.9.2.3 项目信息的检索与传递

无论是存入档案库还是存入计算机存储器的信息、资料,为查找方便,在入库前都要拟定一套科学的查找方法和手段,做好编目分类工作。健全的检索系统可以使报表、文件、资料、人事和技术档案既保存完好,又查找方便;否则会使资料杂乱无章,无法利用。信息的传递是指借助于一定的载体(例如纸张、软盘、磁带等)在建设项目信息管理工作的各部门、各单位之间的传递。通过传递,形成各种信息流。畅通的信息流,将利用报表、图表、文字、记录、电信、各种收发文、会议、审批及计算机等传递手段。不断地将建设项目信息输送到项目建设各方手中,成为他们工作的依据。

信息管理的目的,是为了更好地使用信息,为决策服务。处理好的信息,要根据需要和要求编印成各类报表和文件,以供项目管理者使用。信息检索及传递的效率和质量随着计算机的普及而提高。存储于计算机数据库中的数据,已成为信息资源,可为各个部门所共享。因此利用计算机做好信息的加工储存工作,是为更好地进行信息检索和传递,也是信息的使用前提。

3.9.3 电力工程项目信息安全管理

3.9.3.1 电力工程项目信息安全的基本要求

项目信息安全是一个动态发展的过程,不仅仅是纯粹的技术,仅仅依赖于安全产品的堆积来应对迅速发展变化的各种攻击手段是无法持续有效的。项目信息安全的基本要求主要包括以下三个方面。

（1）信息安全风险评估的要求。项目信息安全要求应针对每一项信息资产所所面临的威胁、存在的薄弱环节、产生的潜在影响及其发生的可能性等因素进行综合分析确定，这也是信息安全管理的基础。

（2）信息安全的原则、目标和要求。应按照已有的信息安全方针、目标、标准、要求以及信息处理原则等来确定项目信息安全要求，保证支持企业经营的信息处理活动的安全。

（3）相关法律法规与合同的要求。有关信息安全方面的法律法规是对项目信息安全的强制性要求，项目组织应对现有的法律法规进行识别，将其中适用的规定转化为项目信息是安全要求。另一方面，还要考虑项目合同相关各方提出的具体信息安全要求，经确认后予以落实。

总之，电力工程项目信息安全建设是一项复杂的系统工程，规划、管理、技术等多种因素相结合使之成为一个可持续的动态发展的过程。项目信息安全问题的解决只能通过一系列的规划和措施，把风险降低到可被接受的程度，同时采取适当的机制使风险保持在此程度之内。

3.9.3.2 电力工程项目信息安全管理的内容

电力工程项目信息安全管理是信息安全的核心，它包括风险管理、安全策略和安全教育。

1. 风险管理

信息风险管理识别企业的资产，评估威胁这些资产的风险，评估假定这些风险成为现实时企业所承受的灾难和损失。通过降低风险（如：安装防护措施）、避免风险、转嫁风险（如：买保险）、接受风险（基于投入/产出比考虑）等多种风险管理方式得到的结果协助管理部门按照企业的业务目标和业务发展特点来制定企业安全策略。

2. 安全策略

安全策略从宏观的角度反映企业整体的安全思想及观念，作为制定具体策略规划的基础，为所有其他安全策略标明应该遵循的指导方针。具体的策略可以通过安全标准、安全方针、安全措施来实现。安全策略是基础，安全标准、安全方针、安全措施是安全框架，在安全框架中使用必要的安全组件、安全机制等提供全面的安全规划和安全架构。

3. 安全教育

信息安全意识和相关技能的教育是电力工程工程信息安全管理中重要的内容，其实施力度将直接关系到项目信息安全策略被理解的程序和被执行的效果。为了确保安全的成功和有效，项目管理部门应当对项目各级管理人员、用户、技术人员进行信息安全培训。所有的项目人员必须了解并严格执行企业信息安全策略。在电力工程项目信息安全教育具体实施过程中，应该有一定的层次性：

（1）主管信息安全工作的高级负责人或各级管理人员，重点是为了了解、掌握企业信息安全的整体策略及目标、信息安全体系的构成、安全管理部门的建立和管理制度的制定等。

（2）负责信息安全运行管理及维护的技术人员，重点是充分理解信息安全管理策略，掌握安全评估的基本方法，对安全操作及维护技术的合理运用等。

（3）用户，重点是学习各种安全操作流程，了解和掌握与其相关的安全策略，包括自身应承担的安全职责等。

3.9.3.3 电力工程项目信息安全管理体系

项目信息安全建设是一个全方位的工程，必须全面考虑。安全技术和产品均应与企业的IT业务实际情况相结合，才能够建设成为完整的信息安全系统。据权威机构统计表明，信息安全大约60%以上的问题是由于管理方面的原因造成的。因此企业解决信息安全问题不应仅从技术方面着手，同时更应加强信息安全管理工作，通过建立正规的信息安全管理体系以达到系统地解决信息安全问题。

信息安全是技术、服务及管理的统一，信息安全管理体系的建立必须同时关注这三方面。安全技术是整个信息系统安全保障体系的基础，由专业安全服务厂商提供的安全服务是信息系统安全的保障手段，信息系统内部的安全管理是安全技术有效发挥作用的关键。安全技术、安全服务及安全管理构成信息安全管理。安全技术偏重于静态的部署，安全服务和安全管理则分别从信息系统外部和内部两个方面动态的支持与维护。

安全技术是指为了保障信息的完整性、保密性、可用性及可控性而采用的技术手段、安全措施和安全产品。完整性、保密性、可用性及可控性是信息安全的重要特征，也是基本要求。安全技术方面依据信息系统的分层次模型，考虑每个层次上的安全风险分析和安全需求分析，在每个层次上部署和实施相应的安全产品和安全措施。

信息系统安全问题的解决需要专业的安全技能和丰富的安全经验，否则不但无法真正解决问题，稍有不慎或误操作都可能影响系统的正常运行，造成更大的损失。安全技术的部署和实施由专业安全服务厂商提供的安全服务来实现，保证安全技术发挥应有的效果。通过专业、可靠、持续的安全服务来解决应用系统日常运行维护中的安全问题，是降低安全风险、提高信息系统安全水平的一个重要手段。

安全服务是由专业的安全服务机构对信息系统用户进行安全咨询、安全评估、安全方案设计、安全审计、定期维护、事件响应、安全培训等服务。安全服务按照用户的情况分级分类进行，不是所有的用户都需要所有的安全服务。安全服务机构按照用户信息的价值、可接受的成本及风险等综合情况为用户定制适当的安全服务。

除了外部的安全服务，信息系统内部的安全管理也是不可或缺的。安全管理不善，可能会遇到很多安全问题，如内部人员误操作、故意泄密和破坏，以及社会工程学攻击等。整个信息安全管理体系的建设过程都离不开信息系统内部的安全管理，安全管理贯穿安全技术和安全服务的整个过程，并对维持信息系统安全生命周期起到关键的作用。安全管理是制订安全管理方针、政策，建立安全管理制度，成立安全管理机构，进行日常安全维护和检查，监督安全措施的执行。安全管理的内容非常广泛，它包括安全技术各个层次的管理，也包括对安全服务的管理，还包括安全策略、安全机构、应用系统安全管理、人员安全管理、操作安全管理、技术文档安全管理、灾难恢复计划等。

因此安全技术、安全服务和安全管理三者之间有密切的关联，它们从整体上共同作用，确保信息系统长期处于一个较高的安全水平和稳定的安全状态。

总之，电力工程项目信息安全需要从各个方面综合考虑，全面防护，形成一个安全体系。只有三个方面都做到足够的高度，才能够保障企业信息系统能够全面的、长期的处于较高的安全水平。

3.10 电力工程项目风险管理

3.10.1 电力工程项目风险识别与分析评价

3.10.1.1 风险识别

风险识别是指风险管理人员在收集资料和调查研究后,运用各种方法对尚未发生的潜在风险以及客观存在的各种风险进行系统归类和全面识别。风险识别的主要内容包括:识别引起风险的主要因素,识别风险的性质,识别风险可能引起的后果。

1. 风险识别方法

(1)专家调查法。专家调查法主要包括:头脑风暴法、德尔菲法和访谈法。

(2)财务报表法。财务报表有助于确定一个特定企业或特定的项目可能遭受哪些损失以及在何种情况下遭受这些损失。通过分析资产负债表、现金流量表、损益表及有关补充资料,可识别企业当前的所有资产、负债、责任及人身损失风险。将这些报表与财务预测、预算结合起来,可发现企业或项目未来的风险。

(3)初始风险清单法。如果对每一个项目风险的识别都从头做起,至少有以下三方面缺陷:

①耗费时间和精力多,风险识别工作的效率低。

②由于风险识别的主观性,可能导致风险识别的随意性,其结果缺乏规范性。

③风险识别成果资料不便积累,对今后的风险识别工作缺乏指导作用。

因此,为了避免以上缺陷,有必要建立初始风险清单。

初始风险清单法是指有关人员利用他们所掌握的丰富知识设计而成的初始风险清单表,尽量详细地列举项目所有的风险类别,根据系统化、规范化的要求去识别风险。建立项目的初始风险清单有两种途径:

①参照保险公司或风险管理机构公布的潜在损失一览表,再结合某项目所面临的潜在损失,对一览表中的损失予以具体化,从而建立特定工程的风险一览表。

②通过适当的风险分解方式来识别风险。

对于大型、复杂的项目,首先将其按单项工程、单位工程分解,再对各单项工程、单位工程分别从时间维、目标维和因素维进行分解,可以比较容易地识别出项目主要的、常见的风险。项目初始风险清单参见表3.9。

表3.9 项目初始风险清单

风险因素		典型风险事件
技术风险	设计	设计内容不全,设计缺陷、错误和遗漏,应用规范不恰当,未考虑地质条件,未考虑施工可能性等
	施工	施工工艺落后,施工技术和方案不合理,施工安全措施不恰当,应用新技术、新方案失败,未考虑场地情况等
	其他	工艺设计未达到先进性指标,工艺流程不合理,未考虑操作安全等

续表 3.9

风险因素		典型风险事件
非技术风险	自然与环境	洪水、地震、火灾、台风、雷电等不可抗拒自然力,不明的水文气象条件,复杂的工程地质条件,恶劣的气候,施工对环境的影响等
	政治法律	法律、法规的变化,战争、骚乱、罢工、经济制裁或禁运等
	经济	通货膨胀或紧缩,汇率变化,市场动荡,社会各种摊派,资金不到位,资金短缺等
	组织协调	业主、项目管理咨询方、设计方、施工方、监管方内部的不协调以及他们之间的不协调等
	合同	合同条款遗漏,表达有误,合同类型选择不当,承发包模式选择不当,索赔管理不力,合同纠纷等
	人员	业主人员、项目管理咨询人员、设计人员、监理人员、施工人员的素质不高、业务能力不强等
	材料设备	原材料、半成品、产品或设备供货不足或拖延,数量误差或质量规格问题,特殊材料和新材料的使用问题,过度损耗和浪费,施工设备供应不足、类型不配套、故障、安装失误、选型不当等

初始风险清单只是为了便于人们较全面地认识风险的存在,而不至于遗漏重要的项目风险,但并不是风险识别的最终结论。在初始风险清单建立之后,还需结合特定项目的具体情况进一步识别风险,从而对初始风险清单做一些必要的补充和修正。为此需要参照同类项目风险的经验数据,或者针对具体项目的特点进行风险调查。

(4)流程图法。流程图是将项目实施的全过程,按其内在的逻辑关系制成流程图,针对流程图中的关键环节和薄弱环节进行调查和分析,找出风险存在的原因,从中发现潜在的风险威胁,分析风险发生之后可能造成的损失和对项目全过程造成的影响有多大。

运用流程图分析,项目管理人员可以明确地发现项目所面临的风险。但流程图分析仅着重于流程本身,而不能显示发生问题的损失值或损失发生的概率。

(5)风险调查法。由工程项目的特殊性可知,两个不同的项目不可能有完全一致的项目风险。因此,在项目风险识别的过程中,花费人力、物力、财力进行风险调查是必不可少的,这既是一项非常重要的工作,也是项目风险识别的重要方法。风险调查应当从分析具体项目的特点入手,一方面对通过其他方法已识别出的风险(如初始风险清单所列出的风险)进行鉴别和确认;另一方面,通过风险调查有可能发现此前尚未识别出的重要的项目风险。一般风险调查可以从组织、技术、自然及环境、经济、合同等方面,分析拟建工程项目的特点及相应的潜在风险。

2. 风险识别的成果

风险识别的成果是进行风险分析与评估的重要基础。风险识别的最主要成果是风险清单。风险清单是记录和控制风险管理过程的一种方法,在做出决策时具有不可替代的作用。风险清单最简单的作用是描述存在的风险并记录可能减轻风险的行为。风险清单格式参见表 3.10。

表 3.10 项目风险清单

风险清单		编号:	日期:
项目名称:		审核:	批准:
序号	风险因素	可能造成的后果	可能采取的措施
1			
2			
3			
...			

3.10.1.2 风险分析与评价

风险分析与评价是指在定性识别风险因素的基础上,进一步分析和评价风险因素发生的概率、影响的范围、可能造成损失的大小以及多种风险因素对项目目标的总体影响等,达到更清楚地辨识主要风险因素,利于项目管理者采取更有针对性的对策和措施,从而减少风险对项目目标的不利影响。风险分析与评价的任务包括:

(1)确定单一风险因素发生的概率。

(2)分析单一风险因素的影响范围大小。

(3)分析各个风险因素的发生时间。

(4)分析各个风险因素的风险结果,探讨这些风险因素对项目目标的影响程度。

(5)在单一风险因素量化分析的基础上,考虑多种风险因素对项目目标的综合影响、评估风险的程度并提出可能的措施作为管理决策的依据。

1. 风险的度量

(1)风险事件发生的概率及概率分布。

①风险事件发生的概率。按照风险事件发生的频繁程度,用 0~4 将风险事件发生的概率分为五个等级,即经常、很可能、偶然、极小、不可能,见表 3.11。等级的划分反映了一种主观判断,因此等级数量的划分和赋值也可以按照实际情况做出调整。

表 3.11 风险事件发生概率的指数

说明	简单描述	等级指数
经常	很可能频繁的出现,在所关注的期间多次出现	4
很可能	在所关注的期间出现几次	3
偶然	在所关注的期间偶尔出现	2
极小	不太可能但还有可能在所关注的期间出现	1
不可能	由于不太可能发生所以假设它不会出现或不可能出现	0

②风险事件的概率分布。连续型的实际概率分布较难确定。一般应用概率分布函数来描述风险事件发生的概率与概率分布。在实践中,均匀分布、三角分布及正态分布函数最为常用。

(2)风险度量方法。风险度量可以用下列一般表达式来描述,即

$$R = F(O, P) \tag{3.20}$$

式中 R——某一风险事件发生后对项目目标的影响程度;

O——该风险事件的所有风险后果集；

P——该风险事件对应于所有风险结果的概率值集。

最简单的一种风险量化方法是：按照风险事件产生的结果与其相应的发生概率，求解项目风险损失的期望值和风险损失的方差来具体度量风险的大小。

①若某一风险因素产生的项目风险损失值为离散型随机变量 X，其可能取值为 $x_1, x_2, \cdots, x_n$，这些取值对应的概率分布式为 $P(x_1), P(x_2), \cdots, P(x_n)$，则随机变量 X 的数学期望值和方差为：

$$E(X) = \sum x_i P(x_i) \tag{3.21}$$

$$D(X) = \sum [x_i - E(x)]^2 P(x_i) \tag{3.22}$$

②若某一风险因素产生的项目风险损失值为连续型随机变量 X，它的概率密度函数为 $f(x)$，则随机变量 X 的数学期望值和方差分别为：

$$E(X) = \int_{-\infty}^{+\infty} x f(x) dx \tag{3.23}$$

$$D(X) = \int_{-\infty}^{+\infty} [X - E(X)]^2 f(x) dx \tag{3.24}$$

2. 风险评定

(1) 风险后果的等级划分。为了在采取控制措施时能分清轻重缓急，需要给风险因素划定一个等级。一般按事故发生后果的严重程度划分为五级，即灾难性的、关键的、严重的、次重要的、可忽略的。风险后果的等级划分参见表 3.12。

表 3.12　风险后果的等级划分

等级	简单描述	等级
灾难性的	人员死亡、项目失败、犯罪行为、破产	4
关键的	人员严重受伤、项目目标无法完全达到、超过风险准备费用	3
严重的	时间损失、耗费的意外费用、需要保险索赔	2
次要的	需要处理的损伤或疾病、能接受的工期拖延、需要部分意外费用或是保险费过多	1
可忽略的	损失很小，可认为没有损失后果	0

(2) 项目风险重要性评定。将风险事件发生概率的指数（见表 3.11）与风险后果的等级（见表 3.12）相乘，按照相乘所得数值即可对风险的重要性进行评定。项目风险重要性评定结果参见表 3.13。

表 3.13　项目风险重要性评定结果

可能性	后果等级 / 等级	灾难性的 4	关键的 3	严重的 2	次重要的 1	可忽略的 0
经常	4	16	12	8	4	0
很可能	3	12	9	6	3	0

续表 3.13

可能性 \ 后果等级	灾难性的 4	关键的 3	严重的 2	次重要的 1	可忽略的 0
偶然的 2	8	6	4	2	0
极小 1	4	3	2	1	0
不可能 0	0	0	0	0	0

(3) 项目风险的可接受性评定。按照表 3.13 给出的项目风险重要性评定结果，可以进行项目风险可接受性评定。在表 3.13 中，项目风险重要性评分值在 8 分以上的风险因素表示风险重要性较高，是不可以接受的风险，需要给予重点的关注。项目风险可接受性评定参见表 3.14。

表 3.14 项目风险可接受性评定

可能性 \ 后果	灾难性的	关键的	严重的	次重要的	可忽略的
经常	不可接受的	不可接受的	不可接受的	不希望有的	不希望有的
很可能	不可接受的	不可接受的	不希望有的	不希望有的	可接受的
偶然的	不可接受的	不希望有的	不希望有的	可接受的	可接受的
极小	不希望有的	不希望有的	可接受的	可接受的	可忽略的
不可能	不希望有的	可接受的	可接受的	可忽略的	可忽略的

注：描述—评定标准；不可接受的—无法忍受的后果，必须立即予以消除或转移；不希望有的—会造成人员伤亡和系统损坏，必须采取合理的行动；可接受的—暂时还不会造成人员伤亡和系统损坏，应考虑采取控制措施；可以忽略的—后果小可不采取措施。

3. 风险分析与评价的方法

风险的分析与评价往往采用定性与定量相结合的方法来进行，这二者之间并不是相互排斥的，而是相互补充的。目前，常用的项目风险分析与评价的方法主要包括调查打分法、蒙特卡洛模拟法、计划评审技术法和敏感性分析法等。这里仅介绍调查打分法。调查打分法又称综合评估法或主观评分法，是指将识别出的项目可能遇到的所有风险列成项目风险表，将项目风险表提交给有关专家，利用专家的经验对可能的风险因素进行等级和重要性评估，确定出项目的主要风险因素。这是一种最常见、最简单且易于应用的风险评估方法。

(1) 调查打分法的基本步骤。

① 针对风险识别的结果，确定每个风险因素的权重，以表示其对项目的影响程度。

② 确定每个风险因素的等级值，等级值按照经常、很可能、偶然、极小、不可能分为五个等级。当然，等级数量的划分和赋值也可以按照实际情况进行调整。

③ 将每个风险因素的权重与相应的等级值相乘，求出该项风险因素的得分，其计算式为

$$r_i = \sum_{j=1}^{m} w_{ij} S_{ij} \tag{3.25}$$

式中 r_i——风险因素 i 的得分；

w_{ij}——j 专家对 i 赋的权重；

S_{ij}——j 专家对风险因素 i 赋的等级值；

m——参与打分的专家数。

④将各个风险因素的得分逐项相加得出项目风险因素昀总分，总分越高，风险越大。总分计算式为

$$R = \sum_{i=1}^{n} r_i \tag{3.26}$$

式中　R——项目风险得分；

r_i——风险因素的得分；

n——风险因素的个数。

(2)风险调查打分表。表 3.15 给出了工程项目风险调查打分表的一种格式。在表中风险发生的概率根据高、中、低三个档次来进行划分，考虑风险因素可能对造价、工期、质量、安全、环境五个方面的影响，分别按较轻、通常和严重来加以度量。

表 3.15　风险调查打分表

序号	风险因素	可能性			影响程度												
					成本			工期			质量			安全			环境		
		高	中	低	较轻	一般	严重	较轻	一般	严重	较轻	一般	严重	较轻	一般	严重	较轻	一般	严重
1	地质条件失真																		
2	设计失误																		
3	设计变更																		
4	施工工艺落后																		
5	材料质量低劣																		
6	施工水平低下																		
7	工期紧迫																		
8	材料价格上涨																		
9	合同条款有误																		
10	成本预算粗略																		
11	管理人员短缺																		
…	…																		

3.10.2　电力工程项目风险控制

3.10.2.1　电力工程项目风险应对策略

电力工程项目风险的应对策略包括风险回避、风险转移、风险自留。

1. 风险回避

风险回避是指在完成项目风险分析与评价后，若发现项目风险发生的概率很高，而且可能的损失也很大，又没有其他有效的对策来降低风险时，应采取放弃项目、放弃原有计划或改变目标等方法，使其不发生或不再发展，从而避免可能产生的潜在损失。一般当遇到下列情形时，应考虑风险回避的策略：

(1) 风险事件发生概率很大且后果损失也很大的项目。
(2) 发生损失的概率并不大，但当风险事件发生后产生的损失是灾难性的、无法弥补的。

2. 风险转移

风险转移是进行风险管理的一个十分重要的手段，当一些风险无法回避、必须直接面对，而以自身的承受能力又无法有效地承担时，风险转移就是一种十分有效的选择。必须注意的是，风险转移是通过某种方式将一些风险的后果连同对风险应对的权力和责任转移给他人。转移的本身并无法消除风险，只是将风险管理的责任和可能从该风险管理中所能获得的利益移交给了他人，项目管理者不再直接地面对被转移的风险。

风险转移的方法有很多，主要包括：非保险转移和保险转移两大类。

(1) 非保险转移。非保险转移又称为合同转移，因为这种风险转移通常是通过签订合同的方式将项目风险转移给非保险人的对方当事人。项目风险最为常见的非保险转移有以下三种情况。

① 业主将合同责任和风险转移给对方当事人。业主管理风险必须要从合同管理入手，分析合同管理中的风险分担。在这种情况下，被转移者多数为承包商。例如在合同条款中规定，业主对场地条件不承担责任；又如，采用固定总价合同将涨价风险转移给承包商等。

② 承包商进行项目分包。承包商中标承接某项目后，将该项目中专业技术要求很强而自己缺乏相应技术的项目内容分包给专业分包商，从而更好地确保项目质量。

③ 第三方担保。合同当事人的一方要求另一方为其履约行为提供第三方担保。担保方所承担的风险仅限于合同责任，即由于委托方不履行或不适当履行合同以及违约所产生的责任。第三方担保的主要有业主付款担保、承包商履约担保、预付款担保、分包商付款担保、工资支付担保等。与其他的风险应对策略相比，非保险转移的优点主要体现在：

a. 可以转移某些不可保的潜在损失，如物价上涨、法规变化、设计变更等引起的投资增加；

b. 被转移者往往能较好地进行损失控制，如承包商相对于业主能更好地把握施工技术风险，专业分包商相对于总包商能更好地完成专业性强的工程内容。

c. 非保险转移的媒介是合同，这就可能因为双方当事人对合同条款的理解发生分歧而导致转移失效。

d. 在某些情况下，可能因被转移者无力承担实际发生的重大损失而导致仍然由转移者来承担损失。例如在采用固定总价合同的条件下，如果承包商报价中所考虑涨价风险费很低，而实际的通货膨胀率很高，从而导致承包商亏损破产，最终只得由业主自己来承担涨价造成的损失。

(2) 保险转移。保险转移一般直接称为工程保险。通过购买保险，业主或承包商作为投保人将本应由自己承担的项目风险（包括第三方责任）转移给保险公司，从而使自己免受风险损失。保险之所以能够得到越来越广泛的运用，原因在于其符合风险分担的基本原则，即保险人较投保人更适宜承担项目有关的风险。对于投保人来说，某些风险的不确定性很大，但对于保险人来说，这种风险的发生则趋近于客观概率，不确定性降低，即风险降低。在决定采用保险转移这一风险应对策略后，需要考虑与保险有关的几个具体问题：

① 保险的安排方式。

② 选择保险类别和保险人，一般是通过多家比选后确定，也可委托保险经纪人或保险咨

询公司代为选择。

③可能要进行保险合同谈判,这项工作最好委托保险经纪人或保险咨询公司完成,但免赔额的数额或比例要由投保人自己确定。

需要说明的是,保险无法转移工程项目的所有风险,一方面是因为存在不可保风险,另一方面则是因为有些风险不宜保险。因此,对于工程项目风险,应将保险转移与风险回避、损失控制和风险自留结合起来运用。

3. 风险自留

风险自留是指项目风险保留在风险管理主体内部,通过采取内部控制措施等来化解风险。

(1)风险自留的类型。风险自留可分为非计划性风险自留和计划性风险自留两种。

①非计划性风险自留。因为风险管理人员没有意识到项目某些风险的存在,或者不曾有意识地采取有效措施,以致风险发生后只好保留在风险管理主体内部。这样的风险自留就是非计划性的和被动的。导致非计划性风险自留的主要原因有缺乏风险意识、风险识别失误、风险分析与评价失误、风险决策延误、风险决策实施延误等。

②计划性风险自留。计划性风险自留是主动的、有意识的、有计划的选择,是风险管理人员在经过正确的风险识别及风险评价后制定的风险应对策略。风险自留绝不可能单独运用,而应与其他风险对策结合使用。在实行风险自留时,应确保重大和较大的项目风险已经进行了工程保险或实施了损失控制计划。

(2)风险控制措施。风险控制是一种主动、积极的风险对策。风险控制工作可分为预防损失和减少损失两个方面。预防损失措施的主要作用在于降低或消除(一般只能做到降低)损失发生的概率,而减少损失措施的作用在于降低损失的严重性或遏制损失的进一步发展,使损失最小化。通常来说,风险控制方案都应当是预防损失措施和减少损失措施的有机结合。当采用风险控制对策时,所制定的风险控制措施应当形成一个周密的、完整的损失控制计划系统。该计划系统通常应由预防计划、灾难计划和应急计划三部分组成。

①预防计划。预防计划的目的在于有针对性地预防损失的发生,其主要作用是降低损失发生概率,在许多情况下也能在一定程度上降低损失的严重性。在损失控制计划系统中,预防计划的内容最广泛、具体措施最多,主要包括组织措施、经济措施、合同措施、技术措施。

②灾难计划。灾难计划是一组事先编制好的、目的明确的工作程序和具体措施,为现场人员提供明确的行动指南,使其在灾难性的风险事件发生后,不至于惊慌失措,也不需要临时讨论研究应对措施,可以做到从容不迫、及时妥善地处理风险事故,进而减少人员伤亡以及财产和经济损失。灾难计划的内容应满足以下要求:

a. 安全撤离现场人员。

b. 援救及处理伤亡人员。

c. 控制事故的进一步发展,最大限度地减少资产和环境损害。

d. 保证受影响区域的安全尽快恢复正常。灾难计划在灾难性风险事件发生或即将发生时付诸实施。

③应急计划。应急计划就是事先准备好若干种替代计划方案,当遇到某种风险事件时,能够按照应急预案对项目原有计划的范围及内容做出及时的调整,使中断的项目能够尽快全面恢复,并减少进一步的损失,使其影响程度减至最小。应急计划不仅要制定所要采取的

相应措施，并且要规定不同工作部门相应的职责。应急计划应包括的内容包括：

  a. 调整整个项目的实施进度计划、材料与设备的采购计划、供应计划。
  b. 全面审查可使用的资金情况。
  c. 准备保险索赔依据。
  d. 确定保险索赔的额度。
  e. 起草保险索赔报告。
  f. 必要时需调整筹资计划等。

3.10.2.2 电力工程项目风险监控

1. 风险监控的主要内容

风险监控是指跟踪已识别的风险和识别新的风险，确保风险计划的执行，并评估风险对策与措施的有效性。其目的是考察各种风险控制措施产生的实际效果、确定风险减少的程度、监视风险的变化情况，进而考虑是否需要调整风险管理计划以及是否启动相应的应急措施等。风险管理计划实施之后，风险控制措施必然会对风险的发展产生相应的效果，控制风险管理计划实施过程的主要内容包括：

(1) 评估风险控制措施产生的效果。
(2) 及时发现和度量新的风险因素。
(3) 跟踪、评估风险的变化程度。
(4) 控制潜在风险的发展、监测项目风险发生的征兆。
(5) 提供启动风险应急计划的时机和依据。

2. 风险跟踪检查与报告

(1) 风险跟踪检查。跟踪风险控制措施的效果是风险控制的主要内容，在实际工作中，一般采用风险跟踪表格来记录跟踪的结果，然后定期地将跟踪的结果制成风险跟踪报告，使决策者及时掌握风险发展趋势的相关信息，以便及时做出反应。

(2) 风险的重新估计。无论什么时候，只要在风险控制的过程中发现新的风险因素，就要对其进行重新的估计。除此之外，在风险管理的进程中，即使没有出现新的风险，也需要在项目的关键时段对风险进行重新估计。

(3) 风险跟踪报告。风险跟踪的结果需要及时地进行报告，报告一般供高层次的决策者使用。因此，风险报告应及时、准确并简明扼要，向决策者传达有用的风险信息，报告内容的详细程度应根据决策者的需要而定。编制和提交风险跟踪报告是风险管理的一项日常工作，报告的格式和频率应视需要和成本而定。

4 电力工程项目费用管理与成本核算

4.1 电力工程项目费用的组成

电力工程项目总投资包含固定资产投资和流动资金投资两部分，电力工程项目固定资产投资就是电力建设工程造价。按照最新的《火力发电工程建设预算编制与计算标准》和《电网工程建设预算编制与计算标准》(2007年7月26日发布，2007年12月1日实施)的规定，电力建设工程造价由设备购置费、建筑工程费、安装工程费、其他费用和动态费用构成。其中，设备购置费、建筑工程费、安装工程费、其他费用之和称为静态投资。

4.1.1 建筑安装工程费用

4.1.1.1 建筑安装工程费用的构成

电网建筑安装工程费的构成，如图4.1所示。

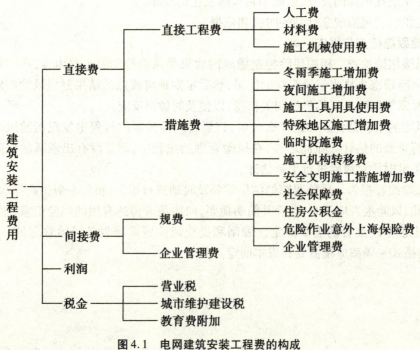

图4.1 电网建筑安装工程费的构成

1. 直接费

直接费由直接工程费和措施费组成。

(1) 直接工程费。直接工程费是指施工过程中耗费的构成工程实体的各项费用，它包括人工费、材料费和施工机械使用费。

①人工费。它是指直接从事建筑安装工程施工的生产工人开支的各项费用。人工费的内容包括基本工资、工资性补贴、生产工人辅助工资、职工福利费和生产工人劳动保护费等。

电力行业人工费按照电力行业定额中规定的原则进行计算,电力工程人工工日单价按照定额中规则的电力行业基准工日单价执行。各地区、各年度人工费的调整按照电力行业定额(造价)管理机构的规定执行。

②材料费。它是指施工过程中耗费的构成工程实体的原材料、辅助材料、构配件、零件和半成品的费用。其内容包括材料原价、材料运杂费、运输损耗费、采购及保管费、检验试验费。其中,检验试验费包括自设试验室进行试验所耗用的材料和化学药品等费用。它不包括新结构、新材料的试验费和建设单位对具有出厂合格证明的材料进行检验,对构件做破坏性试验及其他特殊要求检验试验的费用。

电力行业电网工程建设预算中的材料包括装置性材料和消耗性材料两部分。

a. 装置性材料,是指电网建设安装工程中构成工艺系统实体的原材料、辅助材料、构配件、零件、半成品等工艺性材料。一般情况下,装置性材料指施工过程中必需的、但在建设预算定额中未计价的材料。其计算式为

$$装置性材料费 = 装置性材料消耗量 \times 装置性材料预算价格 \qquad (4.1)$$

装置性材料预算价格根据电力行业定额(造价)管理机构公布的装置性材料预算价格或综合预算价格计算。

b. 消耗性材料,是指施工过程中所消耗的、在建设成品中不体现其原有形态的材料,以及因施工工艺及措施要求需要进行摊销的材料。一般情况下,消耗性材料指建设预算定额中,费用已经计入定额基价的材料。消耗性材料按照定额规定的原则计算。

③施工机械使用费。它是指施工机械作业所发生的机械使用费以及机械安拆费和场外运费。施工机械台班单价包括折旧费、大修理费、经常修理费、安拆费及场外运费、人工费、燃料动力费和养路费及车船使用税。其中,人工费是指机上司机(司炉)和其他操作人员的工作日人工费及上述人员在施工机械规定的年工作台班以外的人工费。

(2)措施费。措施费是指为完成工程项目施工,在施工前和施工过程中非工程实体项目的费用。其内容包括以下几方面:

①安全、文明施工费。它是指根据国家现行的建筑施工安全、施工现场环境与卫生标准和有关规定,购置和更新施工安全防护用具及设施、改善安全生产条件和作业环境所需要的费用。它由《建筑安装工程费用项目组成》中措施费所含的环境保护费、文明施工费、安全施工费和临时设施费组成。

②夜间施工增加费。它是指因夜间施工所发生的夜班补助费、夜间施工降效、夜间施工照明设备摊销及照明用电等费用。

③二次搬运费。它是指因施工场地狭小等特殊情况而发生的二次搬运费用。

④冬雨季施工增加费。它是指在冬季、雨季施工期间,为了确保工程质量,采取保温、防雨措施所增加的材料费、人工费和设施费用,以及因工效和机械作业效率降低所增加的费用。

⑤大型机械设备进出场及安拆费。它是指机械整体或分体自停放场地运至施工现场或由一个施工地点运至另一个施工地点,所发生的机械进出场运输及转移费用,及机械在施工现场进行安装、拆卸所需的人工费、材料费、机械费、试运转费和安装所需的辅助设施的费用。

⑥混凝土、钢筋混凝土模板及支架费。它是指混凝土施工过程中需要的各种钢模板、木

模板、支架等的支、拆、运输费用及模板、支架的摊销(或租赁)费用。模板及支架分为自有和租赁两种。

⑦脚手架费。它是指施工需要的各种脚手架搭、拆、运输费用及脚手架的摊销(或租赁)费用。脚手架同样分为自有和租赁两种。

⑧已完成工程及设备保护费。它是指竣工验收前,对已完工程及设备进行保护所需费用。

⑨施工排水、降水费。

a.施工排水费是指为确保工程在正常条件下施工,采取各种排水措施所发生的各种费用。

b.施工降水费是指为确保工程在正常条件下施工,采取各种降水措施所发生的各种费用。

2. 间接费

间接费是指建筑安装产品的生产过程中,为全工程项目服务而不直接消耗在特定产品对象上的费用。间接费由以下两种费用组成:

(1)规费:是指政府和有关权力部门规定必须缴纳的费用(简称规费)。其内容包括:工程排污费、社会保障费(包括养老保险费、失业保险费和医疗保险费)、住房公积金和危险作业意外伤害保险。

(2)企业管理费:是指建筑安装企业组织施工生产和经营管理所需费用。其内容包括管理人员工资、办公费、差旅交通费、固定资产使用费、工具用具使用费、劳动保险费、工会经费、职工教育经费、财产保险费、财务费、税金和其他费用。其中,其他费用包括技术转让费、技术开发费、业务招待费、绿化费、广告费、公证费、法律顾问费、审计费和咨询费等。

3. 利润

利润是指施工企业完成所承包工程获得的盈利。

4. 税金

税金是指国家税法规定的应计入建筑安装工程造价内的营业税、城市维护建设税及教育费附加等。

(1)营业税。它是按计税营业额乘以营业税税率确定。其中,建筑安装企业营业税税率为3%。计税营业额是含税营业额,是指从事建筑、安装、修缮、装饰及其他工程作业收取的全部收入,它包括建筑、修缮、装饰工程所用原材料及其他物资和动力的价款。当安装的设备的价值作为安装工程产值时,也包括所安装设备的价款。但是建筑安装工程总承包方将工程分包或转包给他人的,其营业额中不包括付给分包或转包方的价款。营业税的纳税地点为应税劳务的发生地。

(2)城市维护建设税。纳税人所在地为市区的,按营业税的7%征收;纳税人所在地为县城镇,按营业税的5%征收;纳税人所在地为农村的,按营业税的1%征收。城建税的纳税地点与营业税纳税地点相同。

(3)教育费附加。教育费附加一律按营业税的3%征收,建筑安装企业的教育费附加要与其营业税同时缴纳。即使办有职工子弟学校的建筑安装企业,也应当先缴纳教育费附加,教育部门再按照企业的办学情况,酌情返还给办学单位,作为对办学经费的补助。

4.1.1.2 建筑安装工程费用性质划分

1. 建筑工程费用

(1) 各类房屋建筑工程与列入建筑工程预算的供水、供暖、卫生、通风、煤气等设备费用及其装饰、油饰工程的费用，列入建筑工程预算各种管道、电力、电信等与电缆导线敷设工程的费用。

(2) 设备基础、支柱、工作台、烟囱、水塔、灰塔等建筑工程，以及各种炉窑的砌筑工程和金属结构工程的费用。

(3) 为了施工而进行的场地平整，工程和水文地质勘察，原有建筑物和障碍物的拆除以及施工临时用水、电、气、路和完工后的场地清理、环境绿化、美化等工作的费用。

(4) 矿工开凿、井巷延伸、露天矿剥离，石油、天然气钻井，修建铁路、公路、桥梁、水库、堤坝、灌渠及防洪工程的费用。

《电网工程建设预算编制与计算标准》中规定，建筑工程费除了包括建筑工程的本体费用之外，以下项目也列入建筑工程费中：

(1) 建筑物的上下水、采暖、通风、空调、照明设施。
(2) 建筑物用电梯的设备及其安装。
(3) 建筑物的金属网门、栏栅及防雷设施，独立的避雷针、塔。
(4) 屋外配电装置的金属结构、金属构架或支架。
(5) 换流站直流滤波器的电容器械门形构架。
(6) 各种直埋设施的土方、垫层、支墩，各种沟道的土方、垫层支墩、结构、盖板，各种涵洞，各种顶管措施。
(7) 消防设施，包括气体消防、水喷雾系统设备、喷头及其自动控制装置。
(8) 站区采暖加热站设备及管道，采暖锅炉房设备及管道。
(9) 生活污水处理系统的设备、管道及其安装。
(10) 混凝土砌筑的箱、罐、池等。
(11) 设备基础、地脚螺栓。
(12) 建筑专业出图的站区工业管道。
(13) 建筑专业出图的电线、电缆埋管工程。
(14) 凡建筑工程预算定额中已明确规定列入建筑工程项目，按定额中的规定执行。

2. 安装工程费

(1) 生产、动力、起重、运输、传动和医疗、实验等各种需要安装的机械设备的装配费用，与设备相连的工作台、梯子、栏杆等设施的工程费用，附属于被安装设备的管线敷设工程费用，以及被安装设备的绝缘、防腐、保温、油漆等工作的材料和安装费。

(2) 为了测定安装工程质量，对单台设备进行单机试运转、对系统设备进行系统联动无负荷试运转工作的调试费。

《电网工程建设预算编制与计算标准》中规定，安装工程费除了包括各类设备、管道及其辅助装置的组合、装配及其材料费用之外，以下项目也列入安装工程费中：

(1) 电气设备的维护平台及扶梯。
(2) 电缆、电缆桥(支)架及其安装，电缆防火。

(3) 屋内配电装置的金属结构、金属支架、金属网门。
(4) 换流站的交、直流滤波电容器塔。
(5) 换流站阀门冷却系统。
(6) 设备主体、道路、屋外区域(如变压器区、本电装置区、管道区等)的照明。
(7) 电气专业出图的空调系统集中控制装置安装。
(8) 接地工程的接地极、降阻剂、焦炭等。
(9) 安装专业出图的电线、电缆埋管、工业管道工程。
(10) 安装专业出图的设备支架、地脚螺栓。
(11) 设备安装工程建设定额中已明确列入安装工程的项目,按定额中的规定执行。

4.1.2 设备购置费

设备购置费是指为建设项目购置或自制的达到固定资产标准的各种国产或进口设备的购置费用,由设备费和设备运杂费组成,即:

$$设备购置费 = 设备费 + 设备运杂费 \qquad (4.2)$$

4.1.2.1 国产设备原价的构成及计算

国产设备原价一般按照生产厂或供应商的询价、报价、合同价确定,或采用一定的方法计算确定。它包括国产标准设备原价和国产非标准设备原价。

1. 国产标准设备原价

国产标准设备原价分为带有备件的原价和不带备件的原价两种。在计算时,一般采用带有备件的原价。

2. 国产非标准设备原价

非标准设备由于单件生产、无定型标准,所以无法获取市场交易价格,只能按照其成本构成或者相关技术参数估算其价格。非标准设备原价有多种不同的计算方法,例如定额估价法、成本计算估价法、分部组合估价法以及系列设备插入估价法等。但无论采用哪种方法,都应使非标准设备计价接近实际出厂价,计算方法要简单方便。常用的估算方法为成本计算估价法。按照成本计算估价法,非标准设备的原价由以下各项组成:

(1) 材料费。其计算公式如下:

$$材料费 = 材料净重 \times (1 + 加工损耗系数) \times 每吨材料综合价 \qquad (4.3)$$

(2) 加工费。其计算公式如下:

$$加工费 = 设备总质量(t) \times 设备每吨加工费 \qquad (4.4)$$

(3) 辅助材料费。其计算公式如下:

$$辅助材料费 = 设备总质量 \times 辅助材料费指标 \qquad (4.5)$$

(4) 专用工具费。按(1)~(3)项之和乘以一定百分比计算。

(5) 废品损失费。按(1)~(4)项之和乘以一定百分比计算。

(6) 外购配套件费。按设备设计图纸所列的外购配套件的名称、型号、规格、数量和质量,按照相应的价格加运杂费计算。

(7) 包装费。按以上(1)~(6)项之和乘以一定百分比计算。

(8) 利润。按(1)~(5)项加第(7)项之和乘以一定利润率计算。

(9) 税金。它主要指增值税,计算公式为

$$\text{增值税} = \text{当期销项税额} - \text{进项税额} \tag{4.6}$$

$$\text{当期销项税额} = \text{销售额} \times \text{适用增值税率}(\%) \tag{4.7}$$

式中,销售额为(1)~(8)项之和。

(10) 非标准设备设计费。按国家规定的设计费收费标准计算。

综上所述,单台非标准设备原价的计算公式如下:

$$\text{单台非标准设备原价} = \{[(\text{材料费} + \text{加工费} + \text{辅助材料费}) \times (1 + \text{专用工具费率}) \times$$
$$(1 + \text{废品损失费率}) + \text{外购配套件费}] \times (1 + \text{包装费率}) - \text{外购配套件费}\} \times$$
$$(1 + \text{利润率}) + \text{销项税额} + \text{非标准设备设计费} + \text{外购配套件费} \tag{4.8}$$

4.1.2.2 进口设备原价的构成及计算

进口设备的原价一般是由进口设备到岸价(CIF)及进口从属费构成。

1. 进口设备到岸价的计算

$$\text{进口设备到岸价}(\text{CIF}) = \text{离岸价格}(\text{FOB}) + \text{国际运费} + \text{运输保险费}$$
$$= \text{运费在内价}(\text{CFR}) + \text{运输保险费} \tag{4.9}$$

(1) 货价。进口设备货价按有关生产厂商询价、报价、订货合同价计算。

(2) 国际运费。进口设备国际运费的计算公式如下:

$$\text{国际运费}(\text{海、陆、空}) = \text{原币货价}(\text{FOB}) \times \text{运费率}(\%) \tag{4.10}$$

$$\text{国际运费}(\text{海、陆、空}) = \text{单位运价} \times \text{运量} \tag{4.11}$$

其中,运费率或单位运价根据有关部门或进出口公司的规定执行。

(3) 运输保险费。其计算公式为

$$\text{运输保险费} = \frac{\text{原币货价}(\text{FOB}) + \text{国外运费}}{1 - \text{保险费率}(\%)} \times \text{保险费率}(\%) \tag{4.12}$$

其中,保险费率根据保险公司规定的进口货物保险费率计算。

2. 进口从属费的计算

$$\text{进口从属费} = \text{银行财务费} + \text{外贸手续费} + \text{关税} + \text{消费税} +$$
$$\text{进口环节增值税} + \text{车辆购置税} \tag{4.13}$$

(1) 银行财务费。其计算公式为

$$\text{银行财务费} = \text{离岸价格}(\text{FOB}) \times \text{人民币外汇汇率} \times \text{银行财务费率} \tag{4.14}$$

(2) 外贸手续费。其计算公式为

$$\text{外贸手续费} = \text{到岸价格}(\text{CIF}) \times \text{人民币外汇汇率} \times \text{外贸手续费率} \tag{4.15}$$

(3) 关税。其计算公式为

$$\text{关税} = \text{到岸价格}(\text{CIF}) \times \text{人民币外汇汇率} \times \text{进口关税税率} \tag{4.16}$$

到岸价格作为关税的计征基数时,一般又称为关税完税价格。进口关税税率分为优惠和普通两种。优惠税率适用于和我国签订关税互惠条款的贸易条约或协定的国家的进口设备;普通税率适用于和我国未签订关税互惠条款的贸易条约或协定的国家的进口设备。进口关税税率根据我国海关总署发布的进口关税税率计算。

(4) 消费税。其计算公式为

$$\text{应纳消费税税额} = \frac{\text{到岸价格}(\text{CIF}) \times \text{人民币外汇汇率} + \text{关税}}{1 - \text{消费税税率}(\%)} \times \text{消费税税率}(\%)$$

$$\tag{4.17}$$

其中,消费税税率按照规定的税率计算。

(5)进口环节增值税。我国增值税条例规定,进口应税产品均按组成计税价格和增值税税率直接计算应纳税额。即:

$$进口环节增值税额 = 组成计税价格 \times 增值税税率(\%) \quad (4.18)$$

$$组成计税价格 = 关税完税价格 + 关税 + 消费税 \quad (4.19)$$

增值税税率按照规定的税率计算。

(6)车辆购置税。其计算公式如下:

$$进口车辆购置税 = (关税完税价格 + 关税 + 消费税) \times 车辆购置税率(\%) \quad (4.20)$$

4.1.2.3 设备运杂费的构成及计算

设备运杂费是指设备生产厂家(或指定交货地点)运至施工现场指定位置所发生的费用。其内容包括设备的上、下站费,运输费,运输保险费,采购保管费。

1. 设备运杂费的构成

设备运杂费一般由下列各项费用构成。

(1)运费和上、下站费。国产设备由设备制造厂交货地点至工地仓库(或施工组织设计指定的需要安装设备的堆放地点)止所发生的运费和装卸费;进口设备则是由我国到岸港口或边境车站起到工地仓库(或施工组织设计指定的需要安装设备的堆放地点)止所发生的运费和装卸费。

(2)采购与仓库保管费。采购与仓库保管费是指采购、验收、保管和收发设备所发生的各种费用,包括设备采购人员、保管人员和管理人员的工资、工资附加办公费、差旅交通费,设备供应部门办公和仓库所占固定资产使用费、工具用具使用费、劳动保护费、检验试验费等。这些费用可以按主管部门规定的采购与保管费费率计算。

2. 设备运杂费的计算

设备运杂费按设备原价乘以设备运杂费率计算,其计算式为

$$设备运杂费 = 设备原价 \times 设备运杂费率 \quad (4.21)$$

其中,设备运杂费率按各部门及省、市等的规定计取。

4.1.3 其他费用

4.1.3.1 建设场地征用及清理费

建设场地征用及清理费是指为获得工程建设所必需的场地,并达到正常条件和环境而发生的有关费用。

(1)土地征用费,是指为了取得工程建设用地使用权而支付的费用,主要包括土地补偿费、安置补助费、耕地开垦费、勘测定界费、征地管理费、证书费、手续费以及各种基金和税金。

(2)施工场地租用费,是指为了确保工程建设期间的正常施工,临时租用场地而发生的费用,主要包括场地的租金、清理和复垦费等。

(3)迁移补偿费,是指为了满足工程建设需要,对所征用土地范围内的机关、企业、住户及有关建筑物、构筑物、电力线、通信线、铁路、公路、管道、沟渠、坟墓、林木等进行迁移所发生的补偿费用。

(4)余物清理费,是指为了满足工程建设需要,对所征用土地范围内原有的建筑物、构筑

物等有碍工程建设的设施进行拆除、清理所发生的各种费用。

（5）输电线路走廊赔偿费,是指根据输电线路有关规范要求,对线路走廊内非征用和租用土地上需清理的建筑物、构筑物、林木、经济作物等进行赔偿所发生的费用。

（6）通信设施防输电线路干扰措施费,是指拟输电线路与现有通信线路交叉或平行时,为了消除干扰影响,对通信线路迁移或加装保护设施所发生的费用。

4.1.3.2 项目建设管理费

项目建设管理费主要是指建设项目经国家行政主管部门核准后,自项目法人筹建至竣工验收合格并移交生产的合理建设期内对工程进行组织、管理、协调、监督等工作所发生的费用。项目建设管理费包括项目法人管理费、招标费、工程监理费、设备监造费及工程保险费。

（1）项目法人管理费,是指项目法人在项目管理工作中发生的机构开办费及经常性费用。其内容包括:

①项目法人开办费,包括相关执照及相关手续的申办费,必要办公家具、生活家具、用具与交通工具的购置费用。

②项目法人工作经费,包括工作人员基本工资、工资性补贴、辅助工资、职工福利费、劳动保护费、养老保险费、失业保险费、医疗保险费、住房公积金、办公费用、差旅交通费、固定资产使用费、工具用具使用费、技术图书资料费、工程档案管理费、水电费、教育及工会经费、施工图文件审查费、工程审价(结算)费、工程审计费、合同订立与公证费、法律顾问费、咨询费、会议费、董事会经费、业务招待费、采暖及防暑降温费、消防治安费、印花税、房产税、车船税、车辆保险费、养路费、设备材料的催交、验货、工程主要材料的监造、建设项目劳动安全验收评价费、工程竣工交付使用清理及验收费等日常经费。

（2）招标费,是指项目法人根据国家有关规定,组织或委托具有资质的机构编制、审查标书、标底,组织编制设备技术规范书,以及委托具有招标代理资质的机构对设计、施工、设备采购、工程监理、调试等承包项目进行招标所发生的费用。

（3）工程监理费,是指依据国家有关规定和规程规范要求,项目法人委托工程监理机构对建设项目全过程实施监理所支付的费用。

（4）设备监造费,是为了确保设备质量,根据国家行政主管部门公布的设备监造管理办法的要求,项目法人在主要设备的制造、生产期间对原材料以及生产、检验环节进行必要的见证、监督所发生的费用。

（5）工程保险费,是指项目法人对项目建设过程中可能造成工程财产、安全等直接或间接损失的要素进行保险所支付的费用。

4.1.3.3 建设项目技术服务费

建设项目技术服务费是指为工程建设提供技术服务和技术支持所发生的费用。它主要包括项目前期工作费、知识产权转让与研究试验费、勘察设计费、设计文件评审费、项目后评价费、工程建设监督检测费、电力建设标准编制管理费与电力工程定额编制管理费。

（1）项目前期工作费,是指项目法人在项目前期工作阶段(包括可行性研究阶段)所发生的费用,包括进行项目可行性研究设计、土地预审、环境影响评价、劳动安全卫生预评价、地质灾害评价、地震灾害评价、编制水土保持大纲、矿产压覆评估、林业规划勘测与文物普探等工作所发生的费用,以及分摊在本工程中的电力系统规划设计的咨询费与设计文件评审费等。

(2)知识产权转让与研究试验费。知识产权转让费是指项目法人在本工程中使用专项研究成果、先进技术所支付的一次性转让费用;研究试验费是指为本建设项目提供或验证设计数据进行必要的研究试验所发生的费用,以及设计规定的施工过程中必须进行的研究试验费用。注意,该费用不包括以下内容:

①应该由科技三项费用(即新产品试制费、中间试验费和重要科学研究补助费)开支的工程建设项目。

②应该由管理费开支的鉴定、检查和试验费。

③应该由勘察设计中开支的工程建设项目。

(3)勘察设计费,是指对工程建设项目进行勘察设计所发生的费用,包括各项勘探、勘察费用,初步设计、施工图设计费、竣工图文件编制费,施工图预算编制费,以及设计代表的现场服务费。按其内容分为勘察费和设计费。

①勘察费,是指项目法人委托有资质的勘察机构根据勘察设计规范要求,对项目进行工程勘察作业以及编制相关勘察文件和岩土工程设计文件等所支付的费用。

②设计费,是指项目法人委托有资质的设计机构根据工程设计规范要求,编制建设项目初步设计文件、施工图设计文件、施工图预算、非标准设备设计文件及竣工图文件等,以及设计代表进行现场服务所支付的费用。

(4)设计文件评审费,是指项目法人按照国家有关规定,对工程项目的设计文件进行评审所发生的费用。按其内容可分为以下几个方面:

①可行性研究设计文件评审费,是指项目法人委托有资质的评审机构,依据法律、法规和行业标准,从规范、规划、技术及经济等方面对工程项目的必要性和可行性进行全面评审并提出可行性评审报告所发生的费用。

②初步设计文件评审费,是指项目法人委托有资质的咨询机构依据法律、法规和行业标准,对初步设计方案的安全性、可靠性、先进性及经济性进行全面评审并提出评审报告所发生的费用。

(5)项目后评价费,是指按照国家行政主管部门的有关规定,项目法人为了对项目决策提供科学、可靠的依据,指导、改进项目管理,提高投资效益,同时为政府决策提供参考依据,完善相关政策,在建设项目投产后对项目的决策、设计、建设管理、投资效益等方面进行综合分析、评价所支付的费用。

(6)工程建设监督检测费,是指按照国家行政主管部门及电力行业的有关规定,对工程质量、环境保护、水土保持设施、特种设备(消防、电梯及压力容器等)安装进行监督、检查、检测所发生的费用。主要费用项目包括:

①工程质量监督检查费,是指按照电力行业有关规定,由国家行政主管部门授权的电力工程质量监督机构对工程质量进行监督、检查、检测所发生的费用。

②特种设备安全监测费,是指按照国务院《特种设备安全监察条例》规定,委托特种设备检验检测机构对工程所安装的特种设备进行检验、检测所发生的费用。

③环境监测验收费,是指按照国家环境保护法律、法规,环境监测机构对工程建设阶段进行监督检测以及对工程环保设施进行验收所发生的费用。

④水土保持项目验收及补偿费,是指按照《中华人民共和国水土保持法》及其实施条例对电力工程水土保持设施项目进行检测、验收所发生的费用。水土保持补偿费是指按照《中华人民共和国水土保持法》及其实施条例对电力工程占用或损坏水土保持设施、破坏地貌植被、降低水土保持功能以及水土流失防治等给予补偿所发生的费用。

⑤桩基检测费,是指项目法人按照工程需要,组织对特殊地质条件下使用的特殊桩基进行检测所发生的费用。

(7)电力建设标准编制管理费,是指按照国家有关规定,为确保电力工程各项标准、规范的测定、编制和管理工作正常进行,需向电力行业标准化管理部门缴纳的费用。

(8)电力工程定额编制管理费,是指按照国家行政主管部门的规定,为确保电力工程建设预算定额、劳动定额的测算、编制和管理工作正常进行,需向电力行业工程定额(造价)管理部门缴纳的费用。

4.1.3.4 分系统调试及整套启动试运费

分系统调试及整套启动试运费主要包括分系统调试费、整套启动试运费及施工企业配合调试费。

(1)分系统调试费,是指工艺系统安装完毕后进行系统联动调试所发生的费用。

(2)整套启动试运费,是指输变电工程项目投产前进行整套启动试运所发生的费用。

(3)施工企业配合调试费,是指在送变电工程整套启动试运阶段,施工企业安装专业配合调试所发生的费用。

4.1.3.5 生产准备费

生产准备费是指为确保工程竣工验收合格后能够正常投产运行提供技术确保和资源配备所发生的费用。它主要包括:管理车辆购置费、工器具及办公家具购置费和生产职工培训及提前进场费。

(1)管理车辆购置费,是指生产运行单位进行生产管理必须配备车辆的购置费用,费用内容包括车辆原价、运杂费及车辆附加费。

(2)工器具及生产家具购置费,是指为满足电力工程投产初期生产、生活和管理需要,购置必要的家具、用具、标志牌、警示牌及标示桩等所发生的费用。

(3)生产职工培训及提前进场费,是指为确保电力工程正常投产运行,对生产和管理人员进行培训以及提前进场进行生产准备所发生的费用。其内容包括:培训人员和提前进场人员的培训费、基本工资、工资性补贴、辅助工资、职工福利费、劳动保护费、失业保险费、养老保险费、医疗保险、住房公积金、差旅费、资料费、书报费、取暖费、教育经费与工会经费等。

4.1.3.6 大件运输措施费

大件运输措施费是指超限的大型电力设备在运输过程中发生的路、桥加固、改造,以及障碍物迁移等措施费用。

4.1.3.7 基本预备费

基本预备费是指为由于设计变更(含施工过程中工程量增减、设备改型、材料代用)而增加的费用,一般自然灾害可能造成的损失与预防自然灾害所采取的临时措施费用,以及其他不确定因素可能造成的损失而预留的工程建设资金。费用内容具体包括:

(1)在批准的初步设计范围内,技术设计、施工图设计及施工过程中所增加的工程费用;

设计变更、局部地基处理等增加的费用。

(2)一般自然灾害造成的损失和预防自然灾害所采取的措施费用。实行工程保险的工程项目费用应适当降低。

(3)竣工验收时,为了鉴定工程质量,对隐蔽工程进行必要的挖掘和修复费用。

基本预备费估算是按设备及工器具购置费,建筑、安装工程费和工程建设其他费之和为计算基数,乘以基本预备费率进行计算。基本预备费率的大小应按照建设项目的设计阶段和设计深度,以及在估算中所采取的各项估算指标与设计内容的贴近度、项目所属行业主管部门的具体规定确定。基本预备费的计算式如下:

$$基本预备费 = [设备购置费 + 建筑工程费 + 安装工程 + \\ 其他费用(不包括基本预备费)] \times 费率 \tag{4.22}$$

4.1.3.8 其他费用

工程建设预算中的其他费用,在项目建成后将分别形成固定资产、无形资产等费用。

(1)形成固定资产的其他费用。

①建设用地费,是指根据《中华人民共和国土地管理法》等规定,建设项目征用土地或租用土地应支付的费用。

　　a. 建设场地征用及清理费。经营性建设项目通过出让方式购置土地使用权(或建设项目通过划拨方式取得无期限的土地使用权)而支付的费用,主要包括土地征用费、施工场地租用费、迁移补偿费、余物清理费、输电线路走廊赔偿费与通信设施防输电干扰措施费等。

　　b. 征用耕地按规定,次性缴纳的耕地占用税。征用城镇土地在建设期间按规定每年缴纳的城镇土地使用税;征用城市郊区菜地按规定缴纳的新菜地开发建设基金。

②项目建设管理费,是指建设单位从项目开始直至工程竣工验收合格或交付使用为止的项目建设管理费用。费用内容主要包括:

　　a. 项目法人管理费,是指项目法人发生的管理性质的开支,包括项目法人机构开办费、项目法人工作经费。

　　·项目法人机构开办费中的用于购置达到固定资产标准的物资的费用。

　　·项目法人工作经费。

　　b. 招标费。

　　c. 工程监理费。

　　d. 设备监造费用。

　　e. 工程保险费。

③项目建设技术服务费用:

　　a. 项目前期工作费。

　　b. 知识产权转让与研究试验费中的研究试验费。

　　c. 勘察设计费。

　　d. 设计文件评审费。

　　e. 项目后评价费。

　　f. 工程建设监督检测费。

④分系统调试及整套启动试运费:

　　a. 分系统调试费。

b. 整套启动试运费。

c. 施工企业配合调试费。

(2)形成无形资产费用。形成无形资产费用属于专利及专有技术的使用费用。费用内容包括：

①国外设计及技术资料费，引进有效专利、专有技术使用费与技术保密费。

②国内有效专利、专有技术使用费。

4.1.4 动态费用

4.1.4.1 价差预备费

价差预备费是指建设项目在建设期间，由于价格等因素的变化，引起工程造价变化的预测预留费用。费用内容主要包括人工、设备、材料、施工机械的价差费，建筑安装工程费及工程建设其他费费用调整，利率、汇率调整等增加的费用。

价差预备费的测算方法，一般按照国家规定的投资综合价格指数，按估算年份价格水平的投资额为基数，按照价格变动趋势，预测价格上涨率，采用复利方法计算。价差预备费计算公式如下：

$$C = \sum_{i=1}^{n_2} F_i [(1+e)^{n_1+i-1} - 1] \quad (4.23)$$

式中　C——价差预备费；

　　　e——年度造价上涨指数；

　　　n_1——建设预算编制水平年至工程年时间间隔(年)；

　　　n_2——工程建设周期(年)；

　　　i——从开工年开始的第i年；

　　　F_i——第i年投入的工程建设资金。

4.1.4.2 建设期贷款利息

建设期利息主要包括向国内银行或其他非银行金融机构贷款、出口信贷、外国政府贷款、国际商业银行贷款以及在境内外发行的债券等在建设期间应计的借款利息。若总贷款是按年均衡发放，建设期利息的计算可按当年借款在年中支用考虑，即当年贷款按半年计息，上年贷款按全年计息。计算公式如下：

$$q_j = \left(P_{j-1} + \frac{1}{2}A_j \right) \times i \quad (4.24)$$

式中　q_j——建设期第j年应计利息；

　　　P_{j-1}——建设期第$(j-1)$年末累计贷款本金与利息之和；

　　　A_j——建设期第j年贷款金额；

　　　i——年利率。

在国外贷款利息的计算中，还应当包括国外贷款银行按照贷款协议向贷款方以年利率的方式所收取的手续费、管理费及承诺费；以及国内代理机构经国家主管部门批准的以年利率的方式向贷款单位所收取的转贷费、担保费及管理费等。

4.2 电力工程项目费用的确定

4.2.1 工料单价法

1. 工料单价法概念

工料单价法,也就是传统的定额计价法,一般是指分部分项工程项目单价采用直接工程费单价(工料单价)的一种计价方法,直接工程费单价只包括人工费、材料费和机械台班使用费,它是分部分项工程的不完全价格。

运用定额单价进行计算,即首先计算工程量,然后查定额单价(基价),与相对应的分项工程量相乘,得出分部分项工程的直接工程费,在此基础上,按照有关费用计算标准规定再计算措施费、企业管理费、利润、规费、税金,将直接工程费与上述费用相加,得出单位安装工程造价,然后在此基础上再计算其他费用、辅助设施工程费及动态费用等,最后得出工程项目的总造价。其计价的基本程序如下:

(1) 分部分项工程单价(工料单价) = 规定计量单位的人工费 + 规定计量单位的材料费 +

$$规定计量单位的施工机械使用费 \quad (4.25)$$

其中

$$人工费 = \sum（人工工日数量 \times 工日单价） \quad (4.26)$$

$$材料费 = \sum（材料用量 \times 材料单价） \quad (4.27)$$

$$施工机械使用费 = \sum（机械台班用量 \times 台班单价） \quad (4.28)$$

(2) 单位工程直接工程费 = $\sum$（分部分项工程量 × 工料单价）+ 措施费 \quad (4.29)

(3) 单位工程造价 = 单位工程直接工程费 + 措施费 + 间接费 + 利润 + 税金 \quad (4.30)

(4) 单项工程造价 = $\sum$ 单位工程造价 + 设备、工器具购置费 \quad (4.31)

(5) 建设工程项目造价 = $\sum$ 单项工程的概算造价 + 其他费用 + 动态费用 \quad (4.32)

2. 工料单价法计价格式(概预算书组成)

变电站建筑工程计价按预算编制办法规定,采用统一格式,主要由下列表格组成:
(1) 工程概况及主要技术经济指标。
(2) 总预算表。
(3) 专业汇总预算表。
(4) 单位工程预算表。
(5) 其他费用预算表。
(6) 附表、附件。

3. 工料单价法的计价步骤

(1) 准备工作。

①熟悉施工图纸及准备有关资料。熟悉施工图,检查施工图是否齐全、尺寸是否清楚,了解设计意图,掌握工程全貌。此外,针对要编制预算的工程内容搜集有关资料,包括熟悉预算定额的使用范围、工程内容及工程量计算规则等。

②了解施工组织设计和施工现场情况。了解施工组织设计中影响工程造价有关内容,例如施工组织大纲、地形地质条件等。

(2)直接工程费计价。直接工程费具体计算步骤如下:

①计算分项工程量。按照施工图的工程预算项目和预算定额规定的工程量计算规则,计算各分项工程量。

②工程量汇总。各分项工程量计算完毕,经过复核无误后,按照预算定额规定的分部分项工程逐项汇总。

③套用定额消耗量,并结合当时当地人材机市场单价计算单位工程直接工程费,即

$$\text{直接工程费} = \sum \text{分部分项工程量} \times \text{工料单价} \tag{4.33}$$

(3)计算建筑工程费。直接工程费确定以后,还需按照电力行业《电网工程建设预算编制及计算标准》的有关规定,分别计算措施费、企业管理费、规费、税金等费用,汇总得出单位建筑工程造价,然后将各单位安装工程造价汇总。

4. 工料单价法的取费基数

工料单价法取费的计算基数有三种,即直接费、人工费加机械费和人工费。

(1)以直接费为计算基础工料单价法计价程序见表4.1。

表4.1 以直接费为计算基础工料单价法计价程序

序号	费用项目	计算方法
1	直接工程费	按预算表
2	措施费	按规定标准计算
3	小计	1+2
4	间接费	3×相应费率
5	利润	(3+4)×相应利润率
6	合计	3+4+5
7	含税造价	6×(1+相应税率)

(2)以人工费和机械费为计算基础工料单价法计价程序见表4.2。

表4.2 以人工费和机械费为计算基础工料单价法计价程序

序号	费用项目	计算方法
1	直接工程费	按预算表
2	其中:人工费和机械费	按预算表
3	措施费	按规定标准计算
4	其中:人工费和机械费	按规定标准计算
5	小计	1+3
6	人工费和机械费	2+4
7	间接费	6×相应税率
8	利润	6×相应利润率
9	合计	5+7+8
10	含税造价	9×(1+相应税率)

(3)以人工费为计算基础工料单价法计价程序见表4.3。

表4.3 以人工费为计算基础工料单价法计价程序

序号	费用项目	计算方法
1	直接工程费	按预算表
2	其中:人工费	按预算表
3	措施费	按规定标准计算
4	其中:人工费和机械费	按规定标准计算
5	小计	1+3
6	人工费小计	2+4
7	间接费	6×相应税率
8	利润	6×相应利润率
9	合计	5+7+8
10	含税造价	9×(1+相应税率)

5. 工料单价法的运用

电力建筑安装工程费的计算式如下：

$$电力建筑安装工程费 = 直接费 + 间接费 + 利润 + 税金 \quad (4.34)$$

(1)直接费计算式如下：

$$直接费 = 直接工程费 + 措施费 \quad (4.35)$$

其中,直接工程费按照工料单价确定；措施费计算详见表4.4。

表4.4 电力建筑安装工程措施项目取费计算

序号	费用项目	计算方法
1	冬雨季施工增加费	直接工程费×费率
2	夜间施工增加费	直接工程费×费率
3	施工工具用具使用费	直接工程费×费率
4	临时设施费	直接工程费×费率
5	施工机构转移费	直接工程费×费率
6	安全文明施工措施补助费	直接工程费×费率

(2)间接费计算式如下：

$$间接费 = 规费 + 企业管理费 \quad (4.36)$$

$$规费 = 社会保障费 + 住房公积金 + 危险作业意外伤害保险费 \quad (4.37)$$

其中

$$建筑工程社会保障费 = 直接工程费 \times 0.18 \times 工程所在地政府部门公布缴费费率 \quad (4.38)$$

$$建筑工程社会住房公积金 = 直接工程费 \times 0.18 \times 住房公积金缴费费率 \quad (4.39)$$

$$建筑工程危险作业意外伤害保险费 = 直接工程费 \times 0.15\% \quad (4.40)$$

$$建筑工程企业基本管理费 = 直接工程费 \times 费率 \quad (4.41)$$

即

$$间接费 = 直接工程费 \times (0.18 \times 社保费缴费率 + 0.18 \times 公积金缴费率 \times$$
$$0.15\% + 企业管理费费率) \quad (4.42)$$

(3)利润计算式如下:

$$利润 = (直接费 + 间接费) \times 利润率 \quad (4.43)$$

(4)税金计算式如下:

$$税金 = (直接费 + 间接费 + 利润) \times 综合税率 \quad (4.44)$$

4.2.2 工程量清单计价法

1. 工程量清单计价的定义及组成

工程量清单计价是建设工程招标投标中,根据国家(行业)统一的工程量清单计价规范,招标人或委托人具有资质的中介机构编制反映工程实体消耗和措施消耗的工程量清单,并作为招标文件的一部分提供给投标人,所有投标人依据工程量清单,按照施工设计图纸、施工现场情况、施工方案等,结合企业定额及市场价格或参照造价管理部门公布的《建设工程消耗量定额》,建设行政主管部门和工程造价主管机构的有关规定自主报价的计价方式。

近年来,随着《建设工程工程量清单计价规范》(GB 50500—2013)和《电力建设工程工程量清单计价规范—变电工程》(以下简称《变电工程计价规范》)(DL/T 5341—2011)相继颁布与实施,我国电力建设工程计价管理进入了一个崭新的阶段。电力建设工程从单一的定额计价模式转化为工程量清单计价与定额计价两种模式并存的格局,并将逐步实现工程量清单计价为主,定额计价为辅的工程计价管理目标。

《变电工程计价规范》是电力行业标准(DL),具有较强的专业特征,本标准适用于电压等级 35kV ~ 1000kV 变电站、±800kV 及以下换流站的新建、扩建工程发承包及其实阶段的计价活动。

《变电工程计价规范》由总则、术语、工程量清单编制、工程量清单计价规定、招标控制价格、投标报价、合同款约定、工程计量、合同价款调整、合同价款中期支付、竣工结算与支付、合同解除的价款结算与支付、合同价款争议的解决、工程计价资料与档案等内容组成。

工程量清单计价的工程造价费用由分部工程项目费、措施项目费、其他项目费、零星项目费、规费和税金等构成。

(1)分部分项工程费 = $\sum$ 分部分项工程量 × 分部分项综合单价 (4.45)

其中,综合单价由人工费、材料费、机械费、企业管理费与利润等组成。

(2)措施项目费 = $\sum$ 措施项目工程量 × 措施项目综合单价 (4.46)

其中,措施项目综合单价的构成与分部分项综合单价构成类似。

(3)单位工程报价 = 分部分项工程费 + 措施项目费 +
其他项目费 + 零星项目费 + 规费 + 税金 (4.47)

(4)单项工程报价 = $\sum$ 单位工程造价 (4.48)

(5)建设项目总报价 = $\sum$ 单项工程报价 (4.49)

工程量清单计价法包括两个阶段:招标人的工程量清单编制和投标人的工程量清单计价编制,即投标人利用工程量清单来编制投标报价。

2. 工程量清单编制

工程量清单是表现拟建工程的分部分项工程项目、措施项目、其他项目名称和相应数量的明细清单。它是由具有编制招标文件能力的招标人或受其委托具有相应资质的工程造价咨询机构、招标代理机构，按照设计文件，根据《变电工程计价规范》中统一的项目编码、项目名称、计量单位和工程量计算规则及附录规定的统一表格形式进行编制。编制内容及步骤如下：

(1) 编制分部分项工程量清单。
(2) 编制措施项目清单。
(3) 编制其他项目清单。
(4) 编制零星项目清单。
(5) 编制规费项目清单。
(6) 编制招标人采购材料表。
(7) 编写总说明封面。
(8) 编写封面。
(9) 装订成册。

3. 工程量清单计价的编制

由招标人统一提供的工程量清单只列主体项目，其"工程内容"与原定额计价模式下的分部分项工程的内涵并不完全相同，工程量计算规则也有区别，这就要求投标人在确定"综合单价"的过程中，要首先将每个清单项目，按照其结构特征或施工工序分解，直到分解为若干项目具体的"工程内容"（相当传统定额计价时的分项工程或定额子目），再测算与其对应的人工、材料、机械台班消耗量及市场价格，才可以计价。因此，工程量清单计价编制内容包括工料机消耗量的确定、综合单价的确定、措施项目费的确定、零星项目费的确定与其他项目费的确定等。

(1) 工料机消耗量的确定。工料消耗量应当是与清单项目对应的实际施工消耗量，它应当包括清单项目、围绕该清单项目施工的附属项目的工料机消耗量内容及施工、运输、安装等方面的所有损耗。在企业尚未建立内部消耗量定额或综合单价表的情况下，现在仍大多是沿用行业或地方定额和相关资料计算，其计算式如下：

$$清单项目人工工日 = 主项工程量 \times 定额用工量 + \sum (附项工程量 \times 定额用工量) \tag{4.50}$$

$$清单项目材料用量 = 主项工程量 \times 某种材料定额用量 + \sum (附项工程量 \times 材料定额用量) \tag{4.51}$$

$$清单项目机械台班用量 = 主项工程量 \times 某种机械台班用量 + \sum (附项工程量 \times 机械台班用量) \tag{4.52}$$

具体计算时分两种情况：一是直接套用定额子目，二是分别套用不同定额子目。

① 直接套用定额子目。当清单项目与定额项目的工程内容和项目特征完全一致时，就可以直接套用定额消耗量，计算出清单项目的工料机消耗量。

② 分别套用不同定额子目。当定额项目的工程内容与清单项目的工程内容不完全相同时，就需要按定额子目构成分解清单项目工程内容，分别套用不同的定额消耗量，计算出清

单项目的工料机消耗量。

(2)综合单价的确定。综合单价是指完成工程量清单中一个规定计量单位项目所需的人工费、材料费、机械使用费、企业管理费和利润,并要考虑风险因素。与工料单价相比较,综合单价将间接费和利润等费用按一定费率分摊到各分部分项工程上,从而使其反映了承包人的收入,但由于它未包括规费、税金,仍然属于不完全费用单价。

按《建设工程工程量清单计价规范》规定,综合单价不但适用于分部分项工程量清单,也适用于措施项目清单、其他项目清单。一般参照以下公式计算,即:

$$综合单价 = 人工费 + 材料费 + 机械使用费 + 企业管理费 + 利润 =$$
$$人工费 + 材料费 + 施工机械使用费 + (企管费率 + 利润率) \times 取费基数 \quad (4.53)$$

其中

$$人工费 = \sum (人工消耗量 \times 价格) \quad (4.54)$$

$$材料费 = \sum (材料消耗量 \times 价格) \quad (4.55)$$

$$机械使用费 = \sum (施工机械台班消耗量 \times 价格) \quad (4.56)$$

综合单价计算的取费基数有三种,即直接费、人工费加机械费和人工费。由于各分部分项工程中的人工、材料、机械含量的比例不同,可按照其材料费占人工费、材料费、机械费合计的比例(以字母 C 代表该项比值)在以下三种计算程序中选择一种计算其综合单价。

①以直接工程费为计算基础(见表4.5)。当 $C > C_0$ (C_0 为本地区原费用定额测算所选典型工程材料费占人工费、材料费和机械费合计的比例)时,可以用以人工费、材料费、机械费合计为取费基数计算间接费和利润。

表4.5 以直接工程费为取费基数的综合单价法计价程序

序号	费用项目	计算方法
1	分项直接工程费	人工费 + 材料费 + 机械费
2	间接费	1 × 相应费率
3	利润	(1 + 2) × 相应费率
4	合计	1 + 2 + 3
5	综合单价	4 × (1 + 相应费率)

②以人工费和机械费为计算基础(见表4.6)。当 $C < C_0$ 值的下限时,可以用以人工费和机械费合计为取费基数计算间接费和利润。

表4.6 以人工费和机械费为取费基数的综合单价法计价程序

序号	费用项目	计算方法
1	分项直接工程费	人工费 + 材料费 + 机械费
2	其中:人工费和机械费	人工费 + 机械费
3	间接费	2 × 相应费率
4	利润	2 × 相应费率
5	合计	1 + 2 + 3
6	综合单价	5 × (1 + 相应费率)

③以人工费为计算基础(见表4.7)。若该分项的直接工程费仅为人工费,无材料费和机械费时,可以采用以人工费为取费基数计算间接费和利润。

表4.7 以人工费为取费基数的综合单价法计价程序

序号	费用项目	计算方法
1	分项直接工程费	人工费 + 材料费 + 机械费
2	其中:人工费	人工费
3	间接费	2 × 相应费率
4	利润	2 × 相应费率
5	合计	1 + 3 + 4
6	综合单价	5 × (1 + 相应费率)

按照行业定额,结合企业自身,根据投标人自行采集的市场价格或参照工程所在地工程造价管理机构发布的价格信息,确定人工、材料、施工机械台班价格和地形、风险因素,确定综合单价,仅是一种过渡,最终应当使用企业定额和市场价格信息计价,以反映本企业个别成本。

(3)措施项目费的确定。措施项目清单是为了完成工程项目施工,发生于该工程施工前和施工过程中技术、生活、安全等方面的措施消耗项目。招标人在编制措施项目清单时,只按照通常情况列项目名称,不提供具体施工方案,投标人报价时,需要先拟定施工方案或施工组织设计,再按照施工现场和施工企业实际情况,确定要报的项目和价格。措施项目清单通常以"一项"为计价单位,一个措施项目报一个总价。每项措施项目都包含具体内容。每项措施项目清单,都需要按照施工组织设计的要求及现场的实际情况,进行仔细拆分、详细计算才会有结果。一般可以采用以下几种方法确定。

①定额法计价。这种方法与分部分项综合单价的计算方法一样,主要是指一些与实际有紧密联系的项目,例如脚手架、模板、垂直运输设备等。

②公式参数法计价。在定额模式下,几乎所有的措施项目都采用这种办法。有些地区以定额的形式体现,就是按一定的基数乘系数的方法或自定义公式进行计算。公式参数法计价方法主要适用于施工过程中必须发生,但在投标时很难具体分析分项预测,又无法单独列出项目内容的措施项目,如冬雨季施工增加费、施工工具用具使用费、临时设施费等,可以以人工费或直接工程费为基础乘以适当的系数确定。

③实物量法计价。这种方法是最基本的,也是最能反映投标人个别成本的计价方法,是按投标人现在的水平,预测将要发生的每一项费用的合计数,并且考虑一定的浮动因数及其他社会环境影响因数。

④分包法计价。在分包价格的基础上,增加投标人的管理费及风险进行计价的方法,这种方法适合可以分包的独立项目,例如大型机械进出场及安装、拆卸等。

(4)其他项目费的确定。其他项目清单费是指预留金、材料购置费(仅指由招标人购置的材料费)、总承包服务费、零星工程项目费等估算金额总和,包括人工费、材料费、机械费、管理费、利润及风险费。

其他项目清单由招标人与投标人两部分内容组成,由招标人提供。由于工程项目的复杂性,在施工之前,很难预料在施工过程中会发生什么变更,所以招标人按估算的方法将这部分费用以其他项目的形式列出,由投标人按规定组价,包括在总价内。

分部分项工程综合单价、措施项目费均是由投标人自由组价,但其他项目费不一定是投标人自由组价,因为其他项目费包括招标人部分和投标人部分,招标人部分属非竞争性项目,这就要求投标人按照招标人提供的数量及金额进行报价,不允许投标人对价格进行调整;投标人部分属竞争性费用,名称、数量由招标人提供,价格由投标人自主确定。

①总承包服务费。总承包服务费是投标人为配合协调招标人工程分包和材料采购所需的费用,应按照经验及工程分包特点,按照分包项目金额的一定百分比计算。

②零星工作项目费。零星工作项目费是招标人列出的未来可能发生的工程量清单以外的,不能以实物计量与定价的零星工作。招标人用"零星工作项目表"的形式详细列出人工、材料、机械名称和相应数量,投标人在此表内组价。计价时,应当以招标人列出的"零星工作项目表"中的内容填写综合单价和合价,综合单价还应当考虑管理费、利润和风险等。

$$人工综合单价 = 人工预算价 \times (1 + 管理费率) \times (1 + 利润率) \quad (4.57)$$

$$材料综合单价 = 材料预算价 \times (1 + 管理费率) \times (1 + 利润率) \quad (4.58)$$

$$机械综合单价 = 机械台班单价 \times (1 + 管理费率) \times (1 + 利润率) \quad (4.59)$$

(5)规费和税金的确定。

①规费。规费是指政府有关部门规定必须缴纳的费用,它属于行政费用。规费包括工程排污费、工程定额测定费、养老保险费、失业保险费、医疗保险费、住房公积金、危险作业意外伤害保险等。采用综合单价法报价时,规费不包含在清单项目综合单价内,而是以单位工程为单位,其计算式如下:

$$规费 = (分部分项工程费 + 措施项目费 + 其他项目费) \times 规费费率 \quad (4.60)$$

②税金。税金是指国家税法规定的应计入工程造价的营业税、城市维护建设税及教育费附加。它是国家为实现其职能向纳税人按规定税率征收的货币金额。

采用综合单价法编制标底和报价时,税金不包含在清单项目的综合单价内,而是以单位工程为单位,其计算式如下:

$$税金 = (分部分项工程费 + 措施项目费 + 其他项目费 + 规费) \times 税率 \quad (4.61)$$

4.3 电力工程项目费用计划与控制

4.3.1 施工费用计划的编制

1. 施工费用计划的编制依据

施工费用计划的编制依据一般包括投标报价书、施工预算、施工组织设计或施工方案,还包括人工、材料、构配件、施工机械的消耗水平和市场价格或按照当时实际参数测算的单价以及签订的各种合同等。

2. 施工费用计划的种类

按费用计划所反映工程内容的不同,施工费用计划可以分为按子项目组成编制施工费用计划和按工程进度编制施工费用计划两种。

(1) 按照子项目组成编制施工费用计划。一般一个工程项目可以由若干个单项工程组成，一个单项工程又可以由若干个单位工程组成，而一个单位工程还可以分解成若干个分部、分项工程。同样，一个工程项目的费用是由若干个单项工程费用组成，一个单项工程的费用是由若干个单位工程费用组成，而一个单位工程的费用是由若干个分部、分项工程的费用所组成的。可以按照各个分部、分项工程所要完成的工程数量，结合这些分部、分项工程对劳动要素的单位消耗量，计算出各种劳动要素的消耗量；用施工过程中所消耗掉的人工数量、材料数量、机械台班数乘以各自的单价，再加上属于费用范围之内的其他费用，就构成了施工费用。之后，结合管理的目标，最后确定施工费用计划。当所编制的施工费用计划包含了若干个分部分项工程时，这份施工费用计划就包括了所有这些分部分项工程的费用。

(2) 按照工程进度编制施工费用。费用计划与施工计划是密不可分的，完成的工程量越多，相应的施工费用也会越高。按照工程进度编制施工费用是一种常见的施工费用编制类型。在按照工程进度编制施工费用时，首先必须确定工程的时间进度计划，该计划一般可以用横道图或网络图的形式表示。按照施工的时间进度计划所确定的各子项目的开始时间与结束时间，以及在某一时间段里所要完成的各子项目进度计划，就能够确定出在这个时间段里的计划施工费用，计划的时间段越长，计划施工费用也就越高。表示施工费用计划的方式主要有 S 曲线法与"香蕉"曲线法两种方式。

在工程时间进度的基础上，已知各子项目施工的时间安排以及这些子项目的费用计划数量，可以通过绘制费用计划曲线图直观反映施工费用计划。费用计划曲线图的绘制步骤如下：

① 计算各时间段的计划费用，即：

$$q_j = \sum_{i=1}^{k} r_{ij} \tag{4.62}$$

式中　q_j——j 时间内各子项目的计划费用量；

　　　r_{ij}——第 i 个子项目在 j 时间内的计划费用量；

　　　k——j 时间内子项目数量。

② 计算各时间段累计计划费用量，即：

$$Q_t = \sum_{j=1}^{t} q_j \tag{4.63}$$

式中　Q_t——t 时间内累计计划费用量；

　　　t——时间坐标。

4.3.2　施工费用计划的控制方法——偏差分析法

1. 偏差分析的概念

(1) 偏差。在施工费用控制中的偏差是指施工费用的实际值与计划值的差异，即：

$$费用偏差 = 已完工程实际费用 - 已完工程计划费用 \tag{4.64}$$

$$已完工程实际费用 = 已完工程量 \times 实际单位费用 \tag{4.65}$$

$$已完工程计划费用 = 已完工程量 \times 计划单位费用 \tag{4.66}$$

费用偏差计算的结果若是正数意味着施工费用超支，结果若为负则表示施工费用节约。

(2) 偏差分析。偏差分析就是对在施工过程中发生的费用偏差进行原因分析。造成费用偏差的因素有很多，例如施工进度、劳动要素的价格和单耗等都是进行费用偏差分析的对象;不仅要分析产生费用偏差的原因,还要分析这些因素对施工费用的影响方向和影响程度。

如前所述,造成施工费用出现偏差的因素有很多。需要特别指出的是,施工进度对施工费用偏差分析的结果有重要影响,若在偏差分析时不加以考虑就无法正确反映施工费用偏差的实际情况。不难理解,当某一阶段施工费用超支,其原因有可能是单耗超出定额或(和)价格上涨,也有可能就是由于工程进度提前所造成的。所以,在偏差分析时,不仅要有费用偏差的概念,还要引入进度偏差的概念,其计算式如下:

$$进度偏差 = 已完工程实际时间 - 已完工程计划时间 \tag{4.67}$$

将进度偏差与费用偏差联系起来,施工进度偏差还可以表示如下:

$$进度偏差 = 拟完工程计划费用 - 已完工程计划费用 \tag{4.68}$$

所谓的拟完工程计划费用,是指按照施工进度计划的安排,在某一确定的时间内所应完成工程内容的计划施工费用,可表示为

$$拟完工程计划费用 = 拟完工程量 \times 计划单位费用 \tag{4.69}$$

拟完工程量从字面上解释就是打算完成的工程量,其实也就是计划工程量。

进度偏差计算的结果若是正数意味着施工进度滞后、被延误,结果若为负则表示施工进度提前、速度加快。

2. 偏差分析的方法

偏差分析可以采取不同的方法,下面主要介绍常用的横道图法、表格法和曲线法。

(1)横道图法。用横道图法进行偏差分析,是用不同的横向放置的矩形条(横道)来标识已完工程计划费用、已完工程实际费用和拟完工程计划费用,横道的长度与施工费用的数额成正比。进行偏差分析时,费用偏差和进度偏差的差额可以用横道或数字表示。

横道图法具有形象、直观和一目了然的优点,它能够明确地反映出施工费用的绝对偏差,让人一眼便能感受到偏差的严重性。但是,这种方法的缺点是所能提供的信息量较小。

(2)表格法。表格法是进行偏差分析最常用的一种方法,它可以按照项目的数据来源、数据参数和施工费用控制要求等条件来设计表格,具有适用性强、提供的信息量大等优点,见表4.8。

表4.8 费用偏差分析表(表格法)

项目编码	(1)	011	012	013
项目名称	(2)	土方工程	打桩工程	基础工程
已完工程实际费用	(3)	70	80	80
拟完工程计划费用	(4)	50	60	80
已完工程计划费用	(5)	60	100	60
费用局部偏差	(6) = (3) - (5)	10	-20	20
费用累计偏差	(7) = $\sum$ (6)			
进度局部偏差	(8) = (4) - (5)	-10	-40	20
进度累计偏差	(9) = $\sum$ (8)			

(3)曲线法。曲线法是通过绘制施工费用累计曲线(S曲线)的方式进行施工费用偏差分析的一种方法,如图4.2所示。其中,a曲线表示施工费用实际值曲线,p曲线表示施工费

用计划值曲线,两条曲线之间的垂直距离表示施工费用偏差。

在利用曲线法进行施工费用偏差分析时,一般要在一张表中绘制三条曲线,即已完工程实际费用曲线 a,已完工程计划费用曲线 b,拟完工程计划费用曲线 p,如图 4.3 所示。

图 4.3 中,曲线 a 与曲线 b 的垂直距离表示施工费用偏差,曲线 b 与曲线 p 的水平距离表示进度偏差。图 4.3 反映的偏差为累计偏差。

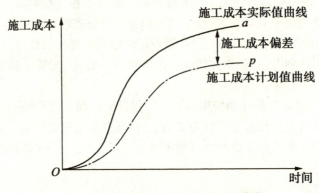

图 4.2 施工费用计划值与实际值曲线

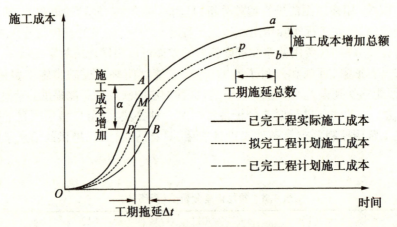

图 4.3 三种施工成本参数曲线

利用曲线法进行分析同样具有形象、直观的特点,如果能做到精确绘制曲线图的话,该方法也不失是一种较好的定量分析方法。

4.3.3 项目进度与费用的协调控制

1. 关键比值法

在大型工程项目的控制中,一般通过计算一组关键比值加强控制分析。关键比值计算式如下:

$$关键比值 = (实际进度 \times 预算费用)/(计划进度 \times 实际费用) \tag{4.70}$$

在此,将实际进度与计划进度的比值称为进度比值,将预算费用与实际费用的比值称为费用比值。由式(4.70)可以看出,关键比值是由进度比值和费用比值组成,是这两个独立比值的乘积。单独分析项目进度比值和费用比值,由其计算式可知,当它们大于1时,说明项目的进程状态或实施绩效是好的。但是在综合分析时,如果一个大于1,一个小于1,工程项目的进程状态如何呢？关键比值可以帮助我们发现一些有关项目进程状态的深层的有价值的信息。现在我们以表4.9测量到的绩效资料为例进行解析,可以得如下分析结果。

表4.9 关键比值计算

项目工作	实际进度 ①	计划进度 ②	进度比值 ③=①/②	预算费用 ④	实际费用 ⑤	费用比值 ⑥=④/⑤	关键比值 ⑦=③×⑥
A	2	3	2/3 < 1	6	4	6/4 > 1	1
B	2	3	2/3 < 1	6	6	6/6 = 1	2/3 < 1
C	3	3	3/3 = 1	4	6	4/6 < 1	2/3 < 1
D	3	2	3/2 > 1	6	6	6/6 = 1	3/2 > 1
E	3	3	3/3 = 1	6	4	6/4 > 1	3/2 > 1

(1) 项目工作A。无论进度还是费用,都是实际值低于计划值。若进度许可推迟,没有大的问题。

(2) 项目工作B。实际费用等于预算费用,但实际进度滞后。因为费用消耗已达到预算水平,而进度却落后,则有可能存在费用的超支。

(3) 项目工作C。实际进度等于计划进度,但费用超支。

(4) 项目工作D。实际费用等于预算费用,进度超前,意味着节省了一笔费用。

(5) 项目工作E。实际进度等于计划进度,而实际费用低于预算,等于节约了一笔费用。

一般来说,关键比值应当控制在1附近。对于不同的工程项目、不同的项目工作,要求关键比值的控制范围不同。越是重要的、投资大的项目或工作单元,允许关键比值偏离1的距离越小。

2. 基于网络计划的进度费用控制

根据网络分析技术可知,在工程项目的所有项目工作中,只有关键工序会影响项目的施工进度。在一般情况下,项目中工作单元的进度和费用又呈反方向变化,即减少某些资源(如人力、设备)的投入可以降低费用,但是肯定会延长工期。上述原理给我们提供了一种进度与费用的协调控制思路,即如果要降低项目后续工作的费用而不影响工期,只能在非关键工作单元(工序)上想办法。非关键工序由于存在时差,可以通过资源调整,适当延长其持续时间,以不超过允许时差为约束,达到降低项目费用的目的。如果要赶进度,只有在项目的关键工作的工作时间缩短时,项目的进度才有可能提前。有些供用电工程项目中,由于受合同工期的约束,应当使用网络分析的方法协调费用和进度,并且兼顾工期延误违约损失,才会使工程项目达到最优控制的方法。

4.4 电力工程项目成本计划与控制

4.4.1 电力工程项目成本计划

4.4.1.1 电力工程项目成本计划的组成

1. 直接成本计划

电力工程项目直接成本计划的具体内容包括:

(1) 编制说明。编制说明主要是指对工程的范围、投标竞争过程及合同条件、承包人对项目经理提出的责任成本目标、项目成本计划编制的指导思想和依据等的具体说明。

(2) 项目成本计划的指标。项目成本计划的指标应当经过科学的分析预测确定,可以采用对比法、因素分析法等进行测定。

(3) 按照工程量清单列出的单位工程成本计划汇总表,见表 4.10。

表 4.10 单位工程成本计划汇总表

序号	清单项目编码	清单项目名称	合同价格	计划成本
1				
2				
…				

(4) 按照成本性质划分的单位工程成本汇总表,按照清单项目的造价分析,分别对人工费、材料费、措施费、机械费、企业管理费和税费进行汇总,形成单位工程成本计划表。

(5) 项目成本计划应当在项目实施方案确定和不断优化的前提下进行编制,因为不同的实施方案将导致直接工程费、措施费和企业管理费的差异。成本计划的编制是项目成本预控的重要手段。因此,应当在工程开工之前编制完成,以便于将成本计划目标分解落实,为各项成本的执行提供明确的目标、控制手段和管理措施。

2. 间接成本计划

间接成本计划反映了施工现场管理费用的计划数、预算收入数及降低额。间接成本计划应当按照工程项目的核算期,以项目总收入费的管理费为基础,制订各部门费用的收支计划,汇总后作为工程项目的管理费用的计划。在间接成本计划中,收入应当与取费口径一致,支出应与会计核算中管理费用的二级科目一致。间接成本的计划的收支总额,应当与项目成本计划中管理费一栏的数额相符。各部门应当根据节约开支、压缩费用的原则,制订"管理费用归口包干指标落实办法",以确保该计划的实施。

4.4.1.2 电力工程项目成本计划编制的依据

电力工程项目成本计划编制的依据主要有:

(1) 承包合同。合同文件除了包括合同文本外,还包括招标文件、投标文件与设计文件等,合同中的工程内容、数量、质量、规格、工期和支付条款均将影响工程的成本计划,因此承包方在签订合同前应进行认真的研究与分析,在正确履约的前提下降低工程成本。

(2)项目管理实施规划。工程项目施工组织设计文件为核心的项目实施技术方案与管理方案,是在充分调查和研究现场条件及有关法规条件的基础上进行制定的,不同实施条件下的技术方案和管理方案,将导致工程成本的不同。

(3)可行性研究报告和相关设计文件。

(4)生产要素的价格信息。

(5)反映企业管理水平的消耗定额(企业施工定额)以及类似工程的成本资料等。

4.4.1.3 电力工程项目成本计划编制的程序

编制成本计划的程序,因项目的规模大小、管理要求不同而不相同。大、中型项目一般采用分级编制的方式,即先由各部门提出部门成本计划,再由项目经理部汇总编制全项目工程的成本计划;小型项目一般采用集中编制的方式,即由项目经理部先编制各部门成本计划,再汇总编制全项目的成本计划。电力工程项目成本计划编制程序如图4.4所示。

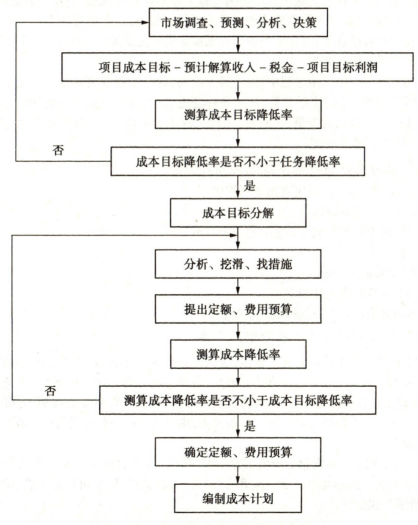

图4.4 电力工程项目成本计划编制程序图

4.4.2 电力工程项目成本控制

4.4.2.1 电力工程项目成本控制的依据

1. 项目承包合同文件

项目成本控制要以电力工程承包合同为依据,围绕降低电力工程成本这个目标,从预算收入和实际成本两方面,努力挖掘增收节支潜力,以求获得最大的经济效益。

2. 项目成本计划

项目成本计划是按照电力工程项目的具体情况制定的施工成本控制方案,既包括预定的具体成本控制目标,又包括实现控制目标的措施和规划,是项目成本控制的指导文件。

3. 进度报告

进度报告提供了每一时刻工程实际完成量,电力工程施工成本实际支付情况等重要信息。施工成本控制工作正是通过实际情况与施工成本计划相比较,找出两者之间的差别,分析偏差产生的原因,从而采取措施改进以后的工作。此外,进度报告还有助于管理者及时发现工程实施中存在的隐患,并在事态还未造成重大损失之前采取有效措施,尽可能避免损失。

4. 工程变更与索赔资料

在电力工程项目的实施过程中,由于各方面的原因,工程变更是很难避免的。工程变更一般包括设计变更、进度计划变更、施工条件变更、技术规范与标准变更、施工次序变更、工程数量变更等。一旦出现变更,工程量、工期及成本都必将发生变化,从而使得施工成本控制工作变得更加复杂和困难。

4.4.2.2 电力工程项目成本控制的程序

电力工程项目成本控制应遵循下列程序:
(1) 收集实际成本数据。
(2) 实际成本数据与成本计划目标进行比较。
(3) 分析成本偏差及原因。
(4) 采取措施纠正偏差。
(5) 必要时修改成本计划。
(6) 根据规定的时间间隔编制成本报告。

4.4.2.3 电力工程项目成本控制的方法

电力工程项目成本控制的方法很多,应该说只要在满足质量、工期、安全的前提下,能够达到成本控制目的的方法都是好方法。但是,各种方法都有一定的随机性,究竟在什么样的情况下,应该采取什么样的办法,这是由控制内容所确定的,因此需要按照不同的情况,选择与之相适应的控制手段和控制方法。一般说来,项目成本控制宜运用价值工程和赢得值法。

1. 价值工程

(1) 价值工程的基本概念。价值工程中的"价值"是指评价某一对象所具备的功能与实现它的耗费相比合理程度的尺度。这里的"对象"可以是产品,也可以是工艺、劳务等。对产品来说,价值公式如下:

$$V = \frac{F}{C} \tag{4.71}$$

式中 V——价值;

F——功能；
C——成本。

价值工程中价值的大小取决于功能和成本。产品价值的高低表明产品合理有效地利用资源的程度。产品价值高，其资源利用程度就高；反之，价值低的产品，其资源就未得到有效的利用，就应设法改进和提高。

(2) 价值工程。价值工程以功能分析为核心，使产品或作业达到适当的价值，即以最低的成本实现其必要功能的一项有组织的创造性活动。价值工程的定义包括以下几方面的含义。

①价值工程的性质属于一种"思想方法与管理技术"。

②价值工程的核心内容是对"功能与成本进行系统分析"与"不断创新"。

③价值工程的目的在于提高产品的"价值"。如果将价值的定义结合起来，便应理解为旨在提高功能对成本的比值。

④价值工程一般是由多个领域协作而开展的活动。

(3) 价值工程的特征。

①价值工程的目标是以最低的寿命周期成本，使产品具备它所必须具备的功能。产品的寿命周期成本由生产成本和使用及维护成本组成。产品生产成本一般是指发生在生产企业内部的成本，也是用户购买产品的费用，包括产品的科研、实验、设计、试制、生产、销售等费用及税率等；而产品使用及维护成本一般是指用户在使用过程中支付的各种费用的总和，它包括使用过程中的能耗费用、维修费用、人工费用、管理费用等，有时还要包括报废拆除所需费用(扣除残值)。

在一定范围内，产品的生产成本和使用成本存在此消彼长的关系。随着产品功能水平的提高，产品的生产成本 C_1 增加，使用及维护成本 C_2 降低；反之，产品功能水平的降低，其生产成本降低，但使用及维护成本会增加。因此，当功能水平逐步提高时，寿命周期成本 $C = C_1 + C_2$，呈马鞍形变化，如图4.5所示。当寿命周期成本为最小值 C_{min} 时，所对应的功能水平是仅从成本方面考虑的最适宜功能水平。

从图4.5我们可以看出，在 F' 点，产品功能水平较低，此时虽然生产成本较低，但由于无法满足使用者的基本需要，使用成本较高，因此寿命周期成本较高；在 F'' 点，虽然使用成本较低，但由于存在着多余的功能，导致生产成本过高；同样，寿命周期成本也较高。只有在 F^* 点，产品功能既能满足用户的需求，又使得寿命周期成本比较低，体现了比较理想的功能与成本之间的关系。

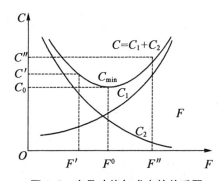

图4.5 产品功能与成本的关系图

由此可见，工程产品的寿命周期成本与其功能是辩证统一的关系。工程产品寿命周期成本的降低不仅关系到生产企业的利益,同时也可满足用户的要求,并与社会节约密切相关。

②价值工程的核心是对产品进行功能分析。价值工程中的功能是指对象能够满足某种要求的一种属性,具体来说,功能就是效用。价值工程分析产品,首先不是分析其结构,而是分析其功能。在分析功能的基础之上,再去研究结构、材质等问题。

③价值工程将产品价值、功能和成本作为一个整体同时来考虑。这就是说,价值工程中对价值、功能、成本的考虑,不是片面和孤立的,而是在确保产品功能的基础上综合考虑生产成本与使用成本,兼顾生产者和用户的利益,从而创造出总体价值最高的产品。

④价值工程强调不断改革与创新,开拓新构思、新途径,获得新方案,创造新功能载体,从而简化产品的结构,节约原材料,提高产品的技术经济效益。

⑤价值工程要求将功能定量化,即将功能转化为能够与成本直接相比的量化值。

⑥价值工程是以集体智慧开展的有计划、有组织的管理活动。价值工程研究的问题主要涉及产品的整个寿命周期,涉及面广,研究过程复杂。例如提高产品的价值,涉及产品的设计、制造、采购和销售等过程,这不能靠个别人员和个别部门,而要经过许多部门和环节的配合,才能收到良好的效果。因此,企业在开展价值工程活动时,应当集中人才,包括技术人员、经济管理人员、有经验的工作人员,甚至包括产品用户,以适当的组织形式组织起来,共同研究,依靠集体的智慧和力量,发挥各方面、各环节人员的知识、经验和积极性,有计划、有领导、有组织地开展活动,这样才能达到既定的目标。

(4)价值工程的工作程序。价值工程工作程序的详细步骤为:对象的确定,收集情报,功能定义,功能整理,功能评价,确定对象范围,创造,概论评价,具体化调查,详细评价,提案。

上面的这些具体步骤可以概括为三个阶段(准备阶段、分析阶段和综合评价阶段)和三个基本步骤(功能定义、功能评价和制定改进方案)。

价值工程的一般工作程序,见表4.11。

表4.11 价值工程的工作程序

价值工程的工作阶段	活动程序		对应问题
	基本步骤	具体步骤	
一、分析问题	1.功能定义	(1)选择对象 (2)搜集资料	(1)价值工程的研究对象是什么
	2.功能评价	(3)功能定义 (4)功能整理	(2)这是干什么用的
		(5)功能分析及功能评价	(3)它的成本是多少 (4)它的价值是多少
二、综合研究	3.制定创新方案与评价	(6)方案创造	(5)有无其他方法实现同样功能
		(7)概括评价	(6)新方案的成本是多少
三、方案评价		(8)指定具体方案 (9)实验研究 (10)详细评价 (11)提案审批 (12)方案实施 (13)成果评价	(7)新方案能否满足要求

①准备阶段。

a. 对象的选择。

· 在选择价值工程对象时,一般应遵循以下两条原则:一是要优先考虑企业生产经营上迫切要求改进的主要产品,或是对国计民生有重大影响的项目;二是对企业经济效益影响大的产品(或项目)。

· 价值工程对象选择要兼顾定性分析和定量分析,因此对象选择的方法有多种,不同方法适宜于不同的价值工程对象,应按照具体情况选用适当的方法,以取得较好的效果。

b. 组建价值工程小组。价值工程小组的建立,要按照选定的对象来组织。可在项目经理部组织,也可在班中组织,还可上下结合起来组织。

c. 制订工作计划。价值工程的工作计划,其主要内容包括:预期目标、小组成员及分工、开展活动的方法和步骤等。

②分析阶段。

a. 收集资料。明确搜集资料的目的,确定资料的内容和调查范围,有针对性地搜集信息。搜集信息资料的首要目的是要了解活动的对象,明确价值工程对象的范围,信息资料有利于帮助价值工程人员统一认识、确保功能、降低物耗。只有在以信息作为依据的基础上,才能创造性地运用各种有效手段,正确地进行对象选择、功能分析和创新方案。

不同价值工程对象所需搜集的信息资料内容不尽相同。一般包括市场信息、用户信息、竞争对手信息、设计技术方面的信息、经济方面的信息、制造及外协方面的信息、本企业的基本情况、国家和社会方面的情况等。搜集信息资料是一项周密而系统的调查研究活动,应有计划、有组织、有目的地进行。搜集信息资料的方法一般有以下三种方法。

· 面谈法。通过直接交谈搜集信息资料。

· 观察法,通过直接观察对象搜集信息资料。

· 书面调查法。将所需资料以问答形式预先归纳为若干问题,然后通过资料问卷的回答来取得信息资料。

b. 功能系统分析。功能系统分析是价值工程活动的中心环节。功能系统分析具有明确用户的功能要求、转向对功能的研究、可靠实现必要的功能三个方面的作用。功能系统分析中的功能定义、功能整理、功能计量,紧密衔接,有机结合,一体运行。三者的作用和相互关系见表4.12。

表4.12 功能系统分析步骤

分析步骤	分析目的	分析类别	回答问题
功能定义 ↓ 功能整理 ↓ 功能计量	部件的功能本质 ↓ 功能之间的相互关系 ↓ 必要功能的价值标准	功能单元的定性分析 ↓ 功能相互关系的定性分析 ↓ 单元功能的量化	它的功能是什么 ↓ 它的目的或手段是什么 ↓ 它的功能是多少

c. 功能评价。功能评价一般包括研究对象的价值评价和成本评价两方面的内容。价值评价着重计算、分析、研究对象的成本与功能间的关系是否协调、平衡,评价功能价值的高

低,评定需要改进的具体对象。功能价值的计算公式与对象选择时价值的基本计算公式相同,所不同的是功能价值计算所用的成本按功能统计,而不是按部件统计:

$$V_i = \frac{F_i}{C_i} \tag{4.72}$$

式中　F_i——对象的功能评价值(元);
　　　C_i——对象 i 功能的目前成本(元);
　　　V_i——对象的价值(系数)。

成本评价是计算对象的目前成本和成本目标,分析、测算成本降低期望值,排列改进对象的优先顺序。成本评价的计算公式如下:

$$\triangle C = C - C' \tag{4.73}$$

式中　C'——对象的成本目标(元);
　　　C——对象的目前成本(元);
　　　$\triangle C$——成本降低期望值(元)。

通过计算和分析对象的价值 V,可以分析成本功能的合理匹配程度。功能价值 V 的计算方法可分为功能成本法与功能指数法两大类。

·功能成本法。功能成本法又称为绝对值法,是通过一定的测算方法,测定实现应有功能所必须消耗的最低成本,同时计算为实现应有功能所耗费的现实成本,经过分析、对比,求得对象的价值系数和成本降低期望值,确定价值工程的改进对象。其表达式如下:

$$\text{第}i\text{个评价对象的价值系数}V = \frac{\text{第}i\text{个评价对象的功能评价值}F}{\text{第}i\text{个评价对象的现实成本}C} \tag{4.74}$$

功能的价值计算出来后,需要进行分析,以揭示功能与成本的内在联系,确定评价对象是否为功能改进的重点,以及其功能改进的方向及幅度,从而为后面的方案创造工作打下良好的基础。

按照上述计算公式,功能的价值系数计算结果见表4.13。

表4.13　功能价值系数计算结果

序号	结果	说明
1	$V = 1$	即功能评价值等于功能现实成本,这表明评价对象的功能现实成本与实现功能所必需的最低成本大致相当。此时评价对象的价值为最佳,一般无需改进
2	$V < 1$	即功能现实成本大于功能评价值。表明评价对象的现实成本偏高,而功能要求不高,这时一种可能是由于存在着过剩的功能,另一种可能是功能虽无过剩,但实现功能的条件或方法不佳,以致使实现功能的成本大于功能的实际需要。这两种情况都应列入功能改进的范围,并且以剔除过剩功能及降低现实成本为改进方向,使成本与功能比例趋于合理
3	$V > 1$	说明该部件功能比较重要,但分配的成本较少;即功能现实成本低于功能评价值。此时应进行具体分析,功能与成本的分配可能已较为理想,或者有不必要的功能,或者应该提高成本

注:即 $V = 0$ 时,要进一步分析。如果是不必要的功能,该部件则取消;但如果是最不重要的必要功能,则要根据实际情况处理。

- 功能指数法。功能指数法又称为相对值法。在功能指数法中,功能的价值用价值指数 V_I 来表示,它是通过评定各对象功能的重要程度,利用功能指数来表示其功能程度的大小,然后将评价对象的功能指数与相对应的成本指数进行比较,得出该评价对象的价值指数,从而确定改进的对象,并求出该对象的成本改进期望值。其表达式如下:

$$第 i 个评价对象的价值系数 V_I = \frac{第 i 个评价对象的功能指数 F_I}{第 i 个评价对象的成本指数 C_I} \quad (4.75)$$

功能指数法的特点是利用分值来表达功能程度的大小,以便使系统内部的功能与成本具有可比性,由于评价对象的功能水平和成本水平都用它们在总体中所占的比率来表示,这样就可以采用上面的公式方便地、定量地表达评价对象价值的大小。在功能指数法中,价值指数是作为评定对象功能价值的指标。按照功能重要性系数和成本系数计算价值指数可以通过列表进行,见表4.14。

表4.14 价值指数计算表

零部件名称	功能指数 ①	现实成本/元 ②	成本指数 ③	价值指数 ④=①÷③
A				
B				
C				
⋮				
合　计	1.00		1.00	

价值指数的计算结果有以下三种情况,见表4.15。

表4.15 价值指数的计算结果

序号	结果	说明
1	$V_I = 1$	此时评价对象的功能比重与成本比重大致平衡,合理匹配,可以认为功能的现实成本是比较合理的
2	$V_I < 1$	此时评价对象的成本比重大于其功能比重,表明相对于系统内的其他对象而言,目前所占的成本偏高,从而会导致该对象的功能过剩。应将评价对象列为改进对象,改善方向主要是降低成本
3	$V_I > 1$	此时评价对象的成本比重小于其功能比重。出现这种结果的原因可能有三种:第一,由于现实成本偏低,不能满足评价对象实现其应具有的功能要求,致使对象功能偏低,这种情况应列为改进对象,改善方向是增加成本;第二,对象目前具有的功能已经超过了其应该具有的水平,也即存在过剩功能,这种情况也应列为改进对象,改善方向是降低功能水平;第三,对象在技术、经济等方面具有某些特征,在客观上存在着功能很重要而需要消耗的成本却很少的情况,这种情况一般就不应列为改进对象

从以上分析可以看出,对产品部件进行价值分析,就是使每个部件的价值系数尽量趋近

于1。也就是说,在选择价值工程对象的产品和零部件时,应当综合考虑价值系数偏离1的程度和改善幅度,优先选择价值系数远小于1且改进幅度大的产品或零部件。

③综合评价阶段。

a. 确定改进范围。价值工程对象经过以上各个步骤,尤其是完成功能评价之后,得到其价值的大小,就明确了改进的方向、目标和具体范围。确定对象改进范围的原则主要包括以下三点。

• F/C 值低的功能区域。计算出来的 $V<1$ 的功能区域,基本上都应进行改进,尤其是 V 值比1小得较多的功能区域,应力求使 $V=1$。

• $C-F$ 值大的功能区域。通过核算和确定对象的实际成本和功能评价值,分析、测算成本改善期望值,从而排列出改进对象的重点及优先次序。成本改善期望值的表达式如下:

$$\triangle C = C - F \tag{4.76}$$

式中　$\triangle C$——成本改善期望值,即成本降低幅度。

当 n 个功能区域的价值系数同样低时,就要优先选择 $\triangle C$ 数值大的功能区域作为重点对象。一般情况下,当 $\triangle C$ 大于0时,$\triangle C$ 大者为优先改进对象。

• 复杂的功能区域。复杂的功能区域说明其功能是通过采用很多零件来实现的。一般来说,复杂的功能区域其价值系数也较低。

b. 进行方案创造。方案创造是从提高对象的功能价值出发,在正确的功能分析与评价的基础上,针对应改进的具体目标,通过创造性的思维活动,提出能够可靠地实现必要功能的新方案。从某种意义上来说,价值工程可以说是创新工程,方案创造是价值工程取得成功的关键一步。因为前面所论述的一些问题,例如选择对象、收集资料、功能成本分析、功能评价等,虽然都很重要,但都是为了方案创造和制定服务的。前面的工作做得再好,若无法创造出高价值的创新方案,也就不会产生好的效果。所以,从价值工程技术实践来看,方案创造是决定价值工程成败的关键阶段。

方案创造的理论依据是功能载体具有替代性。这种功能载体替代的重点应当放在以功能创新的新产品替代原有产品和以功能创新的结构替代原有结构方案。而方案创造的过程则是思想高度活跃、进行创造性开发的过程。为了引导和启发创造性的思考,可以采用各种方法,比较常用的方法有以下几种。

• 头脑风暴法。具体步骤为:组织对本问题有经验的专家召开会议;会议上,鼓励对本问题自由发言,相互不指责批判;希望提出大量方案;结合他人意见提出设想。

• 哥顿法。它是会议主持人将拟解决的问题抽象后抛出,与会人员讨论并充分发表看法,在适当时机,会议主持人再将原问题抛出继续讨论的方法。

• 专家意见法。这种方法又称德尔菲(Delphi)法,是由组织者将研究对象的问题和要求,函寄给若干有关专家,使他们在互不商量的情况下提出各种建议和设想,专家返回设想意见,经过整理分析后,归纳出若干较合理的方案和建议,再函寄给有关专家征求意见,然后再回收整理,如此经过几次反复后专家意见趋向一致,从而最后确定出新的功能实现方案。这种方法的特点是专家们彼此不见面,研究问题时间充裕,可以无顾虑,不受约束地从各种角度提出意见和方案。缺点则是花费时间较长,缺乏面对面的交谈和商议。

c. 专家检查法。这个方法不是靠大家想办法,而是由主管设计的工程师做出设计,提出完成所需功能的办法和生产工艺,然后请各方面的专家(如材料方面、生产工艺、工艺装备、成本管理、采购方面)审查。这种方法先由熟悉的人进行审查,以提高效率。

d. 评价改进方案。方案评价就是从众多的备选方案中选出价值最高的可行方案。方案评价可以分为概略评价和详细评价,均包括技术评价、经济评价与社会评价等方面的内容。将这三个方面联系起来进行权衡,则称为综合评价。技术评价是对方案功能的必要性及必要程度和实施的可能性进行分析评价;经济评价是对方案实施的经济效果进行分析评价;社会评价是方案为国家和社会带来影响和后果的分析评价;综合评价又称价值评价,是按照以上三个方面评价内容,对方案价值大小所做的综合评价。方案评价步骤示意图如图4.6所示。

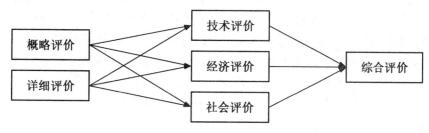

图4.6　方案评价步骤示意图

e. 进行活动成果的验收和总结。企业开展价值工程的目的主要在于提高产品的价值,取得好的经济效益。通过功能分析、方案创造和实施等一系列活动,实际取得的技术经济效果如何,必须认真进行验收与总结。价值工程活动成果的总结就是将改进方案的各项技术经济指标与原设计进行比较,以考查方案(活动)所取得的综合效益。

价值工程活动评价工作是确保质量、性能,即在确保产品功能的前提下,计算如下几个指标:

$$成本节约率 = [(原来成本 - 改进后成本)/原来成本] \times 100\% \quad (4.77)$$

$$全年节约额 = (原来成本 - 改进后成本) \times 全年产量 - 活动经费 \quad (4.78)$$

$$投资效率 = \frac{全年节约额}{价值工程年活动费用} \times 100\% \quad (4.79)$$

2. 赢得值法

赢得值法又称为曲线法,是用项目成本累计曲线来进行施工成本控制的一种方法,具体内容参见本章4.3.2节的相关内容,此处不再赘述。

4.5　电力工程项目成本核算与分析

4.5.1　电力工程项目成本核算

4.5.1.1　电力工程项目成本核算的概念

电力工程项目成本核算是在项目法施工条件下诞生的,是企业探索适合行业特点管理方式的一个重要体现。它是建立在企业管理方式与管理水平基础上,适合施工企业特点的一个降低成本开支、提高企业利润水平的主要途径。

项目法施工的成本核算体系是以电力工程项目为对象,对施工生产过程中各项耗费进行的一系列科学管理活动。它对加强项目全过程管理、理顺项目各层经济关系、实施项目全过程经济核算、落实项目责任制、增进项目及企业的经济活动和社会效益、深化项目法施工有着重要的作用。

4.5.1.2 电力工程项目成本核算的原则

电力工程项目成本核算应遵循以下原则:

1. 确认原则

在电力工程项目成本管理中,对各项经济业务中发生的成本,都必须按照一定的标准和范围加以认定和记录。只要是为了经营目的所发生的或预期要发生的,并要求得以补偿的一切支出,都应作为成本来加以确认。正确的成本确认通常与一定的成本核算对象、范围和时期相联系,并必须按照一定的确认标准来进行。这种确认标准具有相对的稳定性,主要侧重定量,但也会随着经济条件和管理要求的发展而变化。在成本核算过程中,一般要进行再确认,甚至是多次确认。如确认是否属于成本,是否属于特定核算对象的成本(比如临时设施先算搭建成本,使用后算摊销费)以及是否属于核算当期成本等。

2. 相关性原则

成本核算要为项目成本管理目标服务,成本核算不只是简单的计算问题,同时要与管理融于一体,算为管用。因此在具体成本核算方法、程度和标准的选择上,在成本核算对象和范围的确定上,应与施工生产经营特点和成本管理要求特性结合,并与项目一定时期的成本管理水平相适应。正确核算出符合项目管理目标的成本数据和指标,真正使项目成本核算成为领导的参谋和助手。无管理目标,成本核算就是盲目和无益的,无决策作用的成本信息就是没有价值的。

3. 及时性原则

及时性原则主要是指项目成本的核算、结转和成本信息的提供应当在所要求的时期内完成。要指出的是,成本核算及时性原则,并不是越快越好,而是要求成本核算与成本信息的提供,以确保真实为前提,在规定的时期内核算完成,在成本信息尚未失去时效的情况下适时提供,确保不影响项目其他环节核算工作的顺利进行。

4. 重要性原则

重要性原则主要是指对于成本有重大影响的业务内容,应作为核算的重点,力求精确,而对于那些不太重要的琐碎的经济业务内容,可相对从简处理,不要事无巨细,均作详细核算。坚持重要性原则能够使成本核算在全面的基础上确保重点,有助于加强对经济活动和经营决策有重大影响和有重要意义的关键性问题的核算,达到事半功倍,简化核算,节约人力、物力、财力、提高工作效率的目的。

5. 分期核算原则

施工生产是连续不断的,项目为了取得一定时期的项目成本,就必须将施工生产活动划分若干时期,并分期计算各期项目成本。成本核算的分期应当与会计核算的分期相一致,以便财务成果的确定。但此处需要指出,成本的分期核算,与项目成本计算期不能混为一谈。不论生产情况如何,成本核算工作,包括费用的归集和分配等都必须按月进行。至于已完项目成本的结算,可以是定期的,按月结转;也可以是不定期的,等到工程竣工之后一次结转。

6. 明晰性原则

明晰性原则主要是指项目成本记录必须直观、清晰、简明、可控、便于理解和利用,使项目经理和项目管理人员了解成本信息的内涵,弄懂成本信息的内容,以便信息利用,有效地控制本项目的成本费用。

7. 权责发生制原则

凡是当期已经实现的收入和已经发生或应当负担的费用,无论款项是否收付,均应作为当期的收入或费用处理;凡是不属于当期的收入和费用,即使款项已经在当期收付,均不应作为当期的收入和费用。权责发生制原则主要从时间选择上确定成本会计确认的基础,其核心是按照权责关系的实际发生和影响期间来确认企业的支出和收益。

8. 一贯性原则

项目成本核算所采用的方法一经确定,不得随意变动。只有这样,才能够使企业各期成本核算资料口径统一、前后连贯、相互可比。成本核算办法的一贯性原则体现在各个方面,比如耗用材料的计价方法,折旧的计提方法,施工间接费的分配方法,未施工的计价方法等。坚持一贯性原则,并不是一成不变,如确实有必要变更,要有充分的理由对原成本核算方法进行改变的必要性作出解释,并说明这种改变对成本信息的影响。若随意变动成本核算方法,并不加以说明,则有对成本、利润指标、盈亏状况弄虚作假的嫌疑。

9. 谨慎原则

谨慎原则主要是指在市场经济条件下,在成本、会计核算当中应对项目可能发生的损失和费用,做出合理预计,以增强抵御风险的能力。

10. 配比原则

配比原则是指营业收入与其对应的成本、费用应当相互配合。为了取得本期收入而发生的成本和费用,应与本期实现的收入在同一时期内确认入账,不得脱节,也不得提前或延后。便于正确计算和考核项目经营成果。

11. 实际成本核算原则

要采用实际成本计价。采用定额成本或者计划成本方法的,应合理计算成本差异,月终编制会计报表时,调整为实际成本。即必须按照计算期内实际产量(已完工程量)以及实际消耗和实际价格计算实际成本。

12. 划分收益性支出与资本性支出原则

划分收益性支出与资本性支出主要是指成本、会计核算应当严格区分收益性支出与资本性支出界限,以正确地计算当期损益。所谓收益性支出是指该项目支出发生是为了取得本期收益,即仅仅与本期收益的取得有关,例如支付工资、水电费支出等。所谓资本性支出是指不仅为取得本期收益而发生的支出,同时该项支出的发生有助于以后会计期间的支出,如构建固定资产支出。

4.5.1.3 电力工程项目成本核算的过程

电力工程成本的核算程序,实际上也是各成本项目的归集和分配的过程。成本的归集是指通过一定的会计制度,以有序的方式进行成本数据的搜集和汇总;而成本的分配是指将归集的间接成本分配给成本对象的过程,也称间接成本的分摊或分派。因此对于不同性质的成本项目,分配的方法也不尽相同。

通常来说,根据电力工程费用产生的原因,工程直接费在计算工程造价时可按照定额和单位估价表直接列入,但是在项目多的单位工程施工情况下,实际发生时却有相当部分费用也需要通过分配方法计入。间接成本通常按照一定标准分配计入成本核算对象——单位工程。实行项目管理进行项目成本核算的单位,发生间接成本可以直接计入项目,但需分配计入单位工程。

1. 人工费的归集和分配

(1)内包人工费。主要指两层分开后企业所属的劳务分公司(内部劳务市场自有劳务)与项目经理签订的劳务合同结算的全部工程价款。适用于类似外包工式的合同定额结算支付办法,按月结算计入项目单位工程成本。当月结算,隔月不予结算。

(2)外包人工费。按照项目经理部与劳务基地(内部劳务市场外来劳务)或直接与外单位施工队伍签订的包清工合同,以当月验收完成的工程实物量,计算出定额工日数,然后乘以合同人工单价确定人工费。并按月凭项目经济员提供的"包清工工程款月度成本汇总表"(分外包单位和单位工程)预提计入项目单位工程成本。当月结算,隔月不予结算。

2. 材料费的归集和分配

(1)工程耗用的材料,按照限额领料单、退料单、报损报耗单、大堆材料耗用计算单等,由项目料具员按照单位工程编制"材料耗用汇总表",据以计入项目成本。

(2)钢材、水泥、木材高进高出价差核算。

①标内代办。指"三材"差价列入工程预算账单内作为造价组成部分。一般由项目经理部委托材料分公司代办,由材料分公司向项目经理部收取价差费。由项目成本员按照价差发生额,一次或分次提供给项目负责统计的经济员报出产值,以便及时回收资金。月度结算成本时,为谨慎起见可不作降低,而作持平处理,使预算与实际同步。单位工程竣工结算,按照实际消耗量调整实际成本。

②标外代办。指由建设单位直接委托材料分公司代办三材,其发生的"三材"差价,由材料分公司与建设单位按照代办合同口径结算。项目经理部不发生差价,亦不列入工程预算账单内,不作为造价组成部分,可作类似于交料平价处理。项目经理部只核算实际耗用,超过设计预算用量的那部分量差及应负担市场高进高出的差价,并计入相应的项目单位工程成本。

(3)通常价差核算。

①提高项目材料核算的透明度,简化核算,做到明码标价。通常可按照一定时间内部材料市场挂牌价作为材料记账,材料、财务账相符的"计划价",两者对比产生的差异,计入项目单位工程成本,即所谓的实际消耗量调整后的实际价格。如市场价格发生较大变化,可适时调整材料记账的"计划价",以便缩小材料成本差异。

②钢材、水泥、木材、玻璃、沥青按照实际价格核算,高于预算取费的差价,高进高出,谁用谁负担。

③装饰材料按照实际采购价作为计划价核算,计入该项目成本。

④项目对外自行采购或按照定额承包供应材料,如砖、瓦、砂、石、小五金等,应按照实际采购价或按照议定供应价格结算,由此产生的材料、成本差异节超,相应增减项目成本。同时重视转嫁压价让利风险,获取材料采购经营利益,使供应商让利受益于项目。

3. 周转材料的归集和分配

(1)周转材料实行内部租赁制,以租费的形式反映其消耗情况,按照"谁租用谁负担"的原则,核算其项目成本。

(2)按照周转材料租赁办法和租赁合同,由出租方与项目经理部按月结算租赁费。租赁费按照租用的数量、时间和内部租赁单价计算计入项目成本。

(3)周转材料在调入移出时,项目经理部都必须加强计量验收制度,如有短缺、损坏,一律按照原价赔偿,计入项目成本(缺损数 = 进场数 - 退场数)。

(4)租用周转材料的进退场运费,按照其实际发生数,由调入项目负担。

(5)对U形卡、脚手扣件等零件除执行项目租赁制外,考虑其比较容易散失的因素,因此按照规定实行定额预提摊耗,摊耗数计入项目成本,相应减少次月租赁基数及租赁费。单位工程竣工,必须进行盘点,盘点后的实物数与前期逐月按照控制订额摊耗后的数量差,按照实调整清算计入成本。

(6)实行租赁制的周转材料,通常不再分配负担周转材料差价。退场后发生的修复整理费用,应由出租单位做出租成本核算,不再向项目另行收费。

4. 结构件的归集和分配

(1)项目结构件的使用,必须要有领发手续,并按照这些手续,根据单位工程使用对象编制"结构件耗用月报表"。

(2)项目结构件的单价,以项目经理部与外加工单位签订的合同为准,计算耗用金额进入成本。

(3)按照实际施工形象进度、已完施工产值的统计、各类实际成本报耗三者在月度时点上的三同步原则(配比原则的引申与应用),结构件耗用的品种及数量应与施工产值相对应。结构件数量金额账的结存数,应与项目成本员的账面余额相符。

(4)结构件的高进高出价差核算同材料费的高进高出价差核算一致。结构件内三材数量、单价、金额均按照报价书核定,或按照竣工结算单的数量按实结算。报价内的节约或超支由项目自负盈亏。

(5)如发生结构件的通常价差,可计入当月项目成本。

(6)部位分项分包,如铝合金门窗、卷帘门、轻钢龙骨石膏板、平顶、屋面防水等,根据企业一般采用的类似结构件管理和核算方法,项目经济员必须做好月度已完工程部分验收记录,正确计报部位分项分包产值,并书面通知项目成本员及时、正确、足额计入成本。预算成本的折算、归类可与实际成本的出账保持同口径。分包合同价可包括制作费和安装费等有关费用,工程竣工按照部位分包合同结算书,据以按实调整成本。

(7)在结构件外加工和部位分包施工过程中,项目经理部通过自身努力获取的经营利益或转嫁压价让利风险所产生的利益,均应受益于工程项目。

5. 机械使用费的归集和分配

(1)机械设备实行内部租赁制,以租赁费形式反映其消耗情况,按照"谁租用谁负担"的原则,核算其项目成本。

(2)按照机械设备租赁办法和租赁合同,由企业内部机械设备租赁市场与项目经理部按月结算租赁费。租赁费按照机械使用台班,停置台班和内部租赁单价计算,计入项目成本。

(3)机械进出场费,按照规定由承租项目负担。

（4）项目经理部租赁的各类大、中、小型机械，其租赁费全额计入项目机械费成本。

（5）按照内部机械设备租赁市场运行规则要求，结算原始凭证由项目指定专人签证开班和停班数，据以结算费用。现场机、电、修等操作工奖金由项目考核支付，计入项目机械费成本并分配到有关单位工程。

（6）向外单位租赁机械，按照当月租赁费用全额计入项目机械费成本。

上述机械租赁费结算，尤其是大型机械租赁费及进出场费应与产值对应，防止只有收入无成本的不正常现象，或反之，形成收入与支出不配比状况。

6. 施工措施费的归集和分配

（1）施工过程中的材料二次搬运费，按照项目经理部向劳务分公司汽车队托运汽车包天或包月租费结算，或以运输公司的汽车运费计算。

（2）临时设施摊销费按照项目经理部搭建的临时设施总价（包括活动房）除项目合同工期求出每月应摊销额，临时设施使用一个月摊销一个月，摊完为止，项目竣工搭拆差额（盈亏）按照实调整实际成本。

（3）生产工具用具使用费。大型机动工具、用具等可以套用类似内部机械租赁办法以租费形式计入成本，也可按照购置费用一次摊销法计入项目成本，并做好在用工具实物借用记录，以便反复利用。生产工具用具的修理费按照实际发生数计入成本。

（4）除上述以外的措施费内容，均应按照实际发生的有效结算凭证计入项目成本。

7. 施工间接费的归集和分配

（1）要求以项目经理部为单位编制工资单和奖金单列入工作人员薪金。项目经理部工资总额每月必须正确核算，以此计入职工福利费、工会经费、教育经费、劳保统筹费等。

（2）劳务分公司所提供的炊事人员代办食堂承包、服务，警卫人员提供区域岗点承包服务以及其他代办服务费用计入施工间接费。

（3）内部银行的存贷款利息，计入"内部利息"（新增明细子目）。

（4）施工间接费，先在项目"施工间接费"总账归集，再按照一定的分配标准计入受益成本核算对象（单位工程）"工程施工——间接成本"。

8. 分包工程成本的归集和分配

项目经理部将所管辖的个别单位工程双包或以其他分包形式发包给外单位承包，其核算要求如下：

（1）包清工工程，如前所述纳入人工费——外包人工费内核算。

（2）部位分项分包工程，如前所述纳入结构件费内核算。

（3）双包工程，是指将整幢建筑物以包工包料的形式分包给外单位施工的工程。可按照承包合同取费情况和发包（双包）合同支付情况，即上下合同差，测定目标盈利率。在月度结算时，以双包工程已完工程价款作收入，应付双包单位工程款作支出，适当负担施工间接费预结降低额。为稳妥起见，拟控制在目标盈利率的50%以内，也可以月结成本时作收支持平，在竣工结算时，再据实调整实际成本，反映利润。

（4）机械作业分包工程，是指利用分包单位专业化施工优势，将打桩、吊装、大型土方、深基础等工程项目分包给专业单位施工的形式。对机械作业分包产值统计的范围是，只统计分包费用，而不包括物耗价值。即打桩只计打桩费而不计桩材费，吊装只计吊装费而不包括构件费。机械作业分包实际成本与此对应，包括分包结账单内除工期奖之外的全部工程费用,总体反映其全貌成本。

与双包工程一样,总分包企业合同差,包括总包单位管理费,分包单位让利收益等在月结成本时,可以先预结一部分,或在月结时作收支平衡处理,到项目竣工结算时,再作为项目效益反映。

(5)上述的双包工程和机械作业分包工程由于收入和支出比较容易辨认(计算),因此项目经理部也可以对这两项分包工程,采用竣工点交办法,即月度不结盈亏。

(6)项目经理部应当增设"分建成本"成本项目,核算反映双包工程,机械作业分包工程的成本状况。

(7)各类分包形式(特别是双包),对分包单位领用、租用、借用本企业物资、工具、设备、人工等费用,必须按照项目经管人员开具的、且经过分包单位指定专人签字认可的专用结算单据,如"分包单位领用物资结算单"或"分包单位租用工、用具设备结算单"等结算依据入账,抵作已付分包工程款。同时,应注意对分包资金的控制,分包付款、供料控制,主要应依据合同及用料计划实施制约,单据应当及时流转结算,账上支付额(包括抵作额)不得突破合同。要注意阶段控制,防止项目资金失控,引起成本亏损。

4.5.1.4 电力工程项目成本核算的方法

1. 项目成本表格核算法

项目成本表格核算法是建立在内部各项成本核算基础上、各要素部门和核算单位定期采集信息,填制相应的表格,通过一系列的表格,形成项目成本核算体系,作为支撑项目成本核算平台的方法。

表格核算法需要依靠众多部门和单位支持,专业性要求不高。一系列表格,由有关部门和相关要素提供单位,按照有关规定填写、完成数据比较、考核和简单的核算。它的特点是比较简洁明了,直观易懂,易于操作,实时性较好。缺点,一是覆盖范围较窄,如核算债权债务等比较困难,二是较难实现科学、严密的审核制度,有可能造成数据失实,精度较差。

表格核算法通常有以下几个过程。

(1)确定项目责任成本总额。首先按照确定"项目成本责任总额"分析项目成本收入的构成。

(2)项目编制内控成本和落实岗位成本责任。在控制项目成本开支的基础上;在落实岗位成本考核指标的基础上,制订"项目内控成本"。

(3)项目责任成本和岗位收入调整。岗位收入变更表:因在工程施工过程中的收入调整和签证而引起的工程报价变化或项目成本收入的变化,而且后者更为重要。

(4)确定当期责任成本收入。在已确认的工程收入的基础上,按月确定本项目的成本收入。这项工作通常由项目统计员或合约预算人员与公司合约部门或统计部门,依据项目成本责任合同中有关项目成本收入确认方法和标准,进行计算。

(5)确定当月的分包成本支出。项目依据当月分部分项的完成情况,结合分包合同和分包商提出的当月完成产值,确定当月的项目分包成本支出,编制"分包成本支出预估表",这项工作通常是:由施工员提出,预算合约人员初审,项目经理确认,公司合约部门批准的程序。

(6)材料消耗的核算。以经审核的项目报表为准,由项目材料员和成本核算员计算后,确认其主要材料消耗值和其他材料的消耗值。在分清岗位成本责任的基础上,编制材料耗用汇总表。由材料员依据各施工员开具的领料单,而汇总计算的材料费支出,经项目经理确认之后,报公司物资部门批准。

(7)周转材料租用支出的核算。以施工员提供的或财务转入项目的租费确认单为基础,由项目材料员汇总计算,在分清岗位成本责任的前提下,经公司财务部门审核后,落实周转材料租用成本支出,项目经理批准后,编制其费用预估成本支出。若是租用外单位的周转材料,还要经过公司有关部门审批。

(8)水、电费支出的核算。以机械管理员或财务转入项目的租费确认单为基础,由项目成本核算员汇总计算,在分清岗位成本责任的前提下,经公司财务部门审核之后,落实周转材料租用成本支出,项目经理批准后,编制其费用成本支出。

(9)项目外租机械设备的核算。项目外租机械设备主要是指项目从公司或公司从外部租入用于项目的机械设备,从项目来说,不管此机械设备是公司的产权,还是公司从外部临时租入用于项目施工的,对于项目而言都是从外部获得,周转材料也是这个性质,真正属于项目拥有的机械设备,一般只有部分小型机械设备或部分大型工器具。

(10)项目自有机械设备、大小型工器具摊销、CI费用分摊、临时设施摊销等费用开支的核算。由项目成本核算员按照公司规定的摊销年限,在分清岗位成本责任的基础上,计算按期进入成本的金额。经公司财务部门审核并经项目经理批准后,按月计算成本支出金额。

(11)现场实际发生的措施费开支的核算。由项目成本核算员按照公司规定的核算类别,在分清岗位成本责任的基础上,根据当期实际发生的金额,计算进入成本的相关明细。经公司财务部门审核并经项目经理批准后,按月计算成本支出金额。

(12)项目成本收支核算。根据已确认的当月项目成本收入和各项成本支出,由项目会计编制,经项目经理同意,公司财务部门审核之后,及时编制项目成本收支计算表,完成当月的项目成本收支确认。

(13)项目成本总收支的核算。首先由项目预算合约人员与公司相关部门,按照项目成本责任总额和工程施工过程中的设计变更,以及工程签证等变化因素,落实项目成本总收入。由项目成本核算员与公司财务部门,按照每月的项目成本收支确认表中所反映的支出与耗费,经有关部门确认和依据相关条件调整之后,汇总计算并落实项目成本总支出。在以上基础上由成本核算员落实项目成本总的收入、总的支出和项目成本降低水平。

2. 项目成本会计核算法

会计核算法主要是指建立在会计核算基础上,利用会计核算所独有的借贷记账法和收支全面核算的综合特点,按照项目成本内容和收支范围,组织项目成本核算的方法。

会计核算法主要是以传统的会计方法为主要手段,组织进行核算。会计核算法有核算严密、逻辑性强、人为调节的可能因素较小、核算范围较大的特点。会计核算法之所以严密,是因为它建立在借贷记账法基础上的。收和支、进和出,均有另一方做备抵。如购进的材料进入成本少,那这该进而未进成本的部分,就会一直挂在项目库存的账上。会计核算不仅核算项目的施工直接成本,而且还要核算项目的施工生产过程中出现的债权债务、项目为施工生产而自购的料具、机具摊销、向业主的结算,责任成本的计算和形成过程、收款、分包完成及分包付款等。不足的一面是对专业人员的专业水平要求较高,要求成本会计的专业水平和职业经验较丰富。

在使用会计法核算项目成本时,项目成本直接在项目上进行核算的称为直接核算,不直接在项目上进行核算的称为间接核算,介于直接核算与间接核算之间的是列账核算。

(1)项目成本的直接核算。工程项目除了及时上报规定的工程成本核算资料外,还要直接进行项目施工的成本核算,编制会计报表,落实项目成本的盈亏。项目不仅是基层财务核算单位,而且是项目成本核算的主要承担者。还有一种就是不进行完整的会计核算,通过内部列账单的形式,利用项目成本的台账,进行项目成本列账核算。

直接核算是将核算放在项目上,以便项目及时了解项目各项成本情况,也可以减少一些扯皮。不足的一面是每个项目都要配有专业水平和工作能力较高的会计核算人员。目前一些单位还不具备直接核算的条件。此种核算方式,通常适用于大型项目。

(2)项目成本的间接核算。项目经理部不设置专职的会计核算部门,由项目有关人员按期、按规定的程序和质量向财务部门提供成本核算资料,委托企业在本项目成本责任范围内进行项目成本核算,落实当期项目成本盈亏。企业在外地设立分公司的,通常由分公司组织会计核算。

间接核算是将核算放在企业的财务部门,项目经理部不配专职的会计核算部门,由项目有关人员按期与相应部门共同确定当期的项目成本收入。项目按照规定的时间、程序和质量向财务部门提供成本核算资料,委托企业的财务部门在项目成本收支范围内,进行项目成本支出的核算,落实当期项目成本的盈亏。这样做可以使会计专业人员相对集中,一个成本会计可以完成两个或两个以上的项目成本核算。但也有不足之处:

①项目了解成本情况不方便,项目对核算结论的信任度不高。

②由于核算不在项目上进行,项目开展管理岗位成本责任核算,就会失去人力支持和平台支持。

(3)项目成本列账核算。项目成本列账核算是介于直接核算与间接核算之间的一种方法。项目经理部组织相对直接的核算,正规的核算资料留在企业的财务部门。项目每发生一笔业务,其正规资料由财务部门进行审核存档后,与项目成本员办理确认和签认手续。项目凭此列账通知作为核算凭证和项目成本收支的依据,对项目成本范围的各项收支,登记台账会计核算,编制项目成本及相关的报表。企业财务部门按期确认资料,对其进行审核。这里的列账通知单,一式两联,一联给项目据以核算,另一联留财务审核之用。项目所编制的报表,企业财务不汇总,只作为考核之用,通常式样见表 4.16。内部列账单,项目主要使用台账进行核算和分析。

表 4.16 列账通知单

项目名称　　　　　　　　　年　月　日　　　　　　　　　　　单位:元

借/贷	摘要			百	十	万	千	百	十	元	角	分
	___级科目	___级科目	岗位职责									
大写												
注:	第一联:列账单位使用											
	第二联:接受单位使用											

列账核算法的正规资料在企业财务部门,方便档案保管,项目凭相关资料进行核算,同时也有利于项目开展项目成本核算和项目岗位成本责任考核。但是企业和项目要核算两次,相互之间往返较多,比较烦琐。因此它适用于较大工程。

4.5.1.5 电力工程项目成本核算的台账

1. 为项目成本核算积累资料的台账

(1)产值构成台账见表4.17,按单位工程设置,按照"已完工程验工月报"填制。

表4.17 产值构成台账

单位工程名称: 　　　　　　　　　年　月

日期		工作量/万元	预算成本				记账数合计	2.5%大修费	工程本表预算成本合计	利润4%已减让利	装备费3%全部	劳保基金1.92%全部	二税一费	二站费用	双包完成	机械分包
年	月		高进高出	系数材差	直、间接费	利息										

制表人:

(2)预算成本构成台账见表4.18,按单位工程设置,按照"已完工程验工月报"及"竣工结算账单"进行折算。

表4.18 预算成本构成台账

单位工程名称:			结构		面积/m²		预算造价		竣工决算造价	
	人工费	材料费	周转材料费	结构件	机械使用费	措施费	间接费	分建成本	合计	备注
原合同数										
增减账										
竣工决算数										
逐月发生数										
年　月										

制表人:

(3)单位工程增减账台账见表 4.19。

表 4.19 单位工程增减账台账

单位工程名称：

| 编号 | 日期 | | 内容 | 金额 | 其中：直接费部分 | | | | | | 签证状况 | | 已报工作记录 |
	年	月			合计	人工费	材料费	结构件	周转材料费	机械费	措施费	已送审	已签证	
1														
2														
3														
4														
5														
6														
7														
8														
9														
10														

制表人：

2. 对项目资源消耗进行控制的台账

(1)人工费用台账见表 4.20，根据项目经济员提供的内包和外包用工统计来填制。

表 4.20 人工费用台账

单位工程名称：

| 日期 | | 内包工 | | 外包工 | | 其他 | | 合计 | | 备注 |
年	月	工日数	金额	工日数	金额	工日数	金额	工日数	金额	

制表人：

(2)材料耗用台账见表 4.21,根据项目材料员提供的材料耗用日报来填制。

表 4.21 主要材料耗用台账

单位工程名称:

日期		材料名称	水泥	水泥	水泥	黄砂	石子	统一砖	0孔砖	水灰	纸筋灰	商品混凝土	沥青	玻璃	油毛毡	瓷砖	地砖	陶瓷锦砖
年	月	规 格	32.5	32.5	42.5			统										
		单 位	t	t	t	t	t	万块	万块	t	t	m^3	t	m^2	卷	块	块	m^2
		合同预算数																
		增加账																
		实际耗用数																

制表人:

(3)结构件耗用台账见表 4.22,根据项目构件员提供的结构件耗用月报来填制。

表 4.22 结构件耗用台账

单位工程名称:

年		构件名称	钢窗	钢门	钢框	木门	木窗	其他木制品	多孔板	槽形板	阳台板	扶梯梁	扶梯板	过梁	小构件	成型钢筋	金属制品	铁制品
月	日	规 格																
		单 位	m^2	m^2	m^2	m^2	m^2	m^2	m^2	m^2	m^2	m^2	m^2	m^2	m^2	t	t	t
		计划单价																
		预算用量																
		增减账																
		实际耗用量																

制表人:

(4)周转材料使用台账见表 4.23,根据项目料具员提供的周转材料租用报表来填制。

表 4.23 周转材料使用台账

单位工程名称：

年	名　称	组合钢模	钢管脚手	脚手扣件	回形销	山字夹	毛竹	海底笆	钢木脚手板	木模	组合钢模赔损	金额合计
	单　位	m²	套	只	只	只	支	块	块	m²	m²	
	单　价											
月 日	摘　要	数量 金额	数量 金额	数量 金额	数量 金额	数量 金额	数量 金额	数量 金额	数量 金额	数量 金额	数量 金额	
	施工预算用量											

制表人：

(5)机械使用台账见表 4.24,根据项目料具员提供的机械使用月报来填制。

表 4.24 机械使用台账

单位工程名称：

机械名称											
型号规格											
年　月	台班 单价 金额	台班 单价 金额	台班 单价 金额	台班 单价 金额	台班 单价 金额	台班 单价 金额	台班 单价 金额	台班 单价 金额	台班 单价 金额	台班 单价 金额	金额合计

制表人：

(6)临时设施台账见表4.25,根据项目料具员或经济员提供的搭拆临时设施耗工、耗量资料进行填制。

表4.25 临时设施(专项工程)台账

工程项目名称:

日 期		人 工		水泥	钢材	木材	黄砂	石子	砖	门窗	屋架	石棉瓦	水电料	其他	活动房	机械费	金额合计
年	月	工日	金额	t	t	m³	t	t	万块	m²	榀	张	元	元	元	元	
逐月消耗																	

日 期		作业棚	机具棚	材料库	办公室	休息室	厕所	宿舍	食堂	浴室	化灰池	储水池	道路	围墙	水电料	金额合计
年	月	m²元	m²元	m²元	m²元	m²元	m²元	m²元	m²元	m²元	m²元	m²元	元	元	元	
化制建成																	
拆除记录																	

制表人:

3. 为项目成本分析积累资料的台账

(1)技术措施执行情况台账见表4.26,按照措施项目内容、工程量和措施内容,由项目成本员计算。

表4.26 技术措施执行情况台账

工程项目名称:

年		分部分项工程名称	单位	工程量	掺用原状粉煤灰代黄砂		掺用石屑代黄砂		掺用磨细粉煤灰节约水泥		掺用木质素节约水泥		使用碎砖三合土代道渣		使用散装水泥		金额合计
月	日				数量	金额	数量	金额	数量	金额	数量	金额	数量	金额	数量	金额	
1	30	钢筋混凝土带基C20	m³														
		基础墙MU10	m³														
		本月合计															
		自开工起累计															

制表人:

(2)质量成本台账见表 4.27,由涉及施工、技术、经济各岗位通力合作形成制度所支出的费用组成。

表 4.27 质量成本台账

项目工程名称:

质量成本科目		日 期									
预防成本	质量工作费										
	质量培训费										
	质量奖励费										
	在建产品保护费										
	工资及福利基金										
	小 计										
鉴别成本	材料检验费										
	构件检验费										
	计量用具检验费										
	工资及福利基金										
	小 计										
内部故障成本	操作返修损失										
	施工方案失误损失										
	停工损失										
	事故分析处理费										
	质量罚款										
	质量过剩支出										
	外单位损坏返修损失										
	小 计										
外部故障成本	保护期修补										
	回访管理费										
	诉讼费										
	索赔费用										
	经营损失										
	小 计										
外部保证成本	评审费用										
	评审管理费										
	质量成本总计										
	(质量成本/实际成本)×100%										

制表人:

4. 为项目管理服务的台账

(1) 甲供料台账见表4.28。

表4.28 甲供料台账

年		凭证		摘要	供料情况				结算情况			经办人	备注
月	日	种类	编号		名称	规格	单位	数量	结算方式	单价	金额		

制表人：

(2) 分包合同台账见表4.29，按照有关合同副本进行填制。

表4.29 分包合同台账

工程项目名称：

序号	合同名称	合同编号	签约日期	签约人	对方单位及联系人	合同标的	履行标的	结算日期	违约情况	索赔记录

制表人：

4.5.2 电力工程项目成本分析

电力工程项目成本分析，就是按照统计核算、业务核算和会计核算提供的资料，对项目成本的形成过程及影响成本升降的因素进行分析，以寻求进一步降低成本的途径（包括：项目成本中的有利偏差的挖潜和不利偏差的纠正）；另一方面，通过成本分析，可从账簿、报表反映的成本现象看清成本的实质，从而增强电力工程项目成本的透明度和可控性，为加强成本控制，实现项目成本目标创造条件。由此可见，电力工程项目成本分析也是降低成本、提高项目经济效益的重要手段之一。

影响电力工程项目成本变动的因素包括两个方面：一是外部的属于市场经济的因素，二是内部的属于经营管理的因素。这两方面因素在一定的条件下，又是相互制约和相互促进的。影响项目成本变动的市场经济因素主要包括施工企业的规模和技术装备水平、施工企业专业化和协作的水平以及企业员工的技术水平和操作的熟练程度等几个方面，这些因素不是在短期内所能改变的。因此作为项目经理,应该了解这些因素,但应将电力工程项目成本分析的重点放在影响项目成本升降的内部因素上。影响电力工程项目成本升降的内部因素包括人工费用水平的标准,材料、能源利用的效果,机械设备的利用效果,施工质量水平的高低及组织管理施工的管理因素等。

1. 项目成本分析的原则

(1)实事求是的原则。在成本分析过程中,必然会涉及一些人和事,因此要注意人为因素的干扰。成本分析一定要有充分的事实依据,对事物进行实事求是的评价。

(2)用数据说话的原则。成本分析要充分利用统计核算和有关台账的数据进行定量分析,尽可能避免抽象的定性分析。

(3)注重时效的原则。项目成本分析贯穿于项目成本管理的整个过程。这就要求要及时进行成本分析,及时发现问题,及时予以纠正,否则,就有可能贻误解决问题的最好时机,造成成本失控、效益流失。

(4)为生产经营服务的原则。成本分析不仅要揭露其矛盾,而且要分析产生矛盾的原因,提出积极有效的解决矛盾的合理化建议。这样的成本分析,必然会深得人心,从而受到项目经理部有关部门和人员的积极支持与配合,使项目的成本分析更健康地开展下去。

2. 项目成本分析的依据

(1)业务核算。业务核算是各业务部门根据业务工作的需要而建立的核算制度,它包括原始记录与计算登记表,如单位工程及分部分项工程进度登记,质量登记,工效、定额计算登记,物资消耗定额记录,测试记录等。业务核算的目的,在于迅速取得资料,在经济活动中及时采取措施进行调整。

(2)会计核算。会计核算主要是价值核算。会计是对一定单位的经济业务进行计量、记录、分析和检查,做出预测,参与决策,实行监督,旨在实现最优经济效益的一种管理活动。由于会计记录具有连续性、系统性与综合性等特点,所以它是施工成本分析的重要依据。

(3)统计核算。统计核算是利用会计核算资料和业务核算资料,把企业生产经营活动客观现状的大量数据,按统计方法加以系统整理,表明其规律性。它的计量尺度比会计宽,可以用货币计算,也可以用实物或劳动量计量。它通过全面调查和抽样调查等特有的方法,不仅能提供绝对数指标,还能提供相对数和平均数指标,可以计算当前的实际水平,确定变动速度,可以预测发展的趋势。

3. 项目成本分析的方法

(1)成本分析的基本方法。

①因素分析法。因素分析法又称为连环置换法,这种方法可用来分析各种因素对成本的影响程度。在进行分析时,首先要假定众多因素中的一个因素发生了变化,而其他因素则不变,然后逐个替换,分别比较其计算结果,以确定各个因素的变化对成本的影响程度。

②比较法。比较法又称为"指标对比分析法",就是通过技术经济指标的对比,检查目标的完成情况,分析产生差异的原因,进而挖掘内部潜力的方法,这种方法,具有通俗易懂、简单易行、便于掌握的特点,因而得到了广泛的应用,但在应用时必须注意各技术经济指标的可比性。

③比率法。比率法是指用两个以上的指标的比例进行分析的方法。它的基本特点是:先把对比分析的数值变成相对数,再观察其相互之间的关系。

④差额计算法。差额计算法是因素分析法的一种简化形式,它利用各个因素的目标值与实际值的差额来计算其对成本的影响程度。

(2)综合成本的分析方法。所谓综合成本,是指涉及多种生产要素,并受多种因素影响的成本费用,如分部分项工程成本,月(季)度成本、年度成本等。

①分部分项工程成本分析。分部分项工程成本分析的对象为已完成的分部分项工程,分析的方法是:

a. 进行预算成本、目标成本和实际成本的"三算"对比。

b. 分别计算实际偏差和目标偏差,分析偏差产生的原因,为今后的分部分项工程成本寻求节约途径。

②月(季)度成本分析。月(季)度成本分析的依据是当月(季)的成本报表。分析的方法,通常有以下几个方面:

a. 通过实际成本与预算成本的对比,分析当月(季)的成本降低水平;通过累计实际成本与累计预算成本的对比,分析累计的成本降低水平,预测实现项目成本目标的前景。

b. 通过实际成本与目标成本的对比,分析目标成本的落实情况,以及目标管理中的问题和不足,进而采取措施,加强成本管理,保证成本目标的落实。

c. 通过对各成本项目的成本分析,可以了解成本总量的构成比例和成本管理的薄弱环节。

d. 通过主要技术经济指标的实际与目标对比,分析产量、工期、质量、"三材"节约率、机械利用率等对成本的影响。

e. 通过对技术组织措施执行效果的分析,寻求更加有效的节约途径。

f. 分析其他有利条件和不利条件对成本的影响。

③年度成本分析。年度成本分析的依据是年度成本报表。年度成本分析的内容,除了月(季)度成本分析的六个方面以外,重点是针对下一年度的施工进展情况规划提出切实可行的成本管理措施,以保证施工项目成本目标的实现。

④竣工成本的综合分析。单位工程竣工成本分析,应包括以下三方面内容:

a. 竣工成本分析。

b. 主要资源节超对比分析。

c. 主要技术节约措施及经济效果分析。

4.6 电力工程项目成本考核

4.6.1 电力工程项目成本考核的种类

电力工程项目成本考核包括:中间考核(分月度成本考核与阶段成本考核)和竣工成本考核。见表4.30。

表 4.30 电力工程项目成本考核的种类

序号	项目	具体内容
1	月度成本考核	根据月度成本报表的内容进行考核。在考核时,不能单凭报表数据,还要结合成本分析资料、施工生产和成本管理的实际情况来进行考核
2	阶段成本考核	项目的施工阶段,按基础、结构及主体、装饰、总体等阶段进行考核。其优点是能对施工至一阶段后的成本进行考核,并能结合工程进度、质量等指标,更能反映施工项目的管理水平
3	竣工成本考核	这是在工程竣工和工程结算的基础上编制的,是工程竣工成本考核的依据。而竣工成本是施工项目经济效益的最终反映。竣工成本考核既是上缴利税的依据,也是进行职工分配的依据,必须计算正确,考核无误

4.6.2 电力工程项目成本考核的内容

4.6.2.1 企业对项目经理成本考核控制的内容

1. 检查项目经理部的项目成本计划编制和落实情况

建筑企业在年度之前,通过制定成本计划,规定各项目经理部的降低成本额和降低率。为了确保成本计划既积极先进又合理可行,企业应协助项目经理挖掘降低成本内部潜力,尽可能采取先进的施工技术方法和技术组织措施,编好成本计划,并协助层层分解,落实成本指标。

2. 检查、考核项目成本计划的完成情况

为了完成和超额完成项目成本计划,企业应经常地和定期地检查和考核,特别是一个施工项目竣工时,应组织力量全面检查分析,考核各项成本指标的完成情况,也就是将施工项目的实际成本与预算成本、实际成本与计划成本进行对比分析,并且根据成本项目逐项检查分析,查明成本节超的原因。

3. 检查、考核成本管理责任制的执行情况

企业应按照成本管理责任制规定的精神,对项目经理部的工作进行检查,看看是否认真贯彻执行了成本管理责任制。若发现成本管理责任制未落实,对违反国家规定的,应严肃处理。

4.6.2.2 项目经理对施工项目所属部门、各施工队和班组成本考核控制的内容

1. 项目经理部对项目成本的考核控制

项目经理一般只对一个施工项目进行施工,因此只对该项工程的各个成本项目进行检查、考核,看其降低额和降低率是否完成计划,并对整个项目考核其降低额和降低率是否完成计划。

2. 对施工队(组)成本的考核控制

施工队(组)是直接完成项目施工任务的基层核算单位。项目经理部对各施工队(组)所负责的分部分项工程的直接费成本进行考核,将直接费成本与施工预算成本进行比较分析,分别考核其成本降低额和降低率是否完成,并应当仔细分析成本节超的原因。

应当指出,无论是对哪一环节成本进行考核,都是检验其是否已完成降低成本的目标,

从而加强成本控制工作。若成本控制不抓分析与考核,不与职工物质利益直接挂钩,所谓成本控制就难以坚持或控制不力,甚至流于形式而易发生亏损,导致项目经理部的失职。

4.6.3 电力工程施工项目成本的奖罚

电力工程项目成本的奖罚要注意以下问题:

(1)电力工程项目成本的奖罚必须与施工企业的奖罚办法挂钩,与施工项目的经济效益挂钩,与工程质量、安全施工及文明施工挂钩。

(2)电力工程项目成本奖罚的标准,应通过经济合同的形式明确规定,一旦签订了合同,任何人都无权更改,奖罚要兑现、及时,数据和资料要真实、准确。

(3)对降低电力工程项目成本有突出贡献的部门、班组、个人要进行随机奖励。

5 电力工程项目收尾管理

5.1 电力工程项目竣工收尾与验收

5.1.1 电力工程项目竣工计划的编制

电力工程项目竣工收尾是项目结束阶段管理工作的关键环节,项目经理部应当编制详细的竣工收尾工作计划,采取有效措施逐项落实,确保按期完成任务。

1. 电力工程项目竣工计划的编制程序

电力工程项目竣工计划的编制应当按以下程序进行。

(1)制定项目竣工计划。项目收尾应详细清理项目竣工收尾的工程内容,并列出清单,做到安排的竣工计划有切实可靠的依据。

(2)审核项目竣工计划。项目经理应当全面掌握电力工程项目竣工收尾条件,认真审核项目竣工内容,做到安排的竣工计划有具体可行的措施。

(3)批准项目竣工计划。上级主管部门应当调查核实项目竣工收尾情况,根据报批程序执行,做到安排的竣工计划有目标可控的确保。

2. 电力工程项目竣工计划的内容

电力工程项目竣工计划的内容应当包括现场施工和资料整理两个部分,两者缺一不可,两部分都关系到竣工条件的形成,具体包括以下几个方面。

(1)竣工项目名称。
(2)竣工项目收尾具体内容。
(3)竣工项目质量要求。
(4)竣工项目进度计划安排。
(5)竣工项目文件档案资料整理要求。

电力工程项目竣工计划的内容编制格式见表5.1。

表5.1 电力工程项目竣工计划

序号	收尾项目名称	简要内容	起止时间	作业队组	班组长	竣工资料	整理人	验证人

项目经理: 　　　　技术负责人: 　　　　编制人:

3. 电力工程项目竣工计划的检查

电力工程项目竣工收尾阶段前,项目经理和技术负责人应当定期和不定期地组织对项目竣工计划进行反复的检查。有关施工、质量、安全、材料、内业等技术、管理人员要积极协作配合,对列入计划的收尾、修补、成品保护、资料整理、场地清扫等内容,要按照分工原则逐项检查核对,做到完工一项、验证一项、消除一项,不给竣工收尾留下遗憾。

电力工程项目竣工计划的检查应当依据法律、行政法规和强制性标准的规定严格进行,发现偏差要及时进行调整、纠偏,发现问题要强制执行整改。竣工计划的检查应当满足下列要求。

(1) 全部收尾项目施工完毕,且工程符合竣工验收条件的要求。

(2) 工程的施工质量经过自检合格,各种检查记录、评定资料齐备。

(3) 水、电、气、设备安装、智能化等经过试验、调试,达到使用功能的要求。

(4) 建筑物室内外做到文明施工,四周 2 m 以内的场地达到工完、料净、场地清。

(5) 电力工程技术档案和施工管理资料收集、整理齐全,装订成册,符合竣工验收规定。

5.1.2 电力工程项目竣工自检

项目经理部完成电力工程项目竣工计划,并确认达到竣工条件后,应当按规定向所在企业报告,进行项目竣工自查验收,填写工程质量竣工验收记录、质量控制资料核查记录与工程质量观感记录表,并对工程施工质量做出合格结论。

电力工程项目竣工自检的步骤为:

(1) 属于承包人一家独立承包的电力工程施工项目,应当由企业技术负责人组织项目经理部的项目经理、技术负责人、施工管理人员和企业的有关部门对工程质量进行检验评定,并做好质量检验记录。

(2) 对于依法实行总分包的电力工程项目,应当根据法律、行政法规的规定,承担质量连带责任,按规定的程序进行自检、复检和报审,直到项目竣工交接报验结束为止。电力工程项目总分包竣工报检的一般程序如图 5.1 所示。

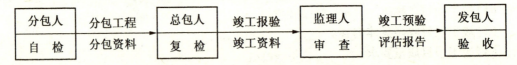

图 5.1　电力工程项目总分包竣工报检程序

(3) 当项目达到竣工报验条件后,承包人应向电力工程监理机构递交工程竣工报验单,提请监理机构组织竣工预验收,审查工程是否符合正式竣工验收条件。

5.1.3 电力工程项目设施与设备试运行与试验

电力工程项目设施与设备的试运行和试验工作一般包括:安排各种设施、设备的试运转和考核计划;编制各运转系统的操作规程;对各种工艺设备、电气、仪表和设施进行全面的检查和校验;对单体设备的性能、参数进行单体运转和考核;进行电气工程的全负荷试验,管网工程的试水、试压试验等。

试车及竣工程序如图 5.2 所示。

图 5.2　试车及竣工程序示意图

1. 火力发电工程启动试运行

机组的启动试运是全面检验主机及其配套系统的设备制造、设计、施工、调试与生产准备的重要环节,是确保机组安全、可靠、经济的投入生产,形成生产能力,发挥投资效益的关键性程序,机组的启动试运通常分为"分部试运、整套启动试运、试生产"三个阶段。凡是具备移交生产条件的机组,必须及时办理固定资产交付使用手续。

机组的启动试运及其各阶段的交接验收,应当在试运指挥部的领导下进行。整套启动试运阶段的工作,必须由启动验收委员会进行审议和决策。

机组启动试运阶段的调试工作,应当按电力部颁发的《火电工程启动调试工作规定》进行。机组启动的验收评定应按电力部颁发的《火电工程调整试运质量及评定标准》进行,合格后移交试生产。

2. 变电站工程启动试运行

(1)根据试运方案,主变压器从零位升压或按额定电压冲击合闸5次。满负荷运行24 h,如运行正常,试运行即告完成。当由于客观原因不能带满负荷时,试运负荷由验收委员会确定。

(2)24 h试运完成后,应当对各种设备做一次全面检查,处理缺陷和异常情况。对暂时不具备处理条件而又不影响安装运行的项目,由验收委员会规定负责处理单位和完工时间。

(3)由于设备制造缺陷,无法达到规定要求时,由建设单位或总承包单位通知制造厂负责消除,施工单位应积极配合处理,并做好记录。国外设备的缺陷在无制造厂代表时,由建设单位会同设计单位、施工单位提出处理意见,报主管局审批后指定单位进行处理。

(4)试运行过程中,应当按启动方案进行带负荷试验并对设备的各项运行数据做出详细记录。

(5)国外引进设备的启动试运行按合同规定进行,合同无明确规定的执行《110 kV及以上送变电工程启动及竣工验收规程》(DL/T 782—2001)。

3. 线路加压试验和试运行

经检查线路已具备加压试运行条件后,验收委员会在系统调度部门的密切配合下,通知试运指挥组进行加压试运行。试运行前应对下列各项进行检查。

(1)按《110~150 kV架空送电线路施工及验收规范》(GB 50233—2005)的规定进行下列电气试验:

①测定线路绝缘电阻。
②测定线路工频参数,必要时测试高频特性。
③核定线路相位。

a. 具备条件时,将电压由零值逐渐升高至额定电压,以线路额定电压冲击合闸3次。
b. 当不具备零起升压的条件时,也可用额定电压直接冲击合闸3次。
c. 如需增加试验项目和内容,由验收委员会按照具体条件决定。

(2)如线路试验结果符合要求,即以线路额定电压带负荷试运行,在24 h内正常运行,未曾中断,试运行即告完成。线路交由生产单位管理。

5.1.4 电力工程项目竣工验收

5.1.4.1 电力工程项目竣工验收的范围

电力工程项目的竣工验收是资产转入生产的标志,是全面考核和检查建设工程是否符合设计要求和工程质量的重要环节,同时也是建设单位会同设计、施工单位向国家(或投资者)汇报建设成果和交付新增固定资产的过程。建设单位对已符合竣工验收条件的电力工程项目,要根据国家有关部门关于《建设项目竣工验收办法》的规定,及时向负责验收的主管单位提出竣工验收申请报告,适时组织建设项目正式进行竣工验收,办理固定资产移交手续。电力工程项目竣工验收的范围如下:

(1)凡是列入固定资产投资计划的新建、扩建、改建、迁建的建设工程项目,或单项工程按批准的设计文件规定的内容和施工图纸要求全部建成符合验收标准的,必须及时组织验收,办理固定资产移交手续。

(2)对于使用更新改造资金进行的基本建设或属于基本建设性质的技术改造工程项目,也应按国家关于电力建设项目竣工验收规定,办理竣工验收手续。

(3)对于小型基本建设和技术改造项目的竣工验收,可按照有关部门(地区)的规定适当简化手续,但必须按规定办理竣工验收和固定资产交付生产手续。

5.1.4.2 电力工程项目竣工验收的程序

电力工程项目竣工验收工作,一般按图5.3所示的程序进行。

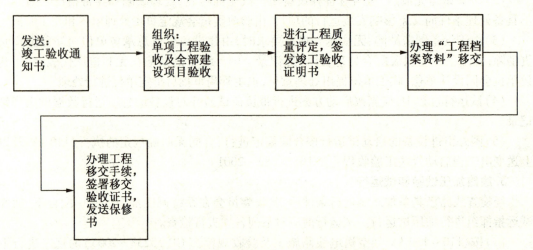

图5.3 电力工程项目竣工验收程序示意图

1. 发送《竣工验收通知书》

电力工程项目完成后,承包人应当在检查评定合格的基础上,向发包人发出预约竣工验收的通知书,提交工程竣工报告,并说明拟交工程项目的情况,商定有关竣工验收事宜。

承包人应当向发包人递交预约竣工验收的书面通知,说明竣工验收前的准备情况,包括施工现场准备和竣工资料审查结论。发出预约竣工验收的书面通知应表达两个含义:

(1)承包人按施工合同的约定已全面完成建设工程施工内容,预验收合格。

(2)请发包人按合同的约定和有关规定,组织施工项目的正式竣工验收。

"交付竣工验收通知书"的内容格式如下:

电力工程交付竣工验收通知书

××××(发包单位名称):

按照施工合同的约定,由我单位承建的××××工程,已于××××年××月××××日竣工,经自检合格,监理单位审查签认,可以正式组织竣工验收。请贵单位接到通知后,尽快洽商,组织有关单位和人员于××××年××××月××××日前进行竣工验收。

附件:(1)电力工程竣工报验单

(2)电力工程竣工报告

××××(单位公章)

××××年××××月××××日

2. 正式验收

电力工程项目正式验收的工作程序一般分为两个阶段进行。

(1)单项工程验收。单项工程验收是指建设项目中一个单项工程,按设计图纸的内容和要求建成,并能满足生产或使用要求,达到竣工标准时,可以单独整理有关施工技术资料及试车记录等,进行工程质量评定,组织竣工验收和办理固定资产转移手续。

(2)全部验收。全部验收是指整个建设项目按设计要求全部建成,并且符合竣工验收标准时,组织竣工验收,办理工程档案移交及工程保修等移交手续。在全部验收时,对于已验收的单项工程不再办理验收手续。

3. 进行工程质量评定,签发"竣工验收证明书"

验收小组或验收委员会按照设计图纸和设计文件的要求,以及国家规定的工程质量检验标准,提出验收意见,在确认工程符合竣工标准和合同条款规定之后,应向施工单位签发"竣工验收证明书"。

4. 进行"工程档案资料"移交

"工程档案资料"是电力工程项目施工情况的重要记录,电力工程竣工后,应立即将全部工程档案资料按单位工程分类立卷,装订成册,然后,列出工程档案资料移交清单,注册资料编号、专业、档案资料内容、页数及附注。双方按清单上所列资料,查点清楚,移交后,双方在移交清单上签字盖章。移交清单一式两份,双方各自保存一份,以备查对。

5. 办理工程移交手续

工程验收完毕,施工单位要向建设单位逐项办理工程和固定资产移交手续,并签署交接验收证书和工程保修证书。

5.1.4.3 电力工程项目竣工验收的内容

电力工程项目竣工验收的内容主要包括:

(1)隐蔽工程验收。隐蔽工程是指在施工过程中上一工序的工作结束,被下一工序所掩盖,而无法进行复查的部位。对这些工程在下一道工序施工以前,建设单位驻现场人员应根据设计要求及施工规范规定,及时签署隐蔽工程记录手续,以便承包单位继续施工下一道工序,同时,要将隐蔽工程记录交承包单位归入技术资料;如果不符合有关规定,应以书面形式告诉承包单位,令其处理,符合要求后再进行隐蔽工程验收与签证。

隐蔽工程验收项目及内容有:对于基础工程,要验收地质情况、标高尺寸、基础断面尺寸、桩的位置、数量。对于钢筋混凝土工程,要验收钢筋的品种、规格、数量、位置、形状、焊接尺寸、接头位置、预埋件的数量、位置以及材料代用情况。对于防水工程要验收屋面、地下室、水下结构的防水层数、防水处理措施的质量。

(2)分项工程的验收。对于重要的分项工程,建设单位或其代表应根据工程合同的质量等级要求,按照该分项工程施工的实际情况,参照质量评定标准进行验收。在分项工程验收中,必须严格根据有关验收规范选择检查点数,然后计算检验项目与实测项目的合格或优良的百分比,最后确定出该分项工程的质量等级,从而确定能否验收。

(3)分部工程验收。在分项工程验收的基础上,按照各分项工程质量验收结论,对照分部工程的质量等级,以便决定是否验收。另外,对单位或分部土建工程完工后交转安装工程施工前,或中间其他过程,均应当进行中间验收,承包单位得到建设单位或其中间验收认可的凭证后,才能继续施工。

(4)单位工程竣工验收。在分项工程的分部工程验收的基础上,通过对分项、分部工程质量等级的统计推断,结合直接反映单位工程结构及性能质量确保资料,便可系统地核查结构是否安全,是否达到设计要求;再结合观感等直观检查以及对整个单位工程进行全面的综合评定,从而决定是否验收。

(5)全部验收。全部验收是指整个建设项目已按设计要求全部建设完成,并已符合竣工验收标准,施工单位预验通过,建设单位初验认可;对于有设计单位、施工单位、档案管理机关、行业主管部门参加,由建设单位主持的正式验收。

进行全部验收时,对已验收过的单项工程,可以不再进行正式验收和办理验收手续,但应将单项工程验收单独作为全部建设项目验收的附件而加以说明。

5.1.4.4 电力工程项目竣工验收的方式

为了确保电力工程项目竣工验收的顺利进行,必须根据工程项目总体计划的要求,以及施工进展的实际情况分阶段进行。项目施工达到验收条件的验收方式可分为项目中间验收、单项工程验收和全部工程验收三大类,见表5.2。对于规模较小、施工内容简单的建设工程项目,也可以一次进行全部项目的竣工验收。

表5.2 电力工程项目验收方式

序号	类型	验收条件	验收组织
1	中间验收	(1)根据施工承包合同的约定,施工完成到某一阶段后要进行中间验收 (2)重要的工程部位施工已完成了隐蔽前的准备工作,该工程部位即将置于无法查看的状态	由监理单位组织,业主和承包商派人参加。该部位的验收资料将作为最终验收的依据
2	单项工程验收 (交工验收)	(1)建设项目中的某个合同工程已全部完成 (2)合同内约定有分部分项移交的工程已达到竣工标准,可移交给业主投入使用	由业主组织,会同承包商、监理单位、设计单位及使用单位等有关部门共同进行
3	全部工程 竣工验收 (动用验收)	(1)建设项目按设计规定全部建成,达到竣工验收条件 (2)初验结果全部合格 (3)竣工验收所需资料已准备齐全	大中型和限额以上项目由国家计委或由其委托项目主管部门或地方政府部门组织验收,小型和限额以下项目由项目主管部门组织验收。验收委员会由银行、物资、环保、劳动、统计、消防及其他有关部门组成,业主、监理单位、施工单位、设计单位和使用单位参加验收工作

5.2 电力工程项目竣工结算与决算

5.2.1 电力工程项目竣工结算

5.2.1.1 电力工程项目竣工结算编制的依据

电力工程项目竣工结算应由承包人编制,发包人审查,双方最终确定。电力工程项目竣工结算的编制可依据下列资料。

(1)合同文件。
(2)竣工图纸和工程变更文件。
(3)有关技术核准资料和材料代用核准资料。
(4)电力工程计价文件、工程量清单、取费标准及有关调价规定。
(5)双方确认的有关签证和工程索赔资料。

5.2.1.2 电力工程项目竣工结算的办理原则

电力工程项目竣工结算的办理应当遵循以下原则:

(1)以单位工程或施工合同约定为基础,对工程量清单报价的主要内容,包括项目名称、工程量、单价及计算结果,进行认真的检查和核对,如果是按照中标价订立合同的应对原报价单的主要内容进行检查和核对。

(2)在检查与核对中,如果发现有不符合有关规定,单位工程结算书与单项工程综合结算书有不相符的地方,有多算、漏算或计算误差等情况时,均应及时进行纠正调整。

(3)电力工程项目是由多个单项工程构成的,应当按建设项目划分标准的规定,将各单位工程竣工结算书汇总,编制单项工程竣工综合结算书。

(4)如果电力工程是由多个单位工程构成的项目,实行分段结算并办理了分段验收计价手续的,应当将各单项工程竣工综合结算书汇总编制成建设项目总结算书,并撰写编制说明。

5.2.1.3 电力工程项目竣工结算的程序

电力工程项目竣工结算的程序可按以下三种方式进行。

(1)一般工程结算程序,如图5.4所示。

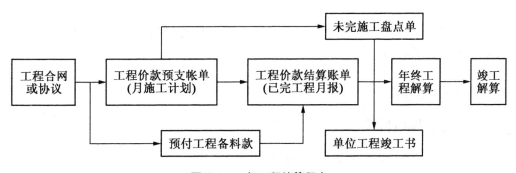

图5.4 一般工程结算程序

(2)竣工验收一次结算程序,如图5.5所示。

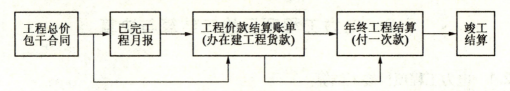

图5.5 竣工验收一次结算程序

(3)分包工程结算程序,如图5.6所示。

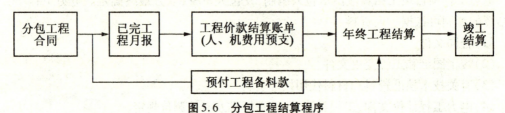

图5.6 分包工程结算程序

5.2.1.4 电力工程项目竣工结算的审核

电力工程项目竣工结算是施工单位向建设单位提出的最终工程造价。对于国家计划建设项目来说,竣工结算是施工企业向国家提出的最终工程造价。所以,我们必须本着负责的精神,力求做到符合实际、符合规定、兑现合同。所以,竣工结算一定要经过审核程序。电力工程项目竣工结算审核的内容包括工程量、材料价、直接费、套定额与总表等。

1. 项目竣工结算的审核程序

(1)自审。竣工结算初稿编定后,施工单位内部先组织校审。

(2)建设单位审。自审后,编印成正式结算书送交建设单位审查,建设单位也可委托有权机关批准的工程造价咨询单位审查。

(3)造价管理部门审。建设单位与施工单位协商无效时,可以提请造价管理部门进行裁决。

2. 项目竣工结算的审核方法

(1)高位数法。着重审查高位数,比如整数部分或者十位以前的高位数。单价低的项目从十位甚至百位开始查对,单价高、总金额大的项目从个位起查对。

(2)抽查法。抽查建设项目中的单项工程、单项工程中的单位工程。抽查的数量,可以按照已经掌握的大致情况决定一个百分率,若抽查未发现大的原则性的问题,其他未查的就不必再查。

(3)对比法。按照历史资料,用统计法编写出各种类型建筑物分项工程量指标值。用统计指标值去对比结算数值,一般可以判断对错。

(4)造价审查法。结算总造价对比计划造价(或设计预算、计划投资额)。对比相差大小一般可以判断结算的准确度。

5.2.2 电力工程项目竣工决算

5.2.2.1 电力工程项目竣工决算的依据

电力工程项目竣工决算编制的主要依据有:

(1)项目计划任务书和有关文件。
(2)项目总概算和单项工程综合概算书。
(3)项目设计图纸及说明书。
(4)设计交底、图纸会审资料。
(5)合同文件。
(6)项目竣工结算书。
(7)各种设计变更、经济签证。
(8)设备、材料调价文件及记录。
(9)竣工档案资料。
(10)相关的项目资料、财务决算及批复文件。

5.2.2.2 电力工程项目竣工决算的内容

电力工程项目竣工决算应该包括从筹集到竣工投产全过程的全部实际费用,即包括:建筑工程费、安装工程费、设备工器具购置费用以及预备费等费用。根据财政部、国家发展改革委和住房和城乡建设部的有关文件规定,竣工决算是由竣工财务决算说明书、竣工财务决算报表、工程竣工图以及工程竣工造价对比分析组成的。其中,竣工财务决算说明书与竣工财务决算报表两部分又称建设项目竣工财务决算,是竣工决算的核心内容。

1. 竣工财务决算说明书

竣工财务决算说明书主要反映竣工工程建设成果和经验,它是对竣工决算报表进行分析和补充说明的文件,是全面考核分析电力工程投资与造价的书面总结,是竣工决算报告的重要组成部分,其主要内容包括:

(1)项目概况。项目概况是对电力工程总的评价。一般从进度、质量、安全和造价方面进行分析说明。

①进度方面:主要说明开工时间和竣工时间,对照合理工期和要求工期分析是提前还是延期。

②质量方面:主要按照竣工验收委员会或相当一级质量监督部门的验收评定等级、合格率和优良品率进行说明。

③安全方面:主要按照劳动工资和施工部门的记录,对有无设备和人身事故进行说明。

④造价方面:主要对照概算造价,说明节约或超支的情况,用金额和百分率进行分析说明。

(2)资金来源及运用等财务分析。它主要包括工程价款结算、会计账务的处理、财产物资情况以及债权债务的清偿情况。

(3)基本建设收入、投资包干结余、竣工结余资金的上交分配情况。通过对基本建设投资包干情况的分析,说明投资包干数、实际支用数和节约额、投资包干节余的有机构成和包干节余的分配情况。

(4)各项经济技术指标的分析,概算执行情况的分析,按照实际投资完成额与概算进行对比分析;新增生产能力的效益分析,说明支付使用财产占总投资额的比例和占支付使用财产的比例,不增加固定资产的造价占投资总额的比例,分析有机构成和成果。

(5)工程建设的经验及项目管理和财务管理工作以及竣工财务决算中有待解决的问题。

(6)需要说明的其他事项。

2. 竣工财务决算报表

电力工程项目竣工财务决算报表按照大、中型项目和小型项目分别制定。

大、中型电力工程项目竣工决算报表包括:项目竣工财务决算审批表,大、中型项目概况表,大、中型建设项目竣工财务决算表,大、中型项目交付使用资产总表及项目交付使用资产明细表。

小型电力工程项目竣工财务决算报表包括:项目竣工财务决算审批表、竣工财务决算总表和项目交付使用资产明细表等。

(1)电力工程项目竣工财务决算审批表见表5.3。电力工程项目竣工财务决算审批表作为竣工决算上报有关部门审批时使用,其格式是根据中央级小型项目审批要求设计的,地方级项目可根据审批要求作适当修改,大、中、小型项目都要根据下列要求填报此表。

表5.3 电力工程项目竣工财务决算审批表

建设项目法人(建设单位)		建设性质	
建设项目名称		主管部门	

开户银行意见:

(盖章)

年 月 日

专员办审批意见:

(盖章)

年 月 日

主管部门或地方财政部门审批意见:

(盖章)

年 月 日

①表中"建设性质"根据新建、改建、扩建、迁建和恢复建设项目等分类填列。

②表中"主管部门"是指建设单位的主管部门。

③所有项目都须经过开户银行签署意见后,根据有关要求进行报批:中央级小型项目由主管部门签署审批意见;中央级大、中型电力工程项目报所在地财政监察专员办事机构签署意见后,再由主管部门签署意见报财政部审批;地方级项目由同级财政部门签署审批意见。

④对于已具备竣工验收条件的项目,3个月内应及时地填报审批表,如果3个月内不办理竣工验收和固定资产移交手续的视同项目已正式投产,其费用不得从基本建设投资中支付,所实现的收入作为经营收入,不再作为基本建设收入。

(2)电力工程大、中型项目概况表见表5.4。大、中型项目概况表综合反映大、中型项目的基本概况,其内容包括该项目总投资、建设起止时间、新增生产能力、主要材料消耗、建设成本、完成主要工程量和主要技术经济指标,为全面考核和分析投资的效果提供了依据,可以按下列要求填写:

表 5.4 电力工程大、中型建设项目概况表

项目(单项项目)名称			建设地址				项目	概算/元	实际/元	备注
主要设计单位			主要施工企业			基本建设支出	建筑安装工程投资			
							设备、工具、器具			
占地面积	设计	实际	总投资/万元	设计	实际		待摊投资			
							其中:建设单位管理费			
新增生产能力	能力(效益)名称			设计	实际		其他投资			
							待核销基建支出			
建设起止时间	设计		从 年 月开工 至 年 月竣工				非经营项目转出投资			
	实际		从 年 月开工 至 年 月竣工				合计			
设计概算批准文号										
完成主要工程量		建设规模				设备/(台、套、吨)				
		设计		实际		设计		实际		
收尾工程		工程项目、内容		已完成投资额		尚需投资额		完成时间		

①项目名称、地址、主要设计单位和主要承包人,根据全称填列。

②表中各项目的设计、概算、计划等指标,按照批准的设计文件和概算、计划等确定的数字填列。

③表中所列新增生产能力、完成主要工程量的实际数据,按照建设单位统计的资料和承包人提供的有关成本核算资料填列。

④表中基建支出是指建设项目从开工起至竣工为止发生的全部基本建设支出,它包括形成资产价值的交付使用资产,例如固定资产、流动资产、无形资产和其他资产支出,还包括不形成资产价值根据规定应核销的非经营项目的待核销基建支出和转出投资。

上述支出,应按照财政部门历年批准的基建投资表中的有关数据填列。根据财政部印发财基字[1998]4号关于《基本建设财务管理若干规定》的通知,应注意以下几点内容:

a. 建筑安装工程投资支出、设备工器具投资支出、待摊投资支出以及其他投资支出构成建设项目的建设成本。

b. 待核销基建支出是指非经营性项目发生的江河清障、补助群众造林、水土保持、城市绿化、取消项目可行性研究费、项目报废等无法形成资产部分的投资。对于能够形成资产部分的投资,应当计入交付使用资产价值。

c. 非经营性项目转出投资支出是指非经营项目为项目配套的专用设施投资,它主要包括专用道路、专用通信设施、送变电站和地下管道等,其产权不属于本单位的投资支出,对于产权归属本单位的,应计入交付使用资产价值。

⑤表中"初步设计和概算批准文号",根据最后经批准的日期和文件号填列。

⑥表中收尾工程是指全部工程项目验收后尚遗留的少量工程,在表中应明确填写收尾工程内容、完成时间和这部分工程的实际成本,可按照实际情况估算并且加以说明,完工后不再编制竣工决算。

(3)电力工程大、中型项目竣工财务决算表见表5.5。大、中型项目竣工财务决算表是竣工财务决算报表的一种,大、中型项目竣工财务决算表是用来反映电力工程项目的全部资金来源和资金占用情况,也是考核和分析投资效果的依据,它反映竣工的大、中型建设项目从开工到竣工为止全部资金来源和资金运用的情况,是考核和分析投资效果,落实结余资金,并且作为报告上级核销基本建设支出和基本建设拨款的依据。

在编制大、中型项目竣工财务决算表前,应先编制出项目竣工年度财务决算,按照编制出的竣工年度财务决算和历年财务决算编制项目的竣工财务决算。该表采用平衡表形式,即资金来源合计等于资金支出合计。具体编制方法如下:

表5.5 电力工程大、中型项目竣工财务决算表

资金来源	金额	资金占用	金额	补充资料
一、基建拨款		一、基础建设支出		
1. 预算拨款		1. 交付使用资产		1. 基建投资借款期末余额
2. 基建资金拨款		2. 在建工程		
其中:国债专项资金拨款		3. 待核销基建支出		
3. 专项建设资金拨款		4. 非经营性项目转出投资		
4. 进口设备转账拨款		二、应收生产单位投资借款		
5. 器材转账拨款		三、拨付所属投资借款		2. 应收生产单位投资借款期末数
6. 煤代油专用资金拨款		四、器材		
7. 自筹资金拨款		其中:待处理器材损失		
8. 其他拨款		五、货币资金		
二、项目资本金		六、预付及应收款		
1. 国家资本		七、有价证券		3. 基建结余资金
2. 法人资本		八、固定资产		
3. 个人资本		固定资产原价		
三、项目资本公积金		减:累计折旧		
四、基建借款		固定资产净值		
其中:国债转贷		固定资产清理		
五、上级拨入投资借款		待处理固定资产损失		
六、企业债券资金				
七、待冲基建支出				
八、应付款				
九、未交款				
1. 未交税金				
2. 其他未交款				
十、上级拨入资金				
十一、留成收入				
合计		合计		

①资金来源包括基建拨款、项目资本金、项目资本公积金、基建借款、上级拨入投资借款、企业债券资金、待冲基建支出、应付款和未交款以及上级拨入资金和企业留成收入等。

a. 项目资本金:项目资本金是指经营性项目投资者根据国家有关项目资本金的规定,筹集并投入项目的非负债资金,在项目竣工后,相应转为生产经营企业的国家资本金、法人资本金、个人资本金以及外商资本金。

b. 项目资本公积金:项目资本公积金是指经营性项目投资者实际缴付的出资额超过其资金的差额(包括发行股票的溢价净收入)、资产评估确认价值或合同协议约定的价值与原账面净值的差额、接受捐赠的财产、资本汇率折算差额,在项目建设期间作为资本公积金,项目建成交付使用并办理竣工决算后,转为生产经营企业的资本公积金。

c. 基建收入:基建收入是指基建过程中形成的各项工程建设副产品变价净收入、负荷试车的试运行收入以及其他收入,在表中它以实际销售收入扣除销售过程中所发生的费用和税后的实际纯收入填写。

②表中"交付使用资产"、"预算拨款"、"自筹资金拨款"、"其他拨款"、"项目资本金"、"基建投资借款"和"其他借款"等项目是指自开工建设至竣工的累计数,上述有关指标应按照历年批复的年度基本建设财务决算和竣工年度的基本建设财务决算中资金平衡表相应项目的数字进行汇总填写。

③表中其余项目费用办理竣工验收时的结余数,按照竣工年度财务决算中资金平衡表的有关项目期末数填写。

④资金支出反映建设项目从开工准备到竣工全过程资金支出的情况,其内容包括基建支出、应收生产单位投资借款、库存器材、货币资金、有价证券和预付及应收款以及拨付所属投资借款和库存固定资产等,资金支出总额应该等于资金来源总额。

⑤基建结余资金按以下公式计算:

$$基建结余资金 = 基建拨款 + 项目资本金 + 项目资本公积金 + 基建投资借款 + 企业债券基金 + 待冲基建支出 - 基本建设支出 - 应收生产单位投资借款 \quad (5.1)$$

(4)电力工程大、中型项目交付使用资产总表见表5.6。大、中型项目交付使用资产总表反映建设项目建成后新增固定资产、流动资产、无形资产和其他资产价值的情况和价值,作为财产交接、检查投资计划完成情况和分析投资效果的依据。小型项目不编制交付使用资产总表,直接编制交付使用资产明细表,大、中型项目在编制交付使用资产总表的同时,还需要编制交付使用资产明细表,大、中型建设项目交付使用资产总表具体编制方法如下:

表5.6 电力工程大、中型项目交付使用资产总表

序号	单项工程项目名称	总计	固定资产				流动资产	无形资产	其他资产
			合计	建安工程	设备	其他			

交付单位:　　　　负责人:　　　　接收单位:　　　　负责人:
盖　章　　　　　年 月 日　　　　盖　章　　　　　年 月 日

①表中各栏目数据按照交付使用明细表的固定资产、流动资产、无形资产和其他资产的各项相应项目的汇总数分别填写,表中总计栏的总计数应该与竣工财务决算表中的交付使用资产的金额一致。

②表中第3栏、第4栏,第8、9、10栏的合计数,应该分别与竣工财务决算表交付使用的固定资产、流动资产、无形资产和其他资产的数据相符。

(5)电力工程项目交付使用资产明细表见表5.7。电力工程项目交付使用资产明细表反映交付使用的固定资产、流动资产、无形资产和其他资产及其价值的明细情况,是办理资产交接和接收单位登记资产账目的依据,也是使用单位建立资产明细账和登记新增资产价值的依据。大、中型和小型项目都需编制该表。在编制电力工程项目交付使用资产明细表时,要做到齐全完整,数字准确,各栏目价值应该与会计账目中相应科目的数据保持一致。电力工程项目交付使用资产明细表具体编制方法如下:

表5.7 电力工程项目交付使用资产明细表

单项工程名称	电力工程			设备、工具、器具、家具						流动资产		无形资产		其他资产	
	结构	面积/m²	价值/元	名称	规格型号	单位	数量	价值/元	设备安装费/元	名称	价值/元	名称	价值/元	名称	价值/元

①表中"电力工程"项目应根据单项工程名称填列其结构、面积和价值。其中"结构"根据钢结构、钢筋混凝土结构、混合结构等结构形式填写;面积则根据各项目实际完成面积填列;价值根据交付使用资产的实际价值填写。

②表中"固定资产"部分要在逐项盘点后,按照盘点实际情况填写,工具、器具和家具等低值易耗品可以分类填写。

③表中"流动资产"、"无形资产"和"其他资产"项目应按照建设单位实际交付的名称和价值分别填列。

(6)电力工程小型项目竣工财务决算总表见表5.8。由于小型项目内容比较简单,所以可将工程概况与财务情况合并编制一张竣工财务决算总表,该表主要反映小型项目的全部工程和财务情况。小型项目竣工财务决算总表在具体编制时,可以参照大、中型项目概况表指标和大、中型项目竣工财务决算表相应指标内容填写。

表5.8 电力工程小型项目竣工财务决算总表

电力工程项目名称			建设地址			资金来源		资金运用	
初步设计概算批准文件						项目	金额/元	项目	金额/元
占地面积	计划	实际	总投资/万元			一、基建拨款 其中:预算拨款		一、交付使用资产	
				计划		实际			
				固定资产	流动资金	固定资产	流动资金	二、项目资本金		二、待核销基建支出	
								三、项目资本公积金		三、非经营项目转出投资	
新增生产力	能力(效益)名称		设计		实际		四、基建借款		四、应收生产单位投资借款	
							五、上级拨入借款			
建设起止时间	计划		从 年 月开工至 年 月竣工				六、企业债券资金		五、拨付所属投资借款	
	实际		从 年 月开工至 年 月竣工				七、待冲基建资金		六、器材	
基建支出	项目		概算/元		实际/元		八、应付款		七、货币资金	
	建筑安装工程						九、未付款 其中: 未交基建收入 未交包干收入		八、预付及应收款	
	设备、工具、器具								九、有价证券	
	待摊投资		其中:建设单位管理费						十、原有固定资产	
							十、上级拨入资金			
	其他投资						十一、留成收入			
	待核销基建支出									
	非经营性项目转出投资									
	合计						合计		合计	

3. 工程项目造价分析资料表

对控制工程造价所采取的措施、效果及其动态的变化需要进行认真的对比,总结经验教训。批准的概算是考核电力工程造价的依据。在具体分析时,可以先对比整个项目的总概算,然后将建筑安装工程费、设备工器具费和其他工程费用逐一地与竣工决算表中所提供的实际数据和相关资料及批准的概算、预算指标、实际的工程造价进行对比分析,从而确定电力工程竣工项目总造价是节约还是超支,并且在对比的基础上,总结先进经验,找出节约和超支的内容和原因,提出改进措施。在实际工作中,主要应分析以下内容:

(1)主要实物工程量。对于实物工程量出入较大的情况,必须查明原因。

(2)主要材料消耗量。考核主要材料消耗量,应当根据竣工决算表中所列明的三大材料实际超概算的消耗量,查明是在工程的哪个环节超出量最大,进而查明超耗的原因。

(3)考核建设单位管理费、措施费和间接费的取费标准。建设单位管理费、措施费和间接费的取费标准应当根据国家和各地的有关规定,按照竣工决算报表中所列的建设单位管理费与概预算所列的建设单位管理费数额进行比较,依据规定查明多列或少列的费用项目,确定其节约超支的数额,并查明原因。

5.2.2.3 电力工程项目竣工决算的编制程序

电力工程项目竣工决算的编制应当遵循下列程序:

1. 收集、整理有关项目竣工决算依据

在电力工程项目竣工决算编制之前,应认真收集、整理各种有关的项目竣工决算依据,做好各项基础工作,确保项目竣工决算编制的完整性。项目竣工决算的编制依据是各种研究报告、投资估算、设计文件、设计概算、批复文件、变更记录、招标标底、投标报价、工程合同、工程结算、基建计划、调价文件、竣工档案等各种工程文件资料。

2. 清理项目账务、债务和结算物资

项目账务、债务和结算物资的清理核对是确保项目竣工决算编制工作准确有效的重要环节。要认真核实电力工程项目交付使用资产的成本,做好各种账务、债务和结余物资的清理工作,做到及时清偿、及时回收。清理的具体工作要做到逐项清点、核实账目、整理汇总、妥善管理。

3. 填写项目竣工决算报告

电力工程项目竣工决算报告的内容是项目建设成果的综合反映。项目竣工决算报告中各种财务决算表格中的内容应依据编制资料进行计算和统计,并符合有关规定。

4. 编写竣工决算说明书

电力工程项目竣工决算说明书具有建设项目竣工决算系统性的特点,综合反映项目从筹建开始到竣工交付使用为止全过程的建设情况,包括项目建设成果和主要技术经济指标的完成情况。

5. 报上级审查

电力工程项目竣工决算编制完毕,应将编写的文字说明和填写的各种报表,经过反复认真校稿核对无误后装帧成册,形成完整的项目竣工决算文件报告,及时上报审批。

5.3 电力工程项目回访保修

5.3.1 电力工程项目回访工作计划

在项目经理的领导下,由生产、技术、质量及有关方面人员组成回访小组,并制定具体的电力工程项目回访工作计划。回访保修工作计划应形成文件,每次回访结束应当填写回访记录,并对质量保修进行验证。回访应当关注发包人及其他相关方对竣工项目质量的反馈意见,并及时按照情况实施改进措施。

电力工程项目回访保修工作计划应当包括下列内容:
(1)主管回访保修的部门。
(2)执行回访保修工作的单位。
(3)回访时间及主要内容和方式。

5.3.2 电力工程项目回访工作内容

为了进一步贯彻"质量第一"和"为生产服务"的基本建设方针,进一步明确设计、施工回访制度及定期检查统计新投产工程生产运行情况,考察在生产最初几年中反映出来的电力工程质量及设备质量情况,将生产实践中暴露出来的问题及时反馈到相关方面,可参照原水电部生产司、基建司和电力规划设计院联合颁发的《新投产火电工程回访工作及情况报告暂行规定》,进行工程回访的主要内容如下:

按照规定的格式,设计单位、施工单位和生产单位要分别填报新投产工程的生产情况报告、大修情况报告及回访情况报告。电力规划设计院、主管电管局、电力局负责督促检查。

新投产火电工程按投产之日算起,每一周年填报新投产火电工程情况报告一次,连续报告3年,进口及国产新型成套机组有必要时经部或主管局指定,考察期可延长为4年或5年。

新投产工程情况报告分以下三种。

(1)新投产火电工程生产情况报告,由大区电力公司或省电力公司组织生产单位进行填写,省电力公司报出。从机组移交生产之日算起运行满一周年、两周年、三周年时各统计上报一次,到期后15 d内报出。

(2)新投产火电工程大修情况报告,由省电力公司组织生产单位进行填写,省电力公司报出。在新机组投产后第一次大修结束后30 d内报出。

(3)新投产火电工程回访情况报告,在机组移交生产后每一周年由主管网公司(或省电力公司)组织设计和施工单位联合进行工程回访一次。回访报告应当在回访结束后15 d内报出。当工程由土建、安装单位分包时,由土建单位、安装单位分别填报。

新投产火电工程情况报告报送单位应当按原电力部规定执行。

新投产工程情况报告是掌握、分析、对比与积累工程建设情况,提高工程质量的重要手段之一,填报单位要认真及时统计上报,内容务求准确。当缺陷和事故原因不确切或看法不一致时,应当将不同意见加以说明。

关于新投产的工程回访工作,设计单位、施工单位除了应按上述要求执行外,还应当执行设计管理制度和工程质量管理制度规定的回访的要求。

220 kV重要线路和220 kV以上的送变电工程,在投产运行一年后,设计施工单位应当进行回访,并写出回访报告。对运行情况及存在问题,应当以生产单位为主,设计单位与施工单位参加,编写工程总结,以利改进工作。

5.3.3 电力工程项目回访工作方式

回访应单位以业主对竣工项目质量的反馈及特殊工程采用的新技术、新材料、新设备、新工艺等的应用情况为重点,并按照需要及时采取改进措施。

电力工程项目回访工作的方式有以下三种方法:

(1)季节性回访。季节性回访大多数是雨季回访屋面、墙面的防水情况,冬季回访锅炉房及采暖系统的情况。如果发现问题,采取有效措施,及时加以解决。

(2)技术性的回访。技术性回访主要了解在工程施工过程中所采用的新材料、新技术、新工艺、新设备等的技术性能和使用后的效果,发现问题,及时加以补救和解决。同时,也便于总结经验,获取科学依据,不断改进与完善,并为进一步推广创造条件。这种回访方法既可定期进行,也可以不定期进行。

(3)保修期满前的回访。这种回访方法一般是在保修即将届满之前,既可以解决出现的问题,又标志着保修期即将结束,使业主单位注意建筑物的维修和使用。

5.4 电力工程项目管理考核评价

5.4.1 电力工程项目管理考核评价指标

电力工程项目考核评价指标可以分为定量指标和定性指标两类,是对项目管理的实施效果做出客观、正确、科学分析和论证的依据。选择一组适用的指标对某一项目的管理目标进行定量或定性分析,是考核评价项目管理成果的需要。

1. 项目考核评价定量指标

电力工程项目考核评价的定量指标,是指反映项目实施成果,可作量化比较分析的专业技术经济指标。定量指标的内容应按项目评价的要求确定,主要包括以下几方面内容。

(1)工期。电力工程的工期长短是综合反映工程项目管理水平、项目组织协调能力、施工技术设备能力、各种资源配置能力等方面情况的指标。在评价电力工程项目管理效果时,一般都将工期作为一个重要指标来考核。

实际工期指统计实际工期,可以按单位工程、单项工程和建设项目的实际工期分别计算。工期提前或拖后是指实际工期与合同工期的差异及与定额工期的差异。

(2)质量。工程质量是电力工程项目考核评价的关键性指标,它是依据工程建设强制性标准的规定,对工程质量合格与否做出的鉴定。评价工程质量的依据是工程勘察质量检查报告、工程设计质量检查报告、工程施工质量检查报告以及工程监理质量评估报告等。

(3)成本。成本指标有两个:降低成本额和降低成本率。

$$降低成本额 = 预算成本 - 实际成本 \tag{5.2}$$

$$降低成本率 = (预算成本 - 实际成本)/预算成本 \times 100\% \tag{5.3}$$

(4)职业健康安全。职业健康安全控制目标是工程项目管理的重要目标之一,根据中华人民共和国住房和城乡建设部发布的行业标准《建筑施工安全检查标准》(JGJ 59—2011)的规定,项目职业健康安全标准分为优良、合格、不合格三个等级。职业健康安全事故的分类,应根据国家标准《企业伤亡事故分类》(GB 6441—1986)的规定执行。

项目职业健康安全控制目标包括杜绝重大伤亡事故、机械事故、火灾事故和工伤频率控制等。

贯彻"安全第一,预防为主"的方针,坚持职业健康安全控制程序,消除、减少安全事故,确保人员健康安全和财产免受损失,是实现安全控制目标的重要确保。

（5）环境保护。环境保护是根据法律、法规、标准的规定,各级行政主管部门和企业的要求,保护和改善项目现场的环境,控制现场的各种粉尘、废水、废气、固体废弃物、噪声、振动等对环境的污染和危害。项目环境保护指标的内容主要包括：

①项目现场噪声限值。

②现场土方、粉状材料管理覆盖率、道路硬化率。

③项目资源能源节约率等。

2. 项目考核评价定性指标

电力工程项目考核评价的定性指标是指综合评价或单项评价项目管理水平的非量化指标,且有可靠的论证依据和办法,对项目实施效果做出科学评价。

电力工程项目考核评价的定性指标可包括经营管理理念,项目管理策划,管理制度及方法,新工艺、新技术推广,社会效益及其社会评价等。

5.4.2　电力工程项目管理考核评价方式

按照项目范围管理和组织实施方式的不同,组织应当采取不同的项目考核评价方式。

电力工程项目考核评价可以按年度进行,也可以按电力工程进度计划划分阶段进行,还可以综合以上两种方式,再按照工程部位划分阶段进行,考核中插入按照自然时间划分阶段进行考核。电力工程完工后,必须全面地对项目管理进行终结性考核。

电力工程项目终结性考核的内容应当包括确认阶段性考核的结果,确认项目管理的最终结果,确认该项目经理部是否具备"解体"的条件。经过考核评价后,兑现"项目管理目标责任书"确定的奖励和处罚。

5.4.3　电力工程项目管理考核评价程序

电力工程项目考核评价应当按下列工程序进行：

（1）制定考核评价办法。

（2）建立考核评价组织。

（3）确定考核评价方案。

（4）实施考核评价工作。

（5）提出考核评价报告。

参考文献

[1] 国家标准.建设工程项目管理规范(GB/T 50326—2006)[S].北京:中国建筑工业出版社,2006.

[2] 成虎,陈群.工程项目管理[M].北京:中国建筑工业出版社,2009.

[3] 宋伟,刘岗.工程项目管理[M].2版.北京:科学出版社,2012.

[4] 朱育才.电力建设施工与技术管理工作指南[M].北京:中国水利水电出版社,2005.

[5] 程平东,孙汉虹.核电工程项目管理[M].北京:中国电力出版社,2006.

[6] 张基尧.水利水电工程项目管理理论与实践[M].北京:中国电力出版社,2008.

确保人员健康安全和财产免受损失,是实现安全控制目标的重要确保。

(5)环境保护。环境保护是根据法律、法规、标准的规定,各级行政主管部门和企业的要求,保护和改善项目现场的环境,控制现场的各种粉尘、废水、废气、固体废弃物、噪声、振动等对环境的污染和危害。项目环境保护指标的内容主要包括:

①项目现场噪声限值。

②现场土方、粉状材料管理覆盖率、道路硬化率。

③项目资源能源节约率等。

2. 项目考核评价定性指标

电力工程项目考核评价的定性指标是指综合评价或单项评价项目管理水平的非量化指标,且有可靠的论证依据和办法,对项目实施效果做出科学评价。

电力工程项目考核评价的定性指标可包括经营管理理念,项目管理策划,管理制度及方法,新工艺、新技术推广,社会效益及其社会评价等。

5.4.2 电力工程项目管理考核评价方式

按照项目范围管理和组织实施方式的不同,组织应当采取不同的项目考核评价方式。

电力工程项目考核评价可以按年度进行,也可以按电力工程进度计划划分阶段进行,还可以综合以上两种方式,再按照工程部位划分阶段进行,考核中插入按照自然时间划分阶段进行考核。电力工程完工后,必须全面地对项目管理进行终结性考核。

电力工程项目终结性考核的内容应当包括确认阶段性考核的结果,确认项目管理的最终结果,确认该项目经理部是否具备"解体"的条件。经过考核评价后,兑现"项目管理目标责任书"确定的奖励和处罚。

5.4.3 电力工程项目管理考核评价程序

电力工程项目考核评价应当按下列工程序进行:

(1)制定考核评价办法。

(2)建立考核评价组织。

(3)确定考核评价方案。

(4)实施考核评价工作。

(5)提出考核评价报告。

参考文献

[1] 国家标准. 建设工程项目管理规范(GB/T 50326—2006)[S]. 北京:中国建筑工业出版社,2006.

[2] 成虎,陈群. 工程项目管理[M]. 北京:中国建筑工业出版社,2009.

[3] 宋伟,刘岗. 工程项目管理[M]. 2版. 北京:科学出版社,2012.

[4] 朱育才. 电力建设施工与技术管理工作指南[M]. 北京:中国水利水电出版社,2005.

[5] 程平东,孙汉虹. 核电工程项目管理[M]. 北京:中国电力出版社,2006.

[6] 张基尧. 水利水电工程项目管理理论与实践[M]. 北京:中国电力出版社,2008.